철학이 말하는
예술의 모든 것

이하준

독일 베를린 자유대에서 『아도르노의 문화의 사회적 인상학: 문화와 사회의 변증법적 관계』로 철학박사 학위를 취득하였다. 연세대 철학연구소 전문연구원을 역임했으며 경희대, 중앙대, 한국외대, 경인교대에 출강하였다. 현재 한남대학교 교양융복합대학 철학담당 교수로 재직 중이다.

저서로는 『아도르노의 문화철학』(철학과 현실사, 2007), 『아도르노: 고통의 해석학』(살림, 2007), 『호르크하이머의 비판이론』(북코리아, 2010), 『철학, 삶을 말하다』(북코리아, 2012), 공저로는 『축제와 문화콘텐츠』(다할미디어, 2006), 『문화이론과 문화운동』(세종출판사, 2008), 『삶, 일상, 윤리: 현대인의 삶을 위한 12가지 성찰』(문음사, 2008) 외 몇 권의 공저가 더 있다.

논문으로는 「아도르노와 호르크하이머의 동물해방론」, 「호르크하이머의 개인의 종말과 해방의 가능성」, 「고통과 도덕 없는 사회를 위한 비판적 도덕철학」, 「글쓰기의 철학과 좋은 글쓰기를 위한 전략: 아도르노의 비동일적 글쓰기를 중심으로」, 「교양철학 교육의 현실과 학습자 중심 교양철학 교육」 외 다수가 있다. 사회철학, 문화철학, 인문교양교육이 주요 관심분야이다.

철학이 말하는
예술의 모든 것

2013년 10월 20일 초반 1쇄 발행
2022년 03월 20일 초반 5쇄 발행

지은이 | 이하준
펴낸이 | 이찬규
펴낸곳 | 북코리아
등록번호 | 제03-01240호
주소 | 462-807 경기도 성남시 중원구 상대원동 146-8
      우림2차 A동 1007호
전화 | 02-704-7840
팩스 | 02-704-7848
이메일 | sunhaksa@korea.com
홈페이지 | www.bookorea.co.kr
ISBN | 978-89-6324-332-0 (93100)

값 17,000원

* 이 도서의 국립중앙도서관 출판시도서목록(CIP)은 서지정보유통지원시스템 홈페이지(http://seoji.nl.go.kr)와 국가자료공동목록시스템(http://www.nl.go.kr/kolisnet)에서 이용하실 수 있습니다.
  (CIP제어번호: CIP2013019926)

철학이 말하는

예술의 모든 것

ALL ABOUT ART

이하준

북코리아

오늘날 우리에게 예술은 무엇인가? 향유의 대상인가? 투자의 대상인가? 21세기의 국가경쟁력을 위한 사회적 어젠다인가? 혹은 자신의 교양과 품위 있는 삶을 위한 친구와 같은 존재인가? 여기에 대해서는 수많은 대답들이 존재할 것이다. 빙켈만과 괴테의 가상적인 대화는 이 질문에 하나의 대답을 제시한다. 빙켈만이 괴테에게 묻는다. "당신은 친구를 아는 만큼 예술을 왜 알아야 한다고 생각하나요?" 괴테가 대답한다. "예술이 산만한 삶에서 나 자신에게 집중하게 만들고 예술을 통해서 나 자신을 더 높일 수 있다고 생각하기 때문입니다." 적어도 자기 분야에서 무엇인가에 최선을 다한 사람, 무엇인가 자극을 받고자 하는 사람, 좀 더 자기 삶의 풍요와 행복감을 만끽하고 싶은 사람은 예술 앞으로 나가지 않을까?

나의 경우는 좀 다르다. 어느 날 문득 갤러리 앞에 서 있는 내 모습, 음악회 속에 앉아 있는 내 모습을 보게 되었다. 그리고 언제부턴가 문화철학/사회철학 전공자인 내가 미학을 강의하기 시작했다. 나에겐 예술이 그렇게 다가왔다. 실존적 의미 위기와 노동현장의 목소리가 나를 예술 앞에 서게 만들었다. 때론 심리적 도피처로, 때론 더 나은 세계에 대한 소망을, 개인적 자유와 사회적 행복의 단서를 그 속에서 찾아보려고 예전이나 지금이나 나는 예술 근처에서 서성이고 있다. 나는 아동기를 막 지나 시 습작을 시작하다 철학을 거쳐 자칭 '일요화가'로서 캔버스 앞에서 나의 의식과 감정 그리고 사회에 대한 소망을 풀어 놓는다. 이러한 개인사적 경험이 이 책을 쓰는 여러 요인 중에 하나이다.

대학에서 미학과 철학을 강의하면서 내가 늘 고민했던 문제는 하나였다. 그것은 '수많은 미학자와 철학자 그리고 예술가의 이름 정도만 알거나, 아는 경우라 하더라도 교과서적인 정보에 머물러 있는 학생들에게 어떻게 하면 지루해 하지 않을 만한 깊이와 함께 예술적 감수성을 자극시켜 줄 수 있는가'였다. 이 책은 이런 고민의 산물이다.

미술 관련, 미학 관련 수많은 책들이 존재하고, 예술과 철학을 다룬 책들도 존재한다. 그 책들은 저마다의 장점들이 있고 저마다의 단점들 역시 있다. 교양과목을 수강하는 대학생들에게 예술철학과 미학을 이론 중심으로 강의할 수는 없다. 그렇다고 미술사나 미술의 이해와 같은 강의와 유사하게 진행해 '정체성 위기'를 자초할 이유도 없다. 그래서 나는 가능한 한 둘 사이의 균형을 맞추면서도 가독성과 최소한의 깊이를 고려할 뿐만 아니라, 예술적 감수성을 자극하고 삶의 풍려함을 증진시키는 데 도움이 되어야 한다는 원칙을 세웠다. 이러한 원칙이 잘 실현되었는지, 그렇지 않은지에 대한 판단의 몫은 독자의 것이다. 예술과 철학은 아주 사회적이고 투쟁적이면서도 지극히 사적이고 개인적인 것이기도 하다. 이 두 가지 측면들이 부족한 형태로나마 책 속에 녹아 있도록 나름 노력했다. 또한 예술가의 철학과 철학의 눈으로, 미학의 눈으로 예술을 바라보는 두 가지 관점을 보여주고자 노력했다는 위안을 삼아본다.

이 책이 나오기까지 많은 도움을 준 사람들에게 감사한 마음을 전하지 않을 수 없다. 6~7년간 여러 가지 방식으로 미학 관련 수업을 할 때마다 초롱초롱한 눈빛으로 주제에 빨려 들어왔던 학생들, 그리고 자장가로 듣고 잠들던 영혼들에게 감사함을 전한다. 특히 고마움을 전하고 싶은 이는 신재우이다. 신재우는 이 책의 난이도를 조정하는 일과 이미지 자료를 찾는 일을 도와주었다. 그의 여러 제언들을 충실히 반영했다면 더 좋은 책이 되지 않았을까 하는 아쉬움이 있다. 그리고 기꺼이 출판을 마다하지 않은 북코리아 출판사 이찬규 사장님과 편집부 직원들께 감사하다. 나의 가족에게도 미안함과 고마운 마음을 전한다.

2013년 9월 오정골에서

이하준

언제, 누가 예술을 시작했을까?

01

예술은 언제 시작되었을까? 왜 예술이라는 것이 시작되었을까? 최초의 예술은 필요의 산물인가, 아니면 개인의 순수 창작물인가? 최초의 예술가들은 스스로 예술가로서의 자의식을 가졌을까? 최초 예술의 사회문화적 기능과 오늘날의 그것은 동일한가? 이러한 질문에 답을 해보라. 우리는 이 질문들에 자신 있게 대답할 수 있는가? 답은 '아니다'라고 말할 수 있다.

사실 언제 예술이 시작되었는가라는 질문은 '예술'에 대한 정의를 전제로 한다. 현대적 개념에서 흔히 예술(fine art)을 정의한다면, 우리는 그러한 예술이 시작된 시점을 일반적으로 18세기 이후로 잡는다. 소위 궁정에 의해 관리되던 예술에서 예술의 자율성이 보장되고 독립예술가가 탄생한 시점이 바로 그 시기이기 때문이다. 이러한 사실은 예술의 탄생 시점

을 추정할 때 사용되는 '예
술' 개념이 현대적 의미의 예
술 개념과 다른 개념적 요소
로 구성되어 있어 다른 종류
의 '예술 개념'을 전제한다
고 보거나, 그것이 아니면 현
대적 예술 개념과 태초의 예
술 개념을 포괄하는 보다 폭
넓은 예술 개념을 적용해야
한다는 것을 의미한다.

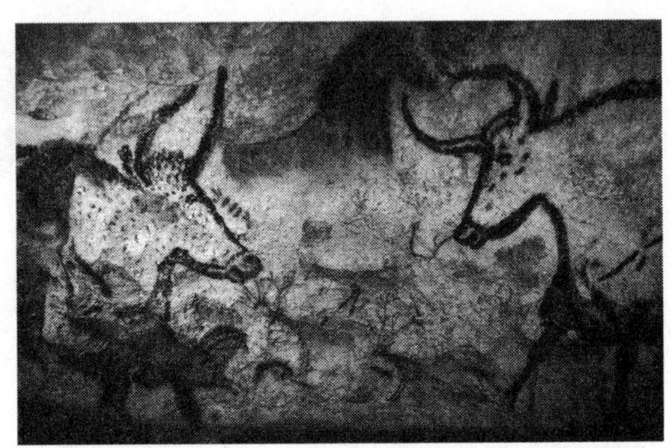
라스코 동굴벽화

넓은 의미의 예술이란 결
국 '어떤 대상에 대하여 상
상력과 창의성을 통해 표현
하는 행위와 그 내용 전체를
말하는 것'이다. 이렇게 넓게

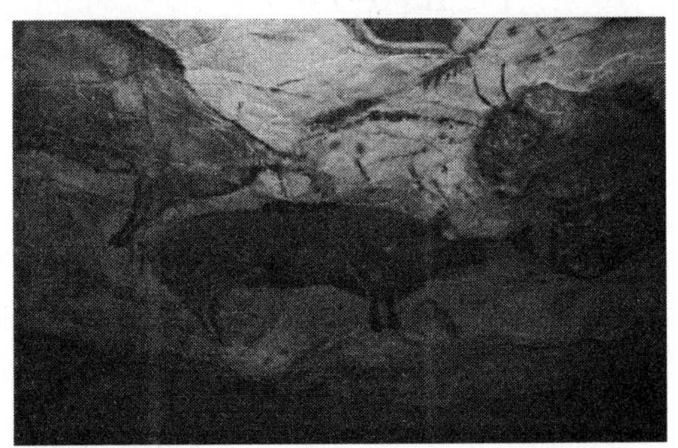
알타미라 동굴벽화

정의할 때, 우리는 비로소 선사시대의 인간들에 의해 만들어진 작품을 예
술이라고 말할 수 있다. 중·고등학교 시절 교과서에서 흔히 보았던 알타
미라 동굴벽화(1만 8500년~1만 4000년경 추정)나 라스코 동굴벽화(1만 7000년경 추
정)는 최초의 동굴벽화이자 최초의 예술작품으로 알려져 있다.

그러나 최근 네안데르탈인에 의해 그려진 것으로 추정되는 4만 8000
년 전의 동굴벽화가 발견되었다. 돌에 손바닥을 대고 마치 스프레이를 뿌
리는 기법처럼 그려진 손 모양은 섬세하기 그지없다. 아마도 계속해서 동
굴벽화가 발견된다면, 인류 최초 벽화의 시점은 그 이전까지도 올라갈 것
이다. 인간이 아닌 인간 모양을 한 원시인의 시기까지 말이다.

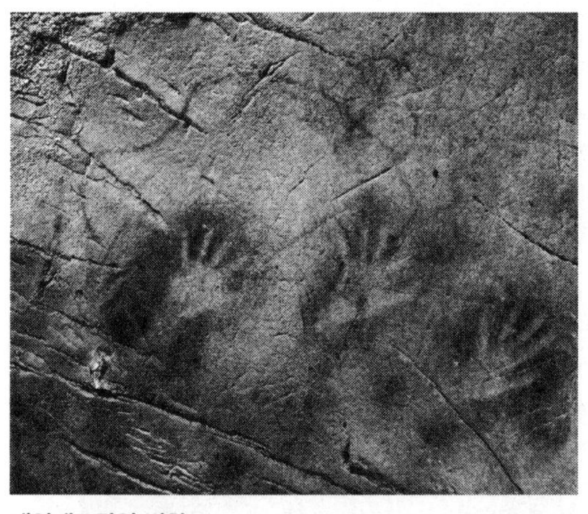
네안데르탈인 벽화

실제로 『예술의 기원』의 저자인 엠마누엘 아나티(E. Anati)에 따르면, 예술의 시작은 구석기 후기 시대의 산물이 아니라 그보다 훨씬 이전인 5만 년 전까지 거슬러 올라간다. 현재 세계 도처에 4,500만 점의 바위 그림과 50만 점 이상의 가지고 다닐 수 있는 가동(可動) 미술품이 산재해 있다. 이렇게 본다면, 예술이란 선언어적인 것이며 본능에 가까운 것이 아닐까? 구석기인들은 제대로 된 언어나 문법체계를 가진 것도 아니다. 하물며 네안데르탈인이 바위에 그린 그림을 생각해보라. 이와 같은 원시미술의 특징은 어떠한가? 우리가 흔히 아는 원근법을 찾아볼 수 있는가? 원근법이 보이지 않는다. 그러면 추상적 기법이나 상징적인 묘사나 표현을 찾아볼 수 있는가?

구석기 시대의 동굴벽화들을 보면 추상적 기법이나 상징을 찾아보기 힘들다. 동굴벽화들은 자연의 눈으로 그린 그림처럼 대상 자체를 역동적으로 묘사하고 있다. 운동성, 선, 있는 그대로를 사실감 있게 드러내고 있다. 또 색을 고르고 엷게 칠하고 있는 것이 특징이다. 다양한 색조의 대비는 찾아보기 힘들다. 세부적인 표현이 생략되어 있고, 대상의 강조와 왜곡을 통해 역동성을 살려내고 있다. 소나 사슴 등 동물들의 시각적인 인상을 강조한다. 우리는 이러한 구석기 동굴벽화의 특징을 자연주의 화법이라 칭한다. 그러나 그러한 자연주의 화법은 신석기 들어 대부분 사라졌다. 왜 사라졌을까? 신석기는 유목생활에서 정착생활을 시작한 시기이며, 소

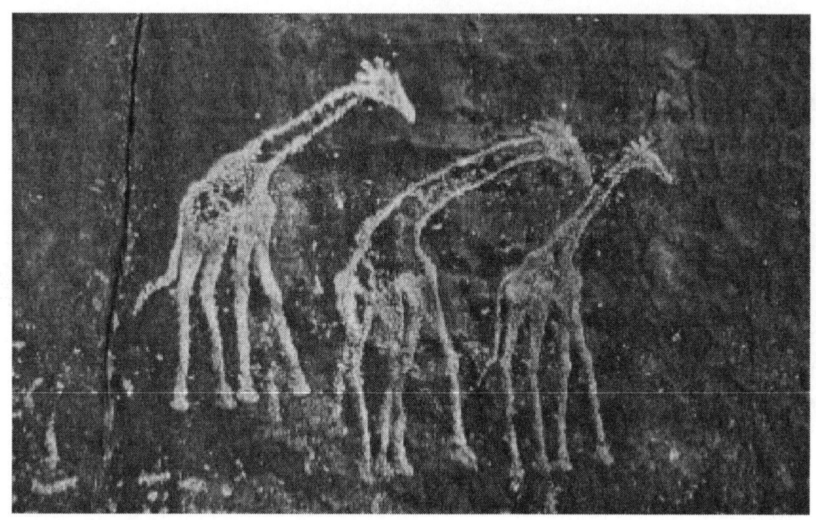

고부스탄 암각화

위 사회적 질서가 등장한 시기이다. 신석기인들은 자연과 사물의 변화에 대한 관찰과 그것을 파악하는 '개념 틀(Schema)'을 가졌다. 그래서 더 이상 구석기의 화가들처럼 '감각적 인상'에 의한 자연주의적 묘사를 하지 않게 된 것이다.

예술 양식의 최초의 변화란 구석기의 있는 그대로의 살아 있는 감각적인 자연주의 양식에서 신석기의 기하학적 도형 양식으로의 변화이다. 묘사에서 상징으로의 양식상의 변화가 일어난 것이다. 이러한 변화란 앞서 말한 '개념적 인식의 틀'이 생겼기 때문이다. 다시 말하면 신석기에 들어서 인간이 비로소 '추상화' 능력이 발생한 것이다. 언어를 배우기 이전의 아이들은 대상을 마치 사진을 찍는 것과 같은 방식으로 인식하고 기억한다. 그런데 언어를 배운 아이들은 대상을 개념과 일대일 대응시키며 파악한다. 이런 인식능력의 차이가 있는 아이들이 그린 그림을 상상해보라. 그 차이가 바로 구석기의 그림과 신석기 그림의 차이를 보여주는 것이 아닐

철학이 말하는 예술의 모든 것

까? 구석기와 신석기의 원시 그림들의 특징이 다르다 하여도 현대인들의 관점에서 그들은 원시인이나 다름없다. 문제는 문화화된 인간의 탄생 이전의 원시인에게도 '표현의 욕구'가 있다는 것을 전제한다면, 대상의 표현에 대한 욕구는 누구나 가지는 본능적인 것이 아닐까? 그렇다면 표현에 대한 욕구를 동굴벽화나 돌에 표현한 선사시대의 인간 역시 '예술 본능'을 가진 예술적 인간으로 봐야 하지 않을까?

그러나 표현본능이 있고 그것이 예술본능이라고 말한다 해서 모두가 예술가라고 할 수는 없다. 네안데르탈인, 구석기인, 신석기인들 중에서도 벽화나 돌에 그림을 그린 사람들은 소수일 것이기 때문이다. 선사시대의 특별한 예술적 본능을 가진 사람들을 과연 예술가라 불러도 좋을까? 물론 그렇게 부르기는 어려울 것이다. 왜냐하면 그들 스스로 그들의 표현을 예술품으로 생각하지 않았고, 예술가라는 자의식(Self-Consciousness)도 존재했다고 보기 어렵기 때문이다. 그렇다면 그들은 왜 그림을, 자신들의 예술적 본능을 표현했을까? 거대하고 강한 육식동물을 피해 동굴에 모여 산 구석기인들은 왜 벽화나 돌에 그림을 그렸어야만 했는가?

예술의
목적은
무엇인가?

02

이 질문에 대하여 누가 명확한 대답을 할 수 있을까? 단지 인간의 표현본능의 실현이라고 봐야 하는가? 그리고 선사시대 인간들은 자신들이 그린 벽화나 가동 미술품을 보고 미적 쾌감을 느꼈을까? 그러한 미적 쾌감은 오늘날 현대인들이 예술작품을 보고 느끼는 미적 정서와 질적으로 같은 것이라고 볼 수 있는가? 동굴벽화는 동굴을 장식하기 위한 목적으로 그려진 것인가? 아니면 사냥하는 방법을 가르쳐주기 위한 사냥교육을 위한 교육용 벽화인가? 이러한 관점을 확장하면, 동굴벽화에 그려진 사냥 모습은 사냥이 잘되기를 기원하는 주술적 성격의 그림으로 해석해야 하는가? 혹은 선사인들이 자신들의 삶의 기록을 후대인들에게 전승시키기 위한 기록물의 성격이라고 봐야 하는가? 이러한 관점은 선사인들이 소위 역사와 기록에 대한 의식이 있다는 것을 전제해야 하지 않을까? 왜 무슨 목적으로 예술을 탄생시켰는가에 대하여 어느 것 하나 똑부러지게 말할 수 없다. 다양한 대답들의 조합일 수도 있고, 하나의 분명한 목적이 있을 수도 있다.

주술적 성격에 대하여 생각해보자. 과연 구석기인들이 그린 벽화들이 주술적 기능을 가진다고 생각할 수 있을까? 예술의 주술적 기능을 전제하려면, 신이나 종교 관념, 초월적인 힘에 대한 관념들이 전제되어야 한다. 수십 명의 무리 속에서 살면서 맹수와 자연의 위협 속에 사는 원시인들이 오늘날과 같은 고등종교적 심성을 가졌다고 전제하기는 힘들 것이다. 단지 생물학적 자기보존이 최고선이었던 시대에 애니미즘(animism)과 토테미즘(totemism)의 원시신앙이 자리 잡고 있었다고 할 수는 있지만, 과연 그 시기를 3만 년 전으로 봐야 할지 10만 년 전으로 봐야 할지 불분명하다. 동물벽화나 집단 수렵무에서 내세를 믿는다고 가정할 만한 벽화를 찾기란 쉽지 않다. 네안데르탈인에게 매장 흔적을 발견할 수 있다고 해서 그것이 바로 내세라는 종교적 심성의 표현이라고 추론할 수 있는 것도 아니다.

그렇다고 해서 초기 예술의 주술적 성격을 전면 부정할 수도 없다. 문제는 '성격'에 있다. 그 주술적 성격이란 집단적 사냥과 성공적인 채집을 위한 소망과 욕구의 투사라고 봐야 하지 않을까? 자기보존을 위한 주술의 성격이라고 벽화를 해석한다면, 벽화는 원시신앙의 표현이라고 봐야 할까? 동굴벽화에서 나타나는 들소를 찌르는 모습, 집단적 사냥을 하는 모습을 그리는 것은 더 많은 사냥, 성공적인 사냥을 기원하기 위한 마술적 기능으로 이해할 수 있는가? 그래서 동물을 찔러 죽이는 그림을 그리던 원시 화가는 진짜 한 마리의 동물을 죽였다고 생각했을까? 예술의 주술적 기능을 믿는 사람들은 '그렇다'라고 말한다. 그들은 소를 한 마리 그리는 것은 소를 만들어내는 것이라고 믿었다는 것이다.

현실과 가상이 동굴벽화에서는 분리되지 않은 채로, 다시 말하면 예술행위와 사냥행위가 비분리된 채로 나타난다는 것이다. 이것을 인류학자이자 철학자인 레비브륄(L. Lévy-Bruhl)은 『원시인의 정신세계』에서 들소를 스케치하는 탐험가를 보고 '들소가 책 속에 들어가버렸고 들소를 볼 수 없게 되었다'는 수오족 인디언의 말을 인용해 설명한다. 이 관점에서 보면 동굴벽화는 예술=주술=현실=가상=생존투쟁을 위한 집단적 소망의 투사라고 볼 수 있다.

이제 소위 유희충동설을 살펴보자. 주술적 관점에서 보면, 원시 벽화를 표현 충동 혹은 감정을 발산하면서 즐거움을 느끼는 유희 충동으로 보기는 어렵다. 또한 맹수를 사냥하다가 목숨을 잃고 힘에 의한 사냥물의 분배가 이루어지는 원시사회에서 한가로이 그림을 그리고 있었을 것이라고 믿기 어렵다. 프랑스 영화 〈불을 찾아서〉에 나오는 사냥 장면과 사냥 후의 모습이 얼마나 크게 다른가를 생각해보라. 이 영화에서는 문자언어가 없던 시기에 사냥을 위한 집단적 협력, 힘에 의한 관계 설정, 소집단의 무리 생활과 같은 선사시대의 인간의 모습을 다루고 있으며, 문화가 상대적으로 발전한 부족에서는 얼굴에 문양을 그리거나 몸에 문양을 그려 넣기도 한다.

이 영화에 등장하는 선사시대 인간들과 동굴벽화를 그리던 원시인들과의 삶이 얼마나 큰 차이가 있었을까? 〈불을 찾아서〉에서 나오는 이러한 행위들이 종족을 구별하기 위한 특별한 방식이라고 봐야 하는가? 원시적인 예술적 표현본능이 반영된 것으로 봐야 하는가? 아니면 두 부분이 어느 정도 혼재해 있다고 봐야 하는가? 자유로운 상태에서의 감정의 자유로운 발산이 진정한 유희충동과 표현충동의 실현방식이라고 가정한다면,

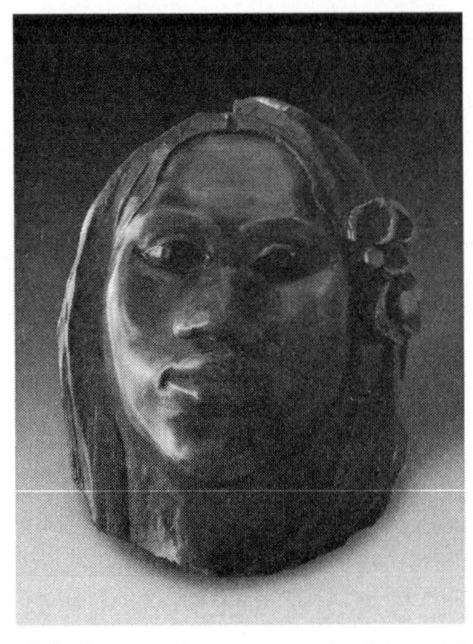
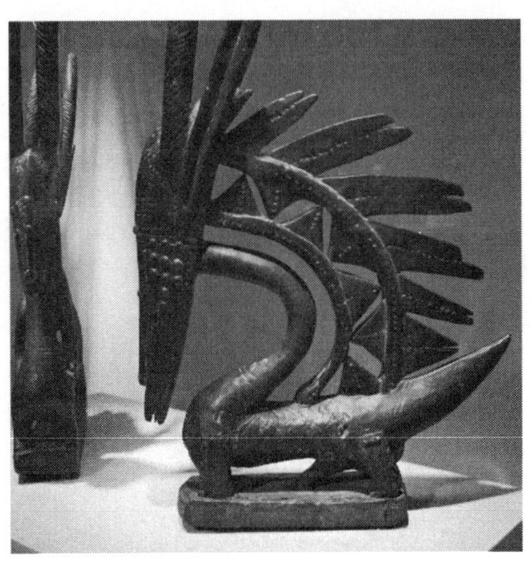

테후라 폴 고갱 | 1891~1893년경 | 조각 | 12.6×7.8×22.2cm | 오르세 미술관

아프리카 치와라 조각 위키백과

유희충돌설은 꽤나 약한 주장이라고 볼 수 있지 아닐까?

장식설은 어떤가? 동굴벽화가 장식을 위해 그려진 것일까? 1960년대, 70년대 소위 '이발소 그림'이라는 것이 있었다. 이발소에 무엇인가를 장식하기 위해 명화를 유치하게 모방한 그림들을 주로 걸어 놓았다. 아파트 거실에 명화 카피본을 걸어 놓는 것, 혹은 지하상가에서 장식용으로 그린 값싼 그림들을 걸어 놓는 것, 이것이야 말로 인테리어 소품으로서의 장식용 그림이다. 사랑을 꿈꾸는 어떤 여성은 클림트의 〈키스〉를 자신의 침대 곁에 세워 놓기도 한다. 찜질방이나 공중 화장실에 붙어 있는 '거친 그림들'이야말로 장식이 목적이 아닐까? 그런데 동굴 속에 살던 원시인들이 과연 장식의 목적으로 그림을 그렸을까? 상상하기 어렵다. 배고픔과 추위, 생식의 욕구가 자연스럽게 해결되지 않은 조건에서 '예술에 대한 욕구'가 발생한다고 볼 수 없기 때문이다.

그렇다면 동굴벽화를 노동과 삶에 대한 기록을 위한 실용적 목적이라고 볼 수 있는가? 문자가 발견되기 이전에 인간이 기록에 대한 욕구가 없었다고 배제하기는 어렵다. 동물들도 자신들의 비문자화된 언어로 생존을 위한 학습을 후손들에게 시키지 않는가? 어떻게 노동하는가를 기록하는 욕구와 그것을 전달하고 교육하려는 욕구가 자연스럽게 결합된 것이 동굴벽화가 아닐까?

다시 처음으로 돌아와 보자. 동굴벽화를 넓은 의미의 예술로 간주한다면 왜, 어떤 목적이었을까? 눈을 감고 타임머신을 타보자. 라스코 동굴벽화, 알타미라 동굴벽화를 눈앞에 펼쳐놓고 그 속에서 살고 있는 원시인인 나를 생각해보자. 그 동굴 속에 나를 진입시키는 것은, 예술적 상상력과 역사적 상상력이 동시에 필요하지 않을까? 우리에게 필요한 것이 예술에 대한 철학적·예술사적 지식 이전에 예술적 상상력이며, 이것이 예술 감상과 예술에 대한 미학적·예술철학적 학습에도 도움이 된다고 믿는다면, 이러한 상상력의 유희를 충분히 즐겨야 한다. 소위 원시미술에 대한 충분한 상상력은 현대미술에 미친 원시예술의 영향력을 파악하는 데도 도움이 될 것이다. 벽화를 보는 눈은 루소, 고갱, 피카소, 야수파 그리고 심지어 추상회화에서도 원시미술의 흔적을 보게 될 것이다. 원시예술의 목적이 무엇인지 분명하게 알 수는 없지만, "예술이 인간 최초의 기본적 정신활동"이라는 콜링우드(R. Collingwood)의 지적은 반박하기 어려운 것이 아닐까?

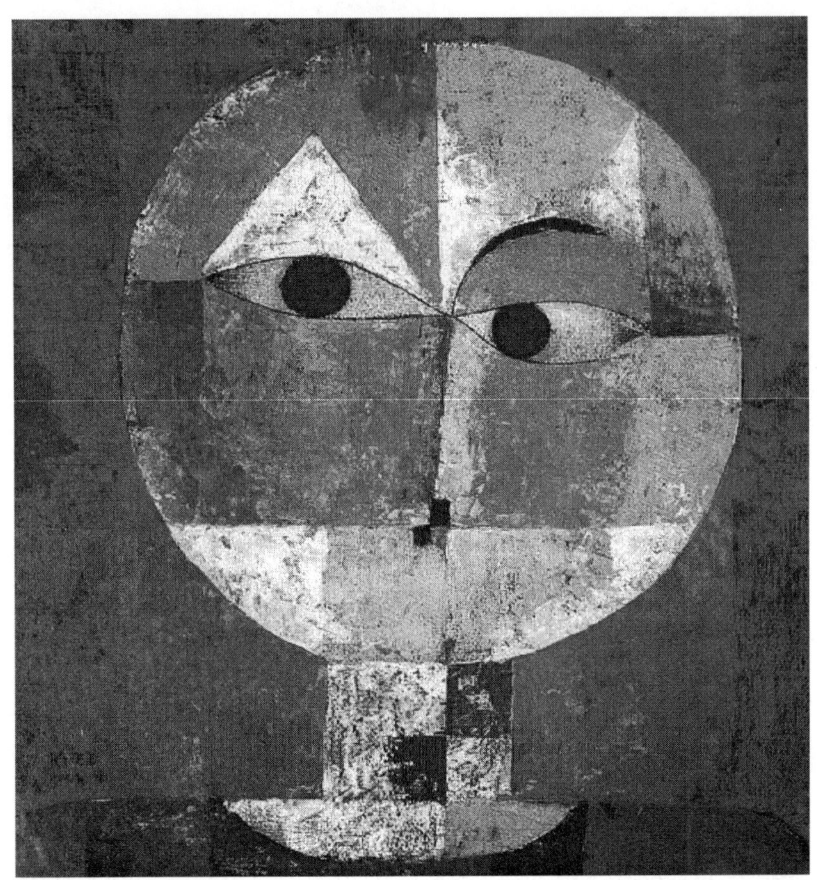

세네시오 파울 클레 | 1922년 | 캔버스에 유채 | 38×40.5cm | 독일 발 미술관

예술에서
아름다움이란
무엇인가?

1. 그리스인들이 찾아낸 신체미

예술에서 아름다움(beauty)이란 무엇인가? 오늘날처럼 많은 사람들이 '내가 아름답다고 생각하는 것이 아름다운 거지'라고 말하는 시대, 즉 주관적 미 개념이 지배적인 시대에 왜 아름다움에 대하여 다시 묻는가? 고대 그리스인들이 말하는 아름다움은 단순히 예술적 형상물에 대한 미적인 판단만을 의미하지 않는다. 그들은 아름다움의 개념을 행위나 습관, 도덕과 법률, 제도뿐만 아니라 과학적 지식, 영혼, 심지어 정신에까지 폭넓게 사용하였다. 기원전 5세기에 들어서야 비로소 오늘날 우리가 사용하는 좁은 의미의 아름다움에 대한 개념이 서서히 자리를 잡았던 것이다.

여기서 보듯이 아름다움에 대한 개념은 '역사적'이다. 역사적이란 아름다움에 대한 개념이 시대에 따라 달라질 수 있다는 의미이다. 미인의 개념이 역사적으로 변화한 것을 생각하면 쉽게 이해될 수 있다. 아름다움의 개념뿐만 아니라 아름다움에 대한 정의 역시 역사적으로 변화한다. 아름다움의 기준에 대한 생각의 변화에 따라 아름다움에 대한 정의가 달라진다. 아름다움에 대한 절대적 기준이 과연 존재할까? 존재한다면 그 기준은 무엇일까? 아름다움이란 단지 주관적으로 생각하기 나름인가?

아름다움에 대한 생각의 변화를 살펴보면 매우 흥미로운 사실이 드러난다. 바로 18세기를 전후로 해서 아름다움의 기준에 대한 생각들이 변했다는 사실이다. 18세기 이전에 많은 사람들은 아름다움의 절대적 기준이 있다고 믿었다. 미의 객관적인 기준이 있다고 믿었던 것이다. 객관적 미의 기준은 고대 그리스인들의 생각에서 출발하는데 그 기준이 명료하다. '피타고라스의 정리'로 유명한 피타고라스(Pythagoras)는 수에 입각한 미의 형식적 완전성을 조화(hamonia)에서 찾았다. 음악에서 미적 형식의 완전성이 조화라면, 조각이나 회화에서는 비례(symmetria)이다. 그래서 피타고라스는 '질서와 비례는 아름다운 것'이라고 말한다. 플라톤 역시(Platon) 척도와 비례의 유지는 항상 아름다운 것이며 그것의 결핍은 추한 것(ugliness)이라고 말한다. 이러한 생각은 비단 철학자들만의 생각이 아니라 고대 그리스인들과 당시의 예술 창작자들의 공통된 생각이었다.

우리는 밀로(Milo)의 비너스나 벨베데레(Belvedere)의 아폴론을 보면서 고대 그리스인들이 생각한 아름다움이 완전한 비례미에 있음을 알 수 있다. 팔등신 미인이란 그리스인들이 고안한 최고의 신체비례미를 말한다. 우리가 흔히 '눈부신 육체'라고 말할 때는 단순히 피부의 아름다움만이 아니라 비례미에 대한 감탄을 표현하는 것이라고 할 수 있다. 그런데 남성과

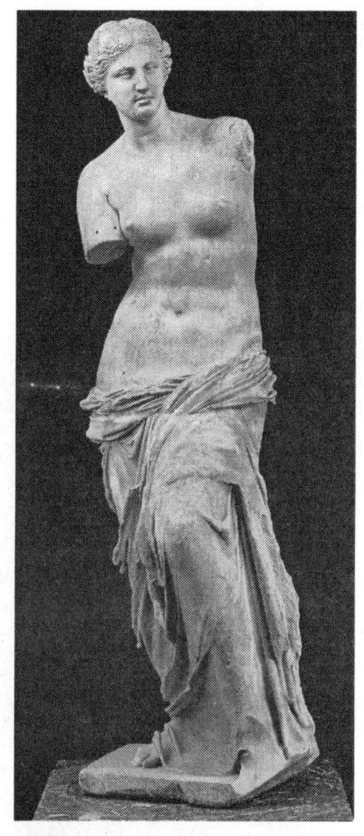
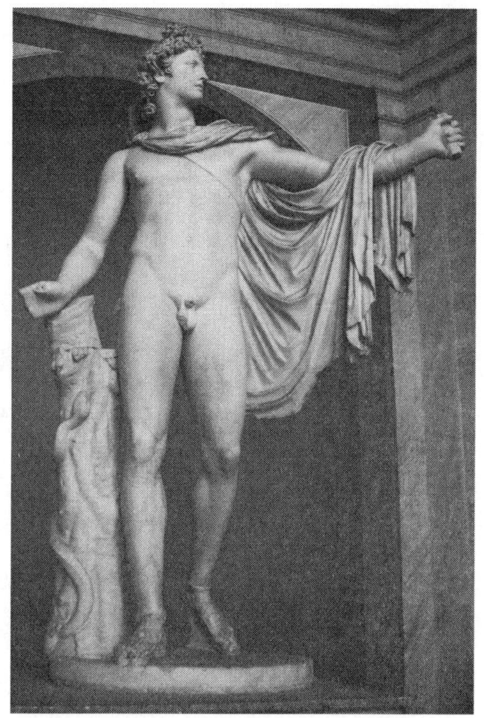

밀로의 비너스　BC 2~BC 1 | 조각 | 루브르 박물관

벨베데레의 아폴론　BC 4 | 청동조각 | 비잔티움 박물관

여성의 완전한 육체의 아름다움의 기준은 8등신이었을까? 그렇지 않다. 남성의 경우는 7등신의 비례, 여성의 경우가 8등신이다. 장동건이 7등신이고 고소영이 8등신인지는 생각해볼 문제다.

　이러한 인체 표현의 비례법 창시자는 기원전 5세기 조각가 폴리클레이토스(Polycleitos)이다. 그는 『카논*Canon*』에서 7등신 비례의 남성 입상을 만들어냈다. 기원전 4세기에 들어 조각가 리지푸스(Lysippos)는 8등신의 기준을 만들어냈다. 7등신과 8등신의 카논을 수학적 공식으로 정리한 인물은 기원전 1세기 로마의 건축이론가인 비트루비우스(Vitruvius)다. 위의 비너스 상과 나의 인체비례를 비교해보면 어떨까? 누가 더 아름다운가? 만약 내가 더 아름답다면 미에 대한 카논의 차이에서 비롯된 것일 뿐 아닌가?

2. 플라톤이 본 '아름다움 그 자체'

그럼 고대 그리스의 아름다움에 대한 가
장 대표적인 생각을 대변하는 플라톤의 아름
다움에 대한 생각을 알아보자. 플라톤은 이원
론자이다. 이것은 '세계가 어떻게 구성되었
을까' 하는 문제에 대한 플라톤 식의 대답이
다. 우리는 동의할 수도, 안 할 수도 있다. 내
가 만약 경험론자라면 플라톤의 세계에 대한
설명은 '허튼 소리'가 될 것이다.

그는 세계를 본질, 형상, 영혼이 거주하는
참된 세계로서 이데아계와 물리적인 세계인

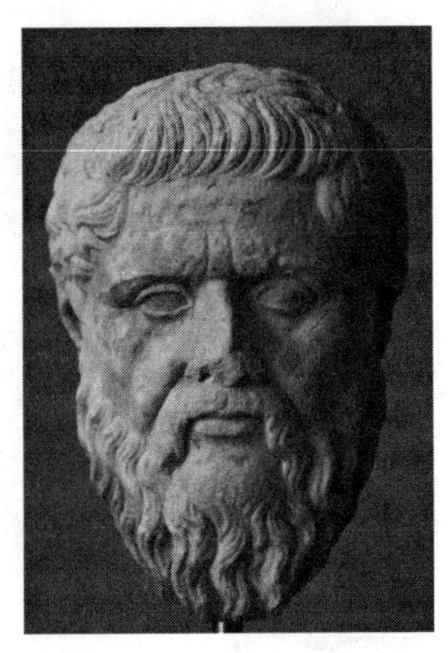

플라톤　BC 427~BC 347

현상계로 구분하였다. 그에게 현상계는 이데아계의 그림자이거나 모사물
일 뿐이다. 따라서 그에게 중요한 것은 항상 '어떻게 이데아계를 인식하
거나 상기해낼 것인가'였다. 왜 상기해야만 하는가? 무엇인가를 잃어버렸
기 때문이다. 플라톤은 신화적 가정을 전개한다. 그는 "우리의 영혼은 직
접 그 이데아를 보았었는데 이 땅에 태어날 때의 충격으로 그에 대한 기억
이 억제되고 말았다. 그러나 그것은 상기(recollection)될 수 있고 상기되었을
때 그것은 참지식을 구성한다"라고 말한다.

그럼 이제 문제는 어떻게 상기할 것인가가 중요하다. 플라톤에게 상기
나 인식의 방법은 크게 두 가지이다. 첫 번째 방법은 이성 개발을 통한 철

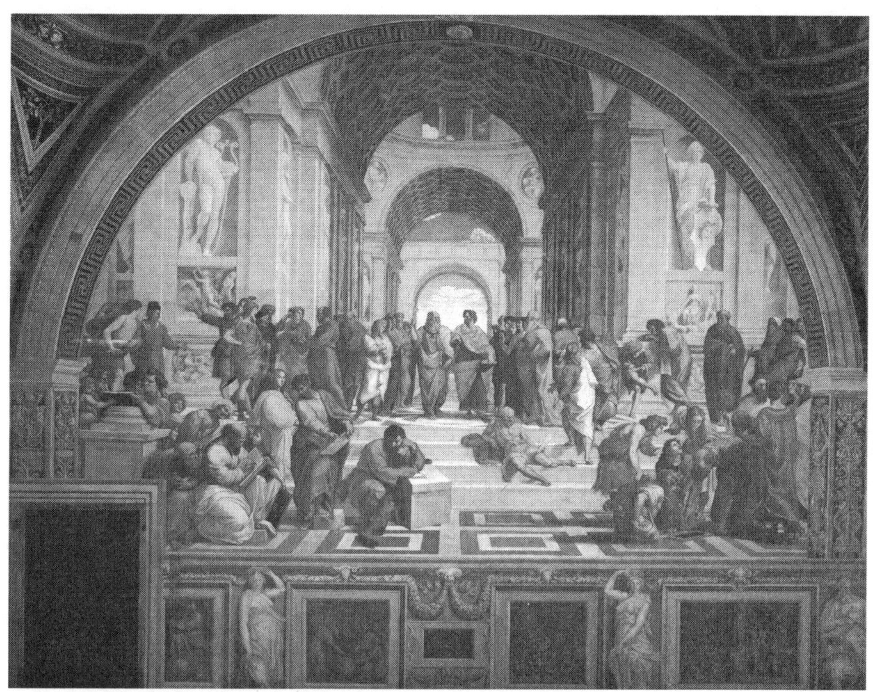

아테네 학당　라파엘로 | 1510~1511년 | 프레스코화 | 700×500cm | 서명의 방

학적 방법이다. 플라톤은 변증론과 철학교육이 그것을 가능하게 한다고 믿었다. 그러면 누구나 철학적 훈련을 통해 이데아를 볼 수 있을까? 당연히 소수만이 가능하다. 플라톤은 그 소수를 '철학자'로 한정한다.

두 번째 방법은 절대미(absolute beauty)의 인식을 통한 방법이다. 플라톤은 "그 모두(현상과 사물)에 나타나는 하나의 미가 분명히 존재한다"고 보았다. 하나의 미가 바로 절대미이다. 절대미는 다른 것이 아니라 '아름다움 그 자체'를 의미하며 그것이 미의 이데아(Idea)이다. 플라톤이 가정하는 척도와 비례미는 절대미의 실현방식 중 하나이다.

절대미는 현상적인 미와 비교하면 더 쉽게 이해할 수 있다. 현상적인 미는 무엇일까?

개개의 사물들 — 조각상, 사람들, 말들 — 은 성질을 여러 가지 방식으로 보여준다. 어떤 것들은 그 밖의 것들보다 더 아름답고 어떤 것은 시간의 흐름에 따라 그 아름다움을 잃어간다. 또 어떤 것은 어떤 사람에게는 아름답게 보이지만 그 밖의 사람들에게는 그렇지 않다.

이 인용문에서 알 수 있는 것은 무엇일까? 첫째, 절대미는 상대적인 미적 탁월성이 아니라는 점이다. 둘째, 절대미는 시간의 제약을 벗어나 영원한 미라는 것이다. 셋째, 절대미는 감상자의 취향에 따라 규정되는 것이 아니라 모든 감상자가 객관적으로 공감할 수 있는 미라는 것이다.

그렇다면 우리는 어떻게 절대미를 상기 혹은 인식할 수 있을까? 절대미로서 미의 이데아는 인식하는 것과 관련해 플라톤은 일종의 단계론을 제시한다. 플라톤은 신체의 미 → 정신의 미 → 제도, 법률, 학문 자체의 미를 인식하는 능력을 연마한 후에 완전무결한 미를 인식할 수 있다고 믿었다. 과연 누구나 절대미를 인식할 수 있을까? 결코 쉽지 않다. 그래서 플라톤은 친절하게도 미를 사랑하는 방법을 어떻게 촉진할 수 있는지에 대해 생각한다. 그가 『향연Symposion』에서 제안한 미를 사랑하는 방법은 크게 여섯 가지이다.

① 아름다운 신체를 사랑하는 것을 가르쳐라.
② 아름다운 육체를 가까이 하라.
③ 영혼의 아름다움이 신체의 아름다움 보다 우월함을 자각하라.
④ 아름다운 행위들과 관습들을 사랑하라.
⑤ 여러 종류의 지식은 미를 인지하는 데 도움이 됨으로 지식을 쌓아라.
⑥ 미 자체를 경험하게 해서 비시간적 · 비공간적 미의 형상에 도달하

게 힘써라.

플라톤의 생각처럼 그의 방식을 따라하면 우리는 절대미를 경험할 수 있을까? 미를 주관적인 것으로 생각하는 사람에게는 의미 없는 주장이다. 하지만 플라톤이 말하는 미를 사랑하는 방법은 우리의 '미적 생활'에 많은 도움이 되지 않을까?

3. 로마, 중세, 르네상스 시대의 아름다움의 기준

고대 그리스인들의 미, 아름다움에 대한 기준은 로마 시대, 중세, 르네상스를 거치는 동안 미세한 부분만이 바뀌었을 뿐이지 사실 크게 달라진 것이 없다. 로마 시대의 미학자인 플로티노스(Plotinus)는 플라톤의 영향을 받아 다양한 미의 범주를 제시한다. 그는 조형물에서 볼 수 있는 감각적인 미뿐만이 아니라 생활태도, 행동, 성격, 정신적인 고상함 등과 같은 것도 미의 범주에 집어넣는다. 미

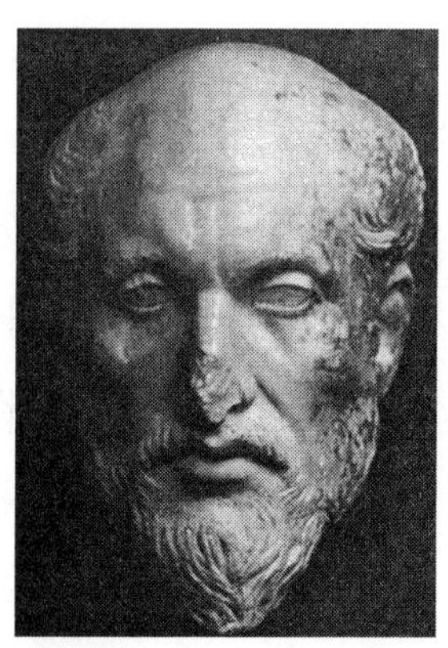

플로티노스 204~270 | 오스티아 박물관

덕을 지닌 영혼의 아름다움도 도덕미의 범주로 간주한다.

플로티노스는 플라톤의 이데아 미학을 일자의 미학으로 바꾼다. 일자(the One)는 곧 신을 의미하며 신은 영원한 미이다. 그는 신이야 말로 아름다운 모든 사물의 근본원인이라고 본다. 일자라는 근원적 존재로부터 정신, 의식, 질료 등이 파생하게 된다. 일자로부터 유출(emanation)되는 것이다.

플로티노스의 일자는 이성과 지식으로 파악할 수 없으며 오직 일자로 돌아감으로써 알 수 있는 존재이다.

플라톤과 플로티노스와의 차이는 플라톤이 현상의 미를 불완전한 미로 간주한 반면에, 플로티노스는 현상미(감각미)에 그가 말하는 아름다움의 원천인 신의 미가 잘 나타난다고 보았다는 데 있다. 또한 예술가가 미를 창조하는 것은 그의 영혼에 의한 것이며 그 영혼은 신성에 참여한 영혼에 의해 만들어지는 것으로 보았다. 따라서 예술작품의 감상자 역시 아름다운 영혼을 소유할 때 아름다운 작품을 제대로 감상할 수 있다. 플로티노스에 따르면 신성에 참여하는 영혼 → 그 영혼에 의한 소재 및 재료 선택 → 작품 완성 → 아름다운 영혼에 의한 작품의 감상의 과정들은 그가 일자라고 부르는 신성에 참여하는 행위이다. 플로티노스가 예술품에서 미의 기준으로 보는 것은 비례미이다. 이러한 비례미가 작품 내에서 부분 간의 관계로 나타나는 것을 통일성의 미라고 부른다. 통일성의 미는 부분들의 총합이 잘 조화될 때 나타나는 미이다.

중세의 신학자 아우구스티누스(Augustinus)는 미를 '시각을 즐겁게 해주는 것'으로 보았다. 시각을 즐겁게 해주는 미의 기준은 질서, 통일성, 일치, 수, 비례에 있다. 그는 미 안에 형태와 수가 있고 어떤 것이 아름다운 이유는 부분 간에 조화가 있기 때문이라고 생각했다. 결국 아우구스티누스에게 아름다움이란 지극히 수학적인 비례미이다. 한편 아우구스티누스는 아름다운 것과 미 자체를 구분하였다. 미 자체란 초월적이고 절대적인 것

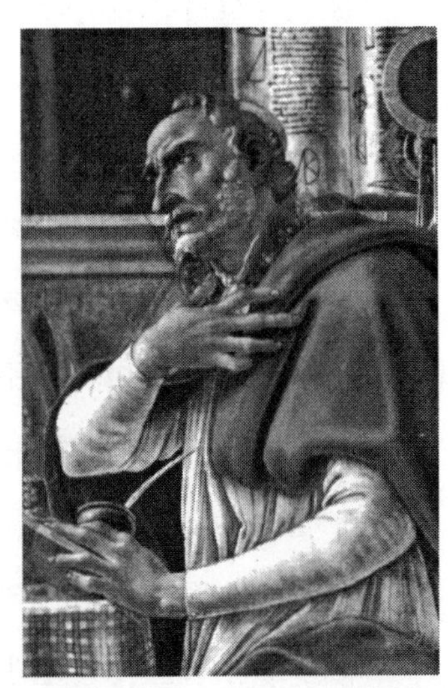

아우구스티누스   354~430 | 이탈리아
오산티 예배당

으로 아름다운 것의 근원으로 간주하였다.

토마스 아퀴나스는(Thomas Aquinas) 미를 "보여짐으로써 즐겁게 하는 것"으로 정의했다. 이러한 정의는 향유자 관점에서의 주관적인 미를 의미하는 것이 아니다. 아퀴나스는 보여짐으로써 즐겁게 하는 조건을 『신학대전』에서 세 가지로 제시한다. 그것은 ① 완전성, ② 비례, ③ 명료성이다. 완전성은 미의 조건 중에서 가장 중요한 조건으로 무결성, 모자라지 않은 것으로 구조적이며 총체적인 통일성을 의미한다. 적절한 비례란 사물의 모습이 사물의 본질에 일치하는 경우에 생기는 것을 의미한다. 따라서 아퀴나스의 비례는 단순한 수학적이고 양적인 의미를 갖는 것이 아니다. 사물의 본질이 각각 다름으로 비례는 각각 다를 수밖에 없다. 명료성(claritas)은 밝음을 의미한다. 밝음은 소재와 자료가 그 속성을 분명하게 표현해 광채가 나는 것을 말한다.

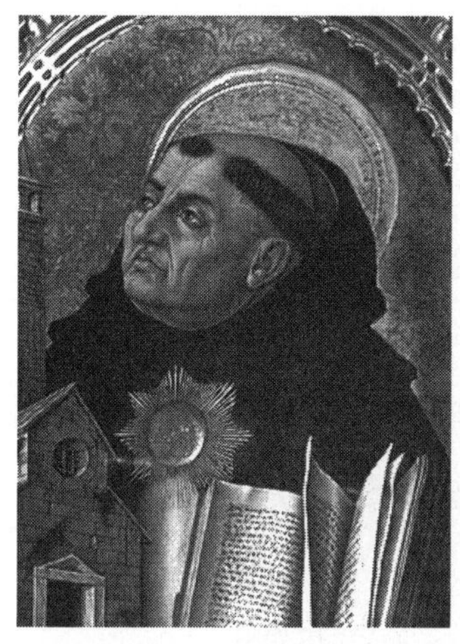

토마스 아퀴나스 1224~1274 | 런던 내셔널 갤러리

중세를 마감하고 휴머니즘이 싹트는 르네상스 시대에 들어와서 아름다움의 기준이 바뀌지 않았을까? 그런데 르네상스 시대에도 미의 기준은 크게 달라지지 않는다. 독일의 화가이자 조각가이며 종교화가인 알브레히트 뒤러(Albrecht Dürer)는 "적합한 비례가 없다면 어떤 인물상도 완전한 것이 될 수 없다"고 주장한다. 그의 유명한 1500년 〈모피 코트를 입은 자화상〉을 감상해보자. 그의 자화상에서 적합한 비례가 나타나지 않은 부분을 찾아낼 수 있을까? 17세기 바로크 시대의 고전주의의 창시자인 푸생(Poussin) 역시 "미의 이념은 만약 그것이 질서, 척도, 형식을 갖추지 않았다면 한낱 사물에 지나지 않는다"라고 말함으로써 그가 말하는 미가 비례미

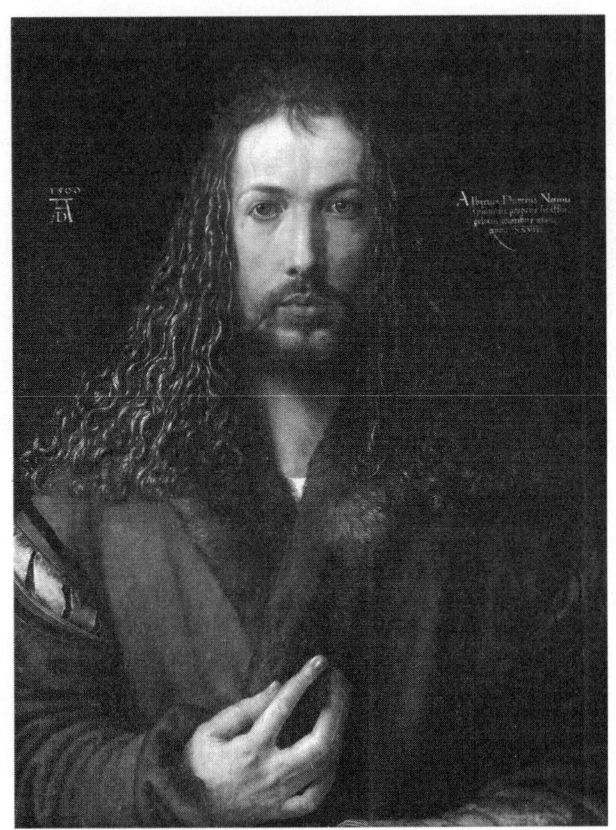

모피 코트를 입은 자화상 알브레히트 뒤러 | 1500년 | 목판에 유채 | 49×
67cm | 뮌헨 고전회화관

임을 밝히고 있다. 로마에서 줄곧 살았던 푸생을 생각한다면, 그가 그리스
적 고전주의 미 개념을 계승하는 건 어려운 일이 아니었을 듯하다. 르네상
스 시대의 화가를 단 한 사람만 뽑으라고 한다면 사람들은 다 빈치를 뽑지
않을까? 다 빈치야 말로 조화와 비례의 미학을 완벽하게 보여준 화가가
아닌가? 그는 완벽한 재현을 위해 비례의 과학을 창조한 인물이자 비례미
의 극치를 보여준 예술가이다. 최후의 만찬의 비례미는 과학이 곧 미임을
알려주고 있다.

철학이 말하는 예술의 모든 것

화가의 초상　니콜라 푸생 | 1650년 | 캔버스에 유채 | 74×98cm | 루브르 박물관

4. 근대: 미 기준의 코페르니쿠스적 전환?

1) 취미론

18세기는 아름다움의 기준에 대한 혁명적 변화가 일어난 시기이다. 흔히 취미(taste)라고 불리는 아름다움에 대한 코페르니쿠스적 전회는 섀프츠베리(Shaftesbury)로부터 시작해 프랜시스 허치슨, 에드먼드 버크, 조셉 앤디슨, 더갈드 스튜어트, 페인 나이트로 이어진다.

섀프츠베리는 다른 마음의 상태와 미적 감정 상태가 근본적으로 다르다고 보았다. 그는 아름다움을 느끼는 감정은 유용성이나 이기적인 마음의 판단에서 비롯된 것이 아니라, 이해 관심이 없이 '아름다움을 관조함으로써 자연스럽게 발생'하는 것이라고 보았다. 미란 감정은 '무관심적 관조에서 오는 즐거움'이란 것이다. 산책을 하다가 우연히 평소에 스쳐 지나가던 꽃 한 송이에 눈이 가고 그것을 꺾지 않아도 음미하며 즐기는 마음, 친구에게 이끌려 간 갤러리에서 유독 눈길을 사로잡는 특정한 작품을 보며 느끼는 마음의 즐거움이 바로 무관심성(disinterestedness)에서 오는 즐거움이다.

섀프츠베리는 무관심적 즐거움을 느끼게 하는 내적 감관이 인간에게 있다고 보았으며 그것을 미감(sense of beauty)이라 칭했다. 그에 따르면 미감은 도덕감(moral sense)과 마찬가지로 미적 경험에 대한 '판단 능력'을 수행한다.

섀프츠베리는 기존의 아름다움에 대한 미적 감정이라는 단순한 미의 범주를 확장

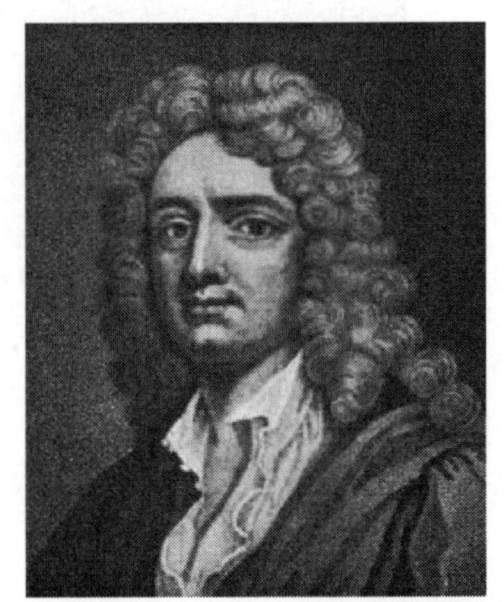

섀프츠베리 1671~1713 | 위키백과

시키는 데도 기여한 인물이다. 숭고(sublimity)의 개념을 도입한 것이다. 물론 숭고 개념은 2세기에 롱기누스가 '고상한 문체', '감탄을 자아내는 위대한 문체'를 두고 한 말이지만, 섀프츠베리는 웅장함, 거대함, 당당함, 위대함에서 오는 독특한 미적 감정을 숭고미라고 말한다. 섀프츠베리가 말하는 숭고미는 나이아가라나 이구아수 폭포를 처음 볼 때나, 잉카의 공중도시 마추픽추를 볼 때나, 아프리카 한복판의 거대한 초원을 볼 때 느끼는 거대하고 웅장한 자연미에 대한 미적 체험을 말한다.

허치슨(Hutcheson)은 소위 영국 취미론의 중심인물이며 취미 개념을 제시한 인물이다. 그는 섀프츠베리처럼 미가 '마음속에 일어난 하나의 관념'이며 이것을 관장하는 미적 감관을 '훌륭한 취미(fine taste)'라고 지칭한다. 미의 감정은 원리, 원인, 비례나 유용성에서 산출되는 것이 아니라, 어떤 대상을 봤을 때 즉각적으로 떠오르는 즐거운 어떤 감정을 말

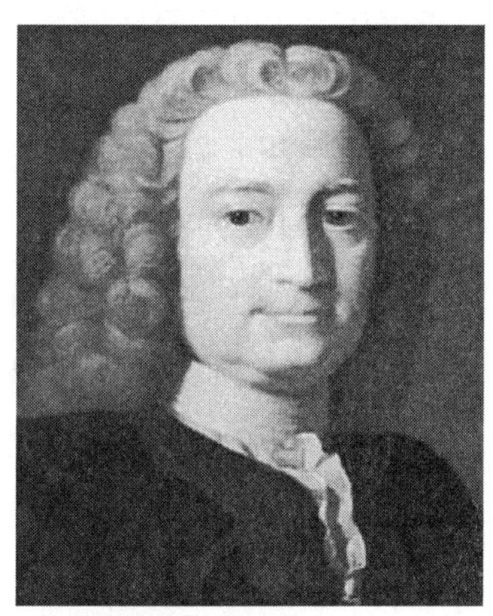

프랜시스 허치슨 1694~1746

한다. 이러한 미적 감정은 교육이나 학습을 통해서 혹은 습관에 의해서 생겨나는 즐거움의 상태가 아니며 그러한 것에 선행하는 것이다.

우리가 같은 음악을 듣고, 같은 그림을 보고, 같은 자연을 감상해도 다 제각각의 미적 판단을 내리는 이유는 바로 이 취미의 차이에서 비롯된 것이다. "싸이의 〈강남스타일〉은 최고의 춤곡이다", "베토벤의 가곡 〈키스〉는 최고의 세레나데야"와 같은 미적 판단이 취미판단이다. 취미판단은 주어진 미적 대상에 대해서 지각하고 느끼는 수동적 판단능력인 셈이며 주

관적일 수밖에 없는 판단이다. 섀프츠베리나 허치슨이 제기하고 그 밖의 이론가들에 전개된 취미론의 핵심은 '미'라는 것이 단지 비례미가 아니라 다양하고 복잡한 의미를 갖는 개념이라는 것, 미적 쾌감을 느끼고 판단하는 것이 취미라는 것, 취미는 객관적인 것이 아니라 상대적일 수 있다는 것이다. 결국 영국 취미론은 객관적 미에서 상대적 미로 넘어가는 이정표의 역할을 한 것이며 미의 범주를 확장시키는 혁명적 사건이다.

2) 칸트의 취미판단

영국의 취미론자들이 객관미에서 주관미로의 전환에 자극을 주었다면, 대륙의 칸트는 미의 주관적 측면을 인정하면서도 주관적인 미적 판단에 보편성을 부여하며 취미판단을 선험적으로 논증하려는 노력을 시도하였다. '이것이 아름답다', '저것은 기괴하다'와 같은 미적 판단은 논리적 판단인가? 우리들이 그렇게 생각하듯이 칸트 역시 논리적 판단과 무관하다고 보았다. 그것은 감성적 판단, 미적 판단이다.

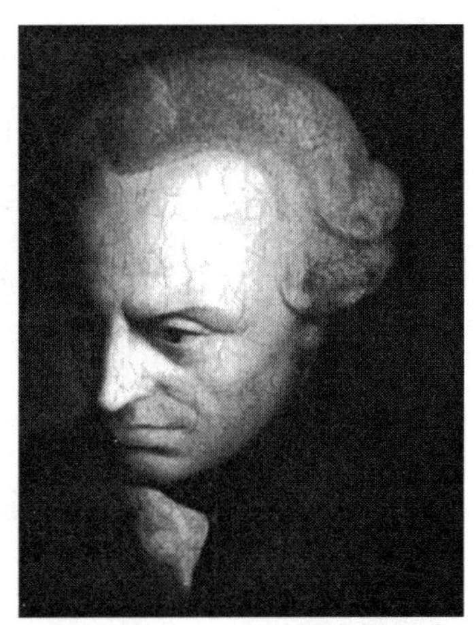

임마누엘 칸트 1724~1804 | 위키백과

미적 판단은 미적 대상에 대한 주관적인 쾌와 불쾌에 대한 판단이다. 사실의 진위 문제는 배제된다. 칸트가 말하는 취미판단이란 위와 같은 "미를 판정하는 능력"이다. 이렇듯이 칸트에게 중요한 것은 미의 본질, 아름다움에 대한 정의가 아니다. 그는 미적 판단의 주관적 판단에 대한 분석에 힘을 쏟는다. 칸트는 취미판단을 분량, 관계, 양상, 성질이라는 네 가지 관점에서 분석한다.

성질의 관점에서 취미판단은 무관심적 취향에서 오는 쾌(aesthetic pleasure)를 말한다. 아름다움이란 미적 판단에서 오는 만족감이다. 이 만족감은 어떤 필요성이나 욕구로부터 자유로운 상태에서 느끼는 순수한 무관심적 상태에서 맛보는 만족감이다. '저 아름다운 꽃을 꺾어 꽃병에 꽂아야지'하는 목적을 갖고 보는 꽃의 아름다움이 아닌 것이다. 그저 아무것에도 얽매이지 않고, 아무런 목적과 필요 및 의도가 개입되지 않는 순수한 상태에서 대상을 주관적으로 느끼며 오는 쾌 혹은 만족감의 성질이 취미판단인 것이다. 분량의 관점에서 취미판단은 취미판단에서 개별자와 전체의 관계, 즉 취미판단의 주관성과 보편성의 관계를 말한다. 칸트는 취미판단이 주관적이며 동시에 보편적이라고 주장한다.

그는 취미판단이 "누구에게나 타당하다고 간주될 수 있는 미적 판단"이라고 생각한다. 주관적이면서도 동시에 보편타당한 판단이 가능할까? 여기서 칸트가 말하는 보편타당한 판단이 객관적 보편성을 말하는 것이라면, 주관적이며 보편적인 판단의 가능성은 존재하지 않는다. 우리는 그가 말하는 보편성이 객관적인 것이 아니라 특수한 보편성이라고 생각해야 한다. 그러면 어떤 종류의 특수한 보편성인가? 취미판단의 보편타당성이란 개념을 매개로 하지 않는 '저 벚꽃은 참 아름답다'는 나의 취미판단에 '다른 사람들의 찬성'을 '기대'할 수 있다는 의미에서의 특수한 보편성이다. 칸트의 취미판단은 논리적 추론이나 검증을 통한 객관적 보편성이 아니라, 나의 취미판단에 다른 사람에게 동의를 요구할 수 있는 성질의 보편성 요구를 말하는 것이며 그런 의미에서 주관적 보편성이라고 봐야한다.

그런데 어떻게 다른 사람에게도 '벚꽃의 아름다움'에 대해 보편적인 동의를 얻을 수 있을까? 칸트는 양상의 관점에서 취미판단을 논하면서 이 문제를 해결하려 한다. 칸트에 따르면 보편적 동의의 가능성은 '공통감각'에 있다. "감정의 보편적인 전달 가능성은 하나의 공통감각을 전제"해야만 가능하다. 공통감각이란 '내가 하동의 벚꽃 십리 길을 드라이브 했을 때 참 아름다웠다. 아마도 당신도 그곳을 가본다면 아름답다는 탄성을 절로 하고 말 것이다'라는 주장에 나와 있다. 이 주장에는 칸트가 말하는 공통감각과 같은 가정이 숨겨져 있다. 문제는 칸트의 주장이나 위의 주장에서 말하는 공통감각의 실제적 존재 여부이다. 그것이 실제로 존재하는가? 칸트의 대답은 공통감각이 실제로 존재하는 것이 아니라 미적 취미판단의 규범으로 가정 혹은 당위의 차원으로 전제해야 한다는 것이다. 이럴 때 소위 '보편적 동의'가 이루어질 수 있다고 보는 것이다.

이것은 나의 취미판단의 주관적 측면을 다른 사람의 취미판단에도 하나의 규칙으로 요구할 수 있고, 상대방의 그것에도 화답할 수 있다는 믿음과 요구에 기초한다. 이러한 믿음과 욕구는 타당한가? 칸트의 주장이 옳다고 가정하려면 취미판단을 하는 주관적 조건이 모든 사람에게 선험적으로 동일하다고 전제해야 한다. 그런데 그 조건이 선험적으로 동일하다 해서 필연적으로 동일한 취미판단을 한다고 '경험적으로 증명'되지는 않는다. 미적 판단이 시대와 문화에 따라 달라졌다는 것이 그것을 증명한다. 주관적 미적 판단이 선험적으로 동일하다고 해서 취미판단의 보편적 전달 가능성이 확보되지 않는 것이다.

칸트가 말하는 취미판단의 보편타당성이 생득적 감각이라고 하여도 한 개인의 주관적 취미판단의 기준에는 수많은 발생적 원인들이 있음을 간과해서는 안 될 것이다. 개인의 주관성이 형성된 역사와 미를 매개로 한 사회적 상호작용의 최종적 결과물이 주관적 취미판단을 결정한다. 그리고 그러한 취미판단 역시 '변화 가능성'을 내포한다. 또한 '저 벚꽃은 참으로 아름답다'는 하나의 취미판단에 대한 보편적 동의 가능성은 경험적으로 논증되지 않으며, 그 '동의의 범위' 역시 취미판단의 내용에 따라 달라질 것이다. 서바이벌 오디션 프로그램 〈K팝 스타 시즌 2〉에서 우승한 '악동 뮤지션'의 음악에 대해 양현석, 보아, 박진영의 취미판단이 다르듯이 그들이 각 라운드마다 보여준 대중들의 '보편적 동의'의 수준이 다르지 않은가?

관계의 관점에서 보면 취미판단의 특징은 합목적성(finality)이다. 합목적성이란 개념은 원인관계에서 의도가 개입된 상태가 아닌 대상 그것 자체로의 순수 상태의 실현을 의미하는 것이다. 관계의 관점에서 칸트는 미를 자유미와 부수미로 나눈다. 그는 자연미의 사례로 새, 조개, 꽃을 제시하고 이러한 것들이 어떤 내적인 목적성을 갖지 않는다고 본다. 또한 부수미의 예로 건축물이나 말을 제시한다. 이와 같은 것들은 분명한 목적성을 가지고 있고 내적 완벽성을 추구하는 것으로 본다. 우리는 칸트의 자연미와 부수미에 대한 구분의 타당성에 얼마든지 의문을 던질 수 있다. 자연미보다 칸트가 말하는 부수미인 인공미를 우위에 둘 수도 있으며, 과연 개념이 개입되지 않은 취미판단이 가능한가에 대하여 근본적인 의문을 제기할 수도 있다. 자연미를 실현할 수 있는 존재를 '천재'로 규정하는 칸트의 주장에 대해서도 우리는 의문을 던질 수 있다.

3) 바움가르텐과 미학의 탄생

바움가르텐(Alexander Gottlieb Baumgarten)은 1742년 철학사에서 처음으로 '미학'이라는 이름의 강좌를 개설한 인물이다. 미학이란 학명이 처음 등장한 것은 바움가르텐이 1737년에 쓴 『시의 몇 가지 요건들에 대한 철학적 고찰』에서이다. 그는 1750년 라틴어로 에스테티카(aesthetica)를 썼다. 이 말은 지각하다, '감각하다'라는 의미의 그리스어 아이스타노미아(aisthanomia)에서 유래한다. 비록 미완의 작품으로 끝이 났지만 그는 이 저작에서 학(學)으로서의 미학, 철학의 한 분과로서 미학을 정

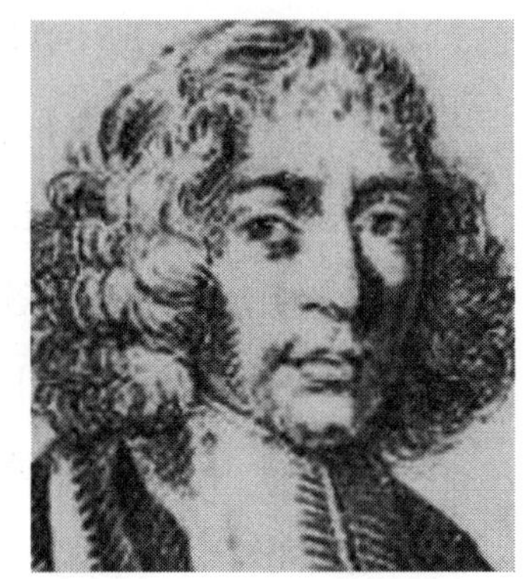

바움가르텐 1714~1762 | 위키백과

초하고자 했다. 철학의 독립분과로서 미학을 탄생시킨 바움가르텐에게 미학은 감성적 인식의 학문이다.

바움가르텐에게 감성, 혹은 감성적 이성이란 오성과 이성과 다른 "영혼의 능력"을 말하며 감성 그 자체에 표상력이 있다고 보았다. 표상력은 일종의 감성적 사고력을 의미한다. 바움가르텐의 감성에 대한 긍정적인 규정은 학으로서의 미학의 필요성을 강조하기에 이른다.

주로 오성적 인식에 근거하고 있는 학문들에 적합한 재료(materia)를 제공하고, 학문적 인식을 모든 사람의 파악 능력에 적합하게 맞추어주며, 명석하게 인식된 사물의 경계를 넘어서까지 인식을 개선하고, 모든 자유 기예를 위한 적절한 근본원칙들을 제공하며, 다른 상황들이 동일하다면, 공동체의 삶 내에서 관련된 점들 모두에서 다른 이들보다 탁월하게 만들어준다.

위 인용구에서 바움가르텐은 오성적 인식의 중요성과 함께 그것의 한계를 인식하고 개선되어야 함을 동시에 강조한다. 미학은 "감정적 인식의 완전성"을 추구한다. 그러한 감성적 인식의 완전성이 실현된 것이 바로

철학이 말하는 예술의 모든 것

미이다. 추는 "감성적 인식의 불안전성"을 말한다.

그런데 그는 감정적 인식의 학으로서 미학 혹은 미적 인식을 불명료한 어두운 인식과 이성의 명석·판명한 인식 사이의 중간 단계이자 논리학보다 낮고 불안전한 인식으로 보았다. 데카르트적 전통에서 명석(clear)한 인식은 의심할 여지가 없이 분명한 인식을 의미한다. 판명(distinck)한 인식은 다른 모든 것과 명확하게 구별되는 인식을 말한다. 그런데 감성적 인식으로서 미적 인식은 명석하지만 판명한 인식은 아니다. 미적 인식은 명석하지만 구별이 분명하지 않은 혼연한 인식이다. 명석하고 혼연한 인식으로서 미적 인식이란 개념적으로는 판명하지 않지만 대상을 재인식 가능한 인식, 즉 감성적으로 명석한 인식을 말한다. 바움가르텐은 위의 관점에서 미학을 저급한 인식능력을 다루는 학문으로, 논리학을 판명하고 명석한 인식을 다루는 상위의 학문으로 간주했다. 이 점은 그가 미학을 넓은 의미의 논리학의 한 부분으로 파악하고 있다는 것을 말해준다.

예술가에 의해 창조된 작품을 인식하는 미적 인식은 "개념적으로 판명하고 적합하며 대상들에 대한 완전한 표상"과 다른 특수한 감성적인 인식이다. 바움가르텐은 그와 같은 미적인 인식의 원천을 상상력, 투시력, 기억력, 감응력, 기호능력, 예감능력 등으로 보았다. 이것에 의해 '이것이 아름답다'는 미적 감성과 미적 사고가 가능하다고 본 것이다. '이것이 아름답다'는 취미(판단)를 바움가르텐은 감성적 판단능력 혹은 미적 인식이라고 부른다.

바움가르텐은 비록 미학이 감성적 인식을 다루는 저급한 학문이지만, 예술창작과 판단, 평가를 다루는 학문으로서 미학이 있어야 하며 미학이 감정적 인식의 완전성을 추구해야 한다고 주장한다. 감성적 인식의 완전성이란 다양한 부분들이 결합하여 조화와 통일 그리고 질서를 이룬다는 의미이다. 미적 인식의 완전성 추구는 감성적 인식이 마치 유사 이성으로서 작동되고 동시에 이성과 유사한 사유능력으로 자리 잡아야 한다는 점을 전제하는 것이다. 그는 철학자들이 "저급한 인식능력을 다듬고 세련되게" 해야 한다고 믿었다.

이 점에서 그는 논리학으로부터 자율적인 미학의 영역을 개척하려 했다고 평가할 수 있다. 바움가르텐에게 미학은 여러 예술 영역의 학적인 토대를 제공하는 것을 목적으로 한다. 바움가르텐은 완성도 있는 미적 작품을 창작하기 위해서는 타고난 기질과 노력 및 학습이 전제되어야 하며 몇 가지 특성을 겸비해야 한다고 보았다. 첫째 예민하고 풍부한 감응능력이다. 예민한 감응능력이 없다면 '보이지 않는 것'을 볼 수가 없다. 예술 창작자는 일상인이 보지 못하는 것을 볼 만큼 예민해야 한다. 둘째, 판타지 능력이다. 판타지(fantasy)는 허상이나 환상을 만드는 것을 의미하지 않는다. 그래서 판타지는 건강한 상상력과 시적 능력이 뒷받침되어야 한다.

또한 예술 창작자는 표상에 대한 표현능력을 가지고 있어야 한다. 표현력이 떨어지면 표현하고자 하는 대상의 조화와 통일을 불안전하게 표현할 수밖에 없으며, 미의 완전성에 도달할 수 없기 때문이다. 이 밖에도 바움가르텐은 미래에 대한 예견력이 예술 창작자에게 필요함을 주장한다. 과거, 현재, 미래를 자유롭게 넘나드는 창작자의 상상력을 넘어서서 예견력이 필요하다는 것이다. 이것은 예술 창작자가 현실과 다른 세계를 보여주고 표현해낼 수 있어야 한다는 의미이다. 미래한 대한 예술적 선취 능력을 의미하는 것이다. 바움가르텐은 미학자의 능력, 예술 창작자에게 필요한 능력의 측면에서 위의 능력을 요구했지만, 그가 지적한 내용들은 예술 감상자의 관점에서도 적용되어야 한다. 감성적 완전성의 미를 창조한 예술가의 작품을 이해하기 위해서는 감상자 역시 그만큼의 감성과 감식력이 필요하기 때문이다.

바움가르텐이 미학을 탄생시킬 즈음 활동하던 대표적인 화가들로는 샤르댕, 그뢰즈, 호가스 등을 들 수 있다. 바움가르텐은 그림이 더 이상 단순한 자연의 재현이 아니라 그 이상을 표현해야 한다고 보았다. 그 이상이란 단순히 모방을 넘은 '시적 능력'이 있어야 한다. 시적 능력이란 다름 아닌 예술가에 세련된 취향이 반영된 창작능력을 말한다. 이런 측면에서 볼 때 프랑스 아카데미 화풍과 구별되는 당대의 화가 샤르댕(Jean-Baptiste-Siméon Chardin)은 바움가르텐의 미학을 잘 구현하고 있다고 볼 수 있다. 샤르댕은 자연의 단순한 모방을 넘어 사물의 역사와 깊이, 사실적이며 따듯한 질감을 잘 표현하고 있다. 그의 작품 〈흡연실〉과 〈자화상〉을 감상해보자.

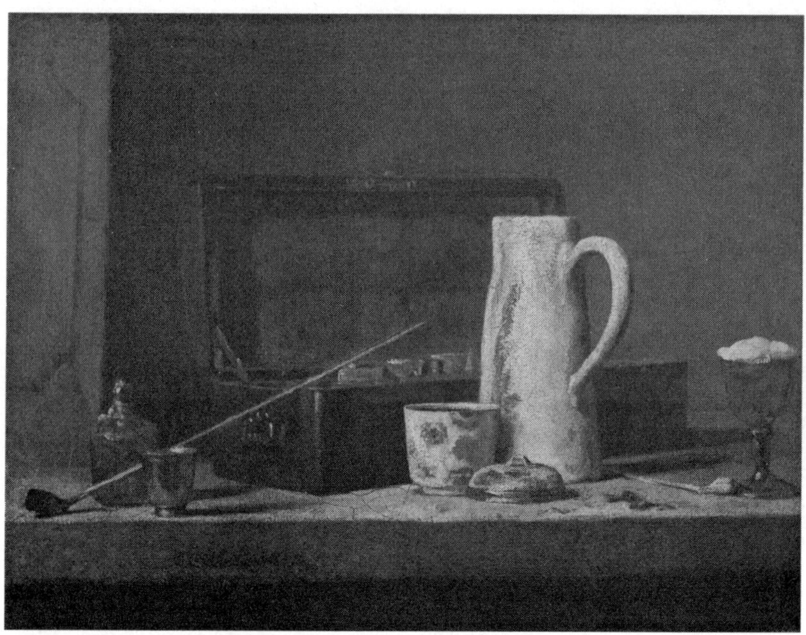

흡연실 샤르댕 | 18세기경 | 캔버스에 유채 | 42×32cm | 루브르 박물관

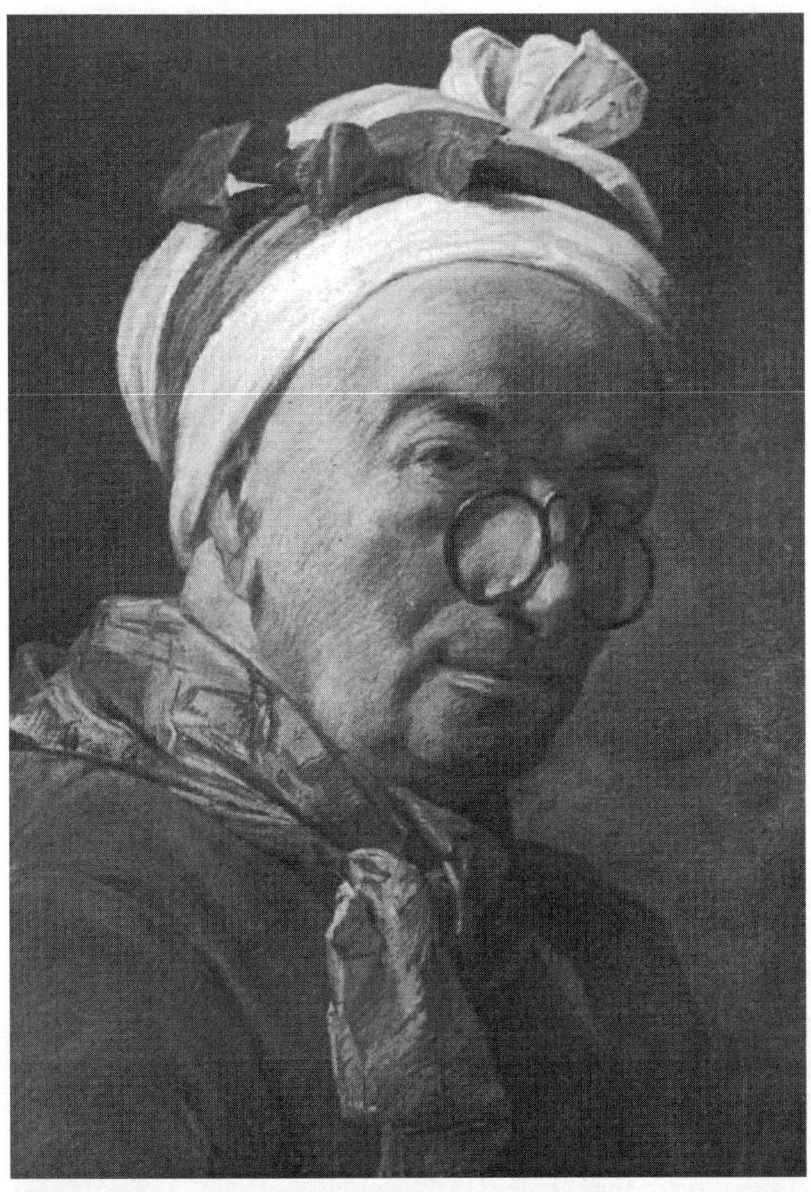

자화상　샤르댕 | 1771년 | 소묘 회색지에 파스텔 | 37.5×45.9cm | 루브르 박물관

아름다움에도 종류가 있다?

04

어떤 사물이 눈에 들어오고 마음에 들 때 우리는 흔히 '~한 이유로', '~때문에' 내 맘에 든다고 말한다. 아름다움도 마찬가지이다. 어떤 예술작품에서 오는 아름다움도 여러 가지 이유로 아름다운 것이며 이것을 흔히 미의 범주라고 말한다. 아름다움의 성격에 따른 미적 범주에는 순수미, 특성미, 우아미, 골계미, 비장미, 숭고미, 추미 등이 있다. 먼저 순수미를 보자.

1. 순수미

순수미는 어떤 특별한 이유나 특정한 목적 혹은 욕망이 투사된 결과로서 아름다운 것이 아니다. 순수미는 그 자체로 아름다운 것을 말한다. 전통적으로 순수미는 완벽한 조화와 통일, 비례미를 실현한 데서 오며 그로 인해 순수한 미적 쾌를 주는 것으로 보았다. 플라톤은 『필레부스*Phillebus*』에서 기하학적 형태나 색채, 소리 등에서 순수쾌를 불러오는 순수미가 있다고 보았다. 그는 "추상적인 형태의 미는 다른 모방적 형태와 같이 어떤 특별한 이유나 목적을 위해 아름다운 것이 아니라 그 자체로 아름다운 것"이며 순수쾌락을 준다고 말한다. 순수미는 이상적 완전성에서 오는 아름다움이기 때문에 이상미라고도 부른다. 전통미학에서는 완벽한 비례와 조형미를 갖춘 예술작품을 흔히 이상미가 실현된 것으로 간주해왔다.

근대 미학자인 빙켈만(Johann Joachim Winckelmann)은 이상미가 결코 발견될 수 없는 "형이상학적인 개념"이 아니라 현실에서도 발견될 수 있다고 보았다. 그는 이상미가 실현된 가장 대표적인 것으로 그리스의 조각 작품들을 그 사례로 제시하고 그리스 조각의 이상미를 다음과 같이 표현하였다.

조각에 나타난 그리스 작품들의 탁월한 특징은 자세와 표정에서 고귀한 단순성과 고요한 위대성을 갖는다.

순수미 혹은 이상미는 아름다움 그 자체, 본래적인 미라고 불리기 때문에 추의 정서를 유발하지 않는다. 순수미는 일반적으로 간결미, 우아미, 조화미, 균형미를 다 갖추고 있다. 예술작품의 형식과 내용의 부조화나 모

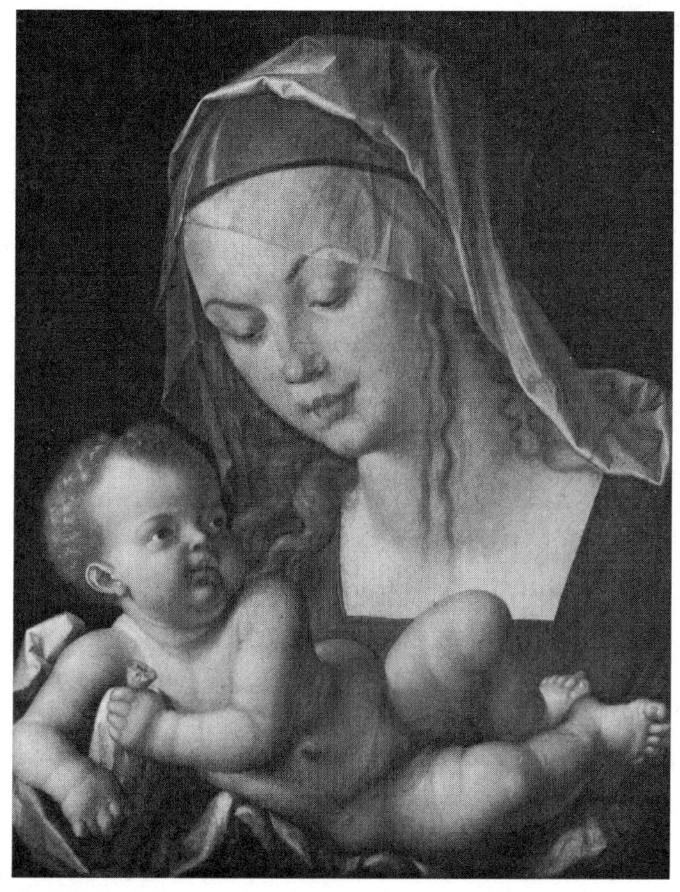

배 조각을 들고 있는 성모 알브레히트 뒤러 | 1512년 | 목판에 유화 | 37×49cm | 빈 미술사 박물관

순도 찾아보기 어렵다. 알브레히트 뒤러(Albrecht Dürer)의 〈배 조각을 들고 있는 성모〉를 보자. 아이를 출산한지 얼마 안 된 여성으로서의 성모 마리아가 아니라 단아하고 빼어난 미모와 얼굴 자태를 보라. 골상학적으로 가장 이상적인 미인상과, 검은 배경색과 성모 마리아의 상징성을 감안한 따뜻한 색채, 신비로움을 더하는 파란 의상 등 색채 조화가 뛰어난 작품이다. 거룩한 이미지와 이상적인 미가 결합된 작품이다.

2. 특성미

　순수미와 대립되는 미가 바로 특성미이다. 특성미가 중요한 미적 범주로 인정되기 시작한 것은 19세기 후반이다. 특성미는 흔히 성격미라고도 불리는데 예술가의 독창적이며 고유한 성격을 드러내는 미이다. 특성미는 작품에 구현된 현상미와 달리 정신적인 미이다. 특성미가 왜 정신적인 미인가에 대한 대답은 '진정한 예술을 아름다운 것으로 볼 것인지, 특성적인 것으로 볼 것인지'에 대한 대답과 연관되어 있다. 특성미를 강조하면 현상미적 · 감각미적 아름다움보다 정신의 특정적인 표현이 잘 드러난 특정미가 더 우위의 미라고 여기게 된다. 단순히 비례미를 넘어선 정신적인 것의 강력한 표현이 더 진정한 예술이자 참다운 아름다움이라고 믿는 것이다. '노래는 참 잘하고 테크닉도 완벽하나 마음을 울리지 못한다'라는 표현을 미의 범주라는 문맥에서 번역하면 '그 사람은 특성미가 없다. 그래서 무난하지만 밋밋하다'라고 번역할 수 있다.

　특성미는 비례나 조화, 통일과 균형을 의도적으로 무시하면서도 어떤 강력한 메시지를 담고 있고, 전체적으로 하나의 통일감을 성취한 경우에도 드러나는 아름다움이다. 따라서 경우에 따라서는 추의 미적 정서를 유발하기도 한다. 뒤러의 작품 〈기사, 죽음 그리고 악마〉를 보자. 이 작품은 알레고리로 가득 찬 작품이다. 가운데 강인한 말과 철갑옷을 입은 기사는 강력한 의지의 기독교 병사를 의미한다. 그 앞에 메두사의 얼굴을 흉내 낸 죽음의 사자와 그가 탄 힘이 다 빠진 말의 눈이 바라보는 것은 해골이다. 기사의 등 바로 뒤에는 커다란 뿔과 괴상한 입을 가진 악마가 커다란 눈으로 기사의 뒷모습을 쳐다보고 있다. 그림의 상단 왼쪽 편에는 높은 지역에 성이 보인다. 이 성은 신의 임재나 기사가 가야 할 목적을 가리킨다. 뒤러

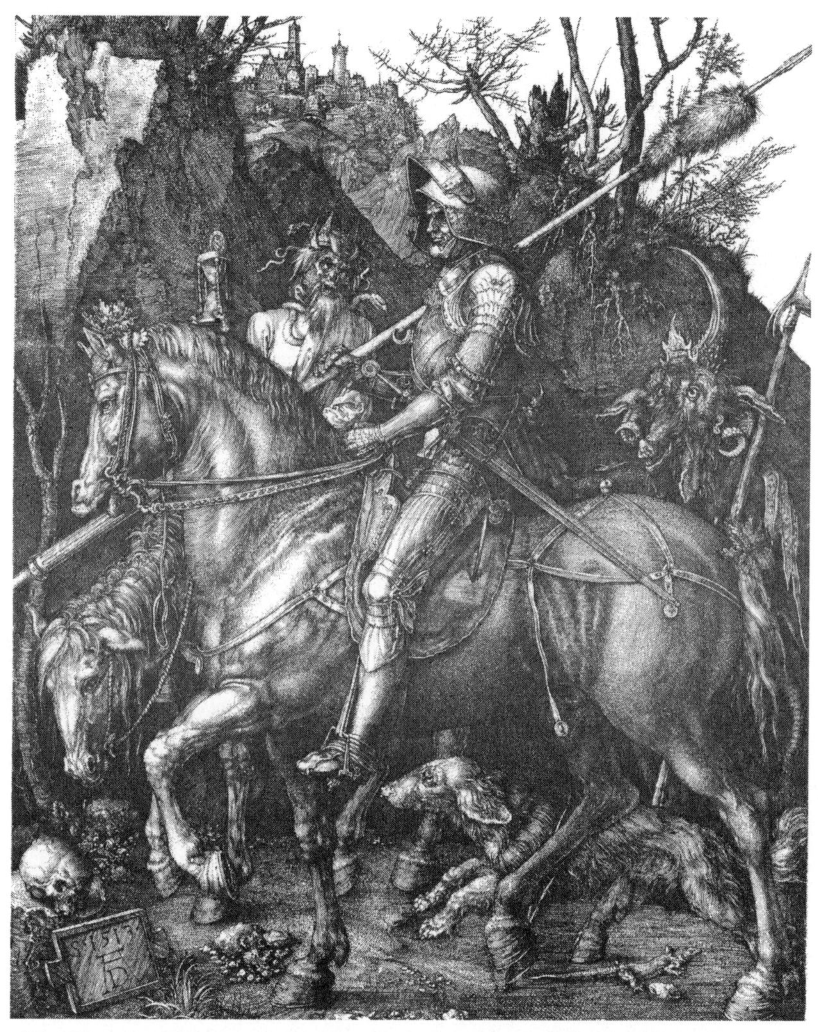

기사, 죽음 그리고 악마 알브레히트 뒤러 | 1513년 | 판화, 끌 | 19.1×24.4cm | 루브르 박물관

의 이 판화는 현실에 존재하지 않는 죽음의 사자와 악마, 그리고 그에 맞
서는 기독교 기사의 강렬함을 '특성적'으로 잘 보여준다고 하겠다.

3. 우아미

'그 사람 참 우아하다'라고 말할 때 그 우아함은 어떤 의미일까? 일상
에서 우아하다는 말의 용례와 미학에서의 우아미는 다르다. 일상에서는
현상적으로 아름다우며 세련된 것을 우아하다고 흔히 말한다. 우아미란
단순한 감각적 미에 그치는 것이 아니라 정신적인 미가 결합되어 있는 경
우를 말한다. 그리스인들은 도덕적인 것이 객관적으로 실현된 것, 즉 도덕
미와 우아미를 같은 것으로 간주해왔다. 우아미에 대한 개념을 본격적으
로 제시한 인물은 프리드리히 실러(Johann Christoph Friedrich von Schiller)이다. 그
는 그리스적인 사유를 흡수해 우아미를 "인격이 규정하는 현상의 미", "자
유의 영향 아래 있는 형태의 미", "도덕적인 것이 감성적인 것에서 드러난
어떤 은혜"라고 규정한다. 실러는 '아름다운 영혼'이란 우아미가 실현된
영혼, 도덕미가 넘치는 인간, 도덕과 감성의 조화로운 인간의 아름다움이
라 말한다. 실러는 인간은 마땅히 "자신의 인간성 내부에서 할 수 있는 모
든 것을 우아하게 행해야 한다"고 강조한다.

그러나 아름다운 영혼이 되기란 쉽지 않다. 욕망의 노예나 감정의 노
예가 되기가 쉽다. 하지만 그것을 넘어서는 것이 존엄한 것이며 우아미를
실현하는 것이다. 실러가 '자유의 영향 아래'를 강조했듯이 우아미는 경
직되고 틀에 박힌 것이 아니라 자유롭고 부드러우며 생명력이 넘치는 아
름다움이다. 로코코 미술의 대가 프랑수아 부셰(François Boucher)가 1750년

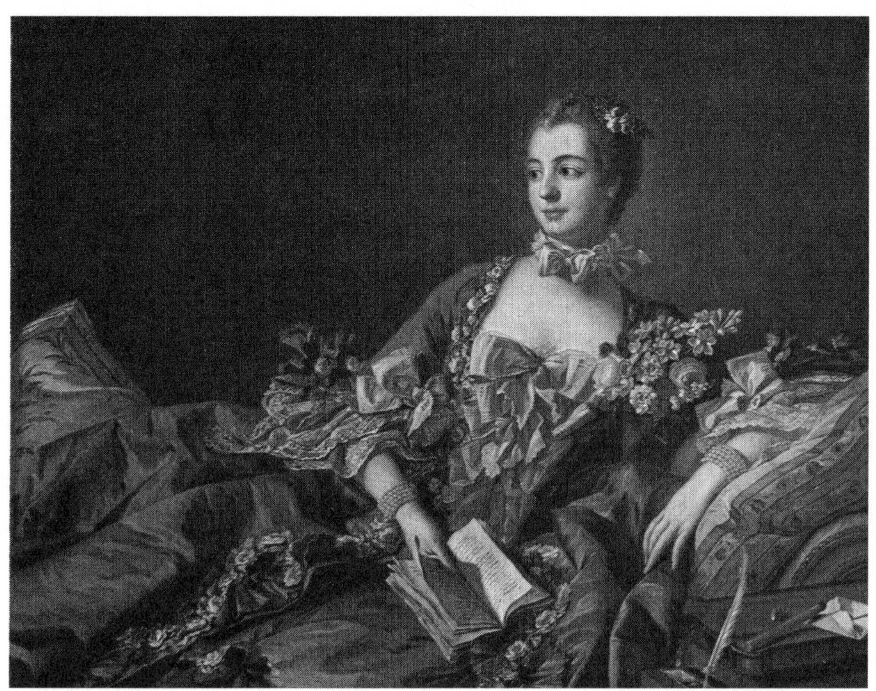

퐁파두르 부인의 초상　프랑수아 부셰 | 1750년 | 캔버스에 유채 | 44×36cm | 국립 스코트랜드 미술관

에 그린 〈퐁파두르 부인의 초상〉을 보자. 부인의 화려한 의상과 레이스의 꽃들, 거칠 것 없고 약간 도도해 보이면서도 자신감 넘치는 자세, 생동감 넘치는 눈과 깨끗하고 수려한 몸매, 지성미를 표현하기 위해 손에 쥐고 있는 책……. 섬세하고 화려하며 동시에 존귀하기까지 보이면서도 '천상 여성적 미'의 모습을 하고 있는 퐁파두르 부인의 모습에서 우아미를 찾을 수 있지 않을까? 로코코 스타일의 그림들은 여성적이며 평온하고 부드러운 것이 특징인데 그런 그림 중에서 우아미를 표현한 그림들이 많다.

4. 숭고미

숭고미는 위대하고 높고 가대한 것에 대한 미적 정서를 말한다. 숭고의 어원은 '격정적으로 고양되는 영혼'을 뜻하는 그리스어 'Hypsos'이다. 숭고에 관한 논의는 롱기누스(Longinus)가 처음 제기하였다. 롱기누스가 활동하던 헬레니즘 시대에 숭고의 문제는 문체론과 관련이 있다. 당시는 문체를 ① 교육을 위한 평이한 문체, ② 즐거움을 주기 위한 중용적 문체, ③ 감독을 주기 위한 숭고한 문체로 구분하였다. 그는 『숭고론』에서 바로 세 번째 문제를 자세히 다루고 있다. 그는 그 저작에서 숭고를 "번개처럼 모든 사물을 갈가리 찢어버리고 한순간에 웅변가의 모든 폭력적 힘"을 보여주는 것으로 정의한다.

그에 따르면, 숭고한 문체는 영감에 사로잡힌 열정과 숭고한 사상을 드러내는 것을 말한다. 숭고한 문체는 단순히 비유, 단어 선택, 문장 구성과 배열의 정치함과 같이 수사학적으로 탁월한 것을 의미하지 않는다. 또한 지나친 간결한 표현, 지나친 메타포, 과장된 알레고리, 문장의 리듬만을 강조하는 문체, 단조로운 반복, 장황하거나 진부한 표현 역시 숭고한 문체가 될 수 없다. 롱기누스는 진부한 표현의 사례로 헤로도토스가 "바다가 끓어오르기 시작했다"는 표현에서 "끓어오르다"가 귀에 거슬리는 발음이라 숭고하지 못하며 "바람이 축 늘어졌다"는 표현도 일상어이기 때문에 숭고를 저해하는 표현이라고 지적한 바 있다.

숭고미의 최초 탐구자인 롱기누스의 시각에 따르면 숭고한 문체는 글재주에서 나오는 것이 아니라 글을 쓰는 사람의 영혼의 위대성과 비범한 상상력에서 나오는 것으로 간주한다. 위대한 영혼이 항상 완벽한 문체를 구사할 수는 없다는 것이며, 그러한 어려움은 위대한 영혼이 평범한 사람들에게 전달하기 위한 표현력의 한계에서 비롯된다. 롱기누스의 시각에서 괴테의 〈파우스트〉나 헤르만 헤세의 〈싯다르타〉는 숭고한 문체라고 봐도 무방하지 않을까?

18세기의 미학자이자 정치가인 에드먼드 버크(Edmund Burke)는 롱기누스 이래로 사람들은 숭고와 미를 혼동하고 있다고 비판하면서, 숭고란 '무질서하고 형식이 없으며 불명료한 대상들에 의해 촉발되는 강렬한 감정'이라고 말한다. 롱기누스가 수사학적 숭고를 말했다면, 버크는 심리적 숭고를 말하는 셈이다. 그렇다면 구체적으로 숭고는 어디서 오는가?

버크에 따르면 숭고의 미적 정서는 거대한 것, 무한한 것, 그리고 엄청난 힘을 지닌 외적 대상을 보고 느끼는 내적 경험이라고 보았다. 버크는 경험적 심리학의 관점에서 숭고의 유래를 설명하기도 한다. 그에 따르면 숭고미의 체험은 '자기보존 본능'에서 비롯된다. 자기보존 본능이 실현되는 특별한 체험에서 인간은 숭고미를 경험한다는 것이다. 가령 인간이 엄청난 지진이나 해일 혹은 화산 폭발의 한가운데 있다면 인간은 그저 죽음의 공포만을 느낀다. 그런데 안전한 거리에서 그것을 충분히 관찰하고 볼 수 있다면 일종의 거대한 우주 쇼를 보는 특별한 쾌감을 경험할 것이다. 버크는 바로 그러한 경험이 숭고의 체험이라고 보는 셈이다.

칸트는 숭고를 "일체의 비교를 넘어서 절대적으로 큰 것", "그것을 단지 사유할 수 있다는 것만으로도 감관의 모든 척도를 초월하고 어떤 심의 능력이 있다고 증거가 되는 것"으로 규정했다. 숭고는 어디서 경험될 수 있는가? 그에 따르면 숭고는 몰형식적이며 무한정한 것으로부터 온다. 칸트는 『판단력 비판』에서 다음과 같이 말한다.

숭고의 감정을 일으키는 것은 형식상 우리의 판단력에 대해서는 반목적적이며, 우리의 현시능력에는 부적합하며, 상상력에 대해서는 마치 난폭한 것 같아 보이기는 하지만, 그러나 그럼에도 한층 더 숭고하다고 판단되는 것이다.

칸트는 숭고를 수학적 숭고와 역학적 숭고로 구분한다. 수학적 숭고는 "단적으로 큰 것, 일체의 비교를 넘어서서 큰 것, 절대적으로 큰 것, 그것과 비교해서 다른 모든 것이 작은 것"이다. 자연의 크기에 대해 압도당할 때 소위 말하는 수학적 숭고를 말한다. 그랜드 캐니언이나 이구아수 폭포, 황산을 케이블카에서 내려다 볼 때, 알프스 산을 기차를 타고 오르면서 내려다 볼 때 거대한 것의 위용 앞에 압도당하는 감정이 바로 수학적 숭고의 감정이다. 역학적 숭고는 자연의 위력에서 느끼는 미적 정서이다. 칸트의 시각에서 엄청난 파괴력을 자랑하는 화산, 모든 것을 쓸어버리는 쓰나미, 엄청난 피해를 주는 토네이도와 같은 자연의 위력이 곧 역학적 숭고이다.

프란체스코 과르디(Francesco Guardi)의 〈폭풍우 치는 바다의 배들〉을 보자. 거대한 폭풍우의 풍랑 속에서 세 척의 범선이 침몰하기 직전의 모습으로 기울어져 있다. 왼쪽 범선의 돛대만 표시된 한 척은 이미 침몰하고 있는 모습이다. 윌리엄 터너(William Turner)의 〈폭풍우〉라는 작품과 비교해보자. 터너의 그림은 난파한 범선과 폭풍우 치는 바닷속에 빠진 사람들, 구명선에 올라탄 수많은 사람들과 화면 전체를 휘감아 도는 풍랑을 통해 폭풍우의 소름 끼치는 위력을 잘 표현하고 있다. 두 그림에서 느낄 수 있듯이 숭고미란 단순한 쾌도 아니며 불쾌도 아니다. 그것은 불쾌와 쾌가 묘하게 교차하는 위압적인 것에 대해 느끼는 주관적인 미적 감정인 것이다.

19세기 이래로 숭고의 몰락이 회자되었으나 20세기 색면추상의 대가인 바넷 뉴먼(Barnett Newman)은 주목할 만한 화가이다. 그는 숭고를 중요한 작업의 모티브로 활용한 작가이다. 뉴먼은 감상자로 하여금 숭고미를 체

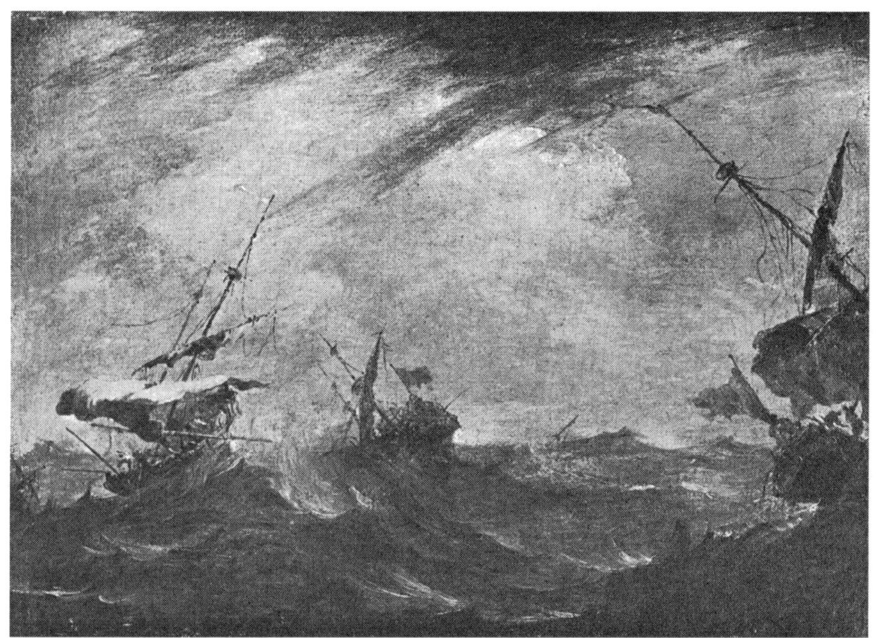

폭풍우 치는 바다의 배들　프란체스코 과르디 | 1765~1770년 | 캔버스에 유채 | 45×33cm | 스포르체스코 성 시립미술관

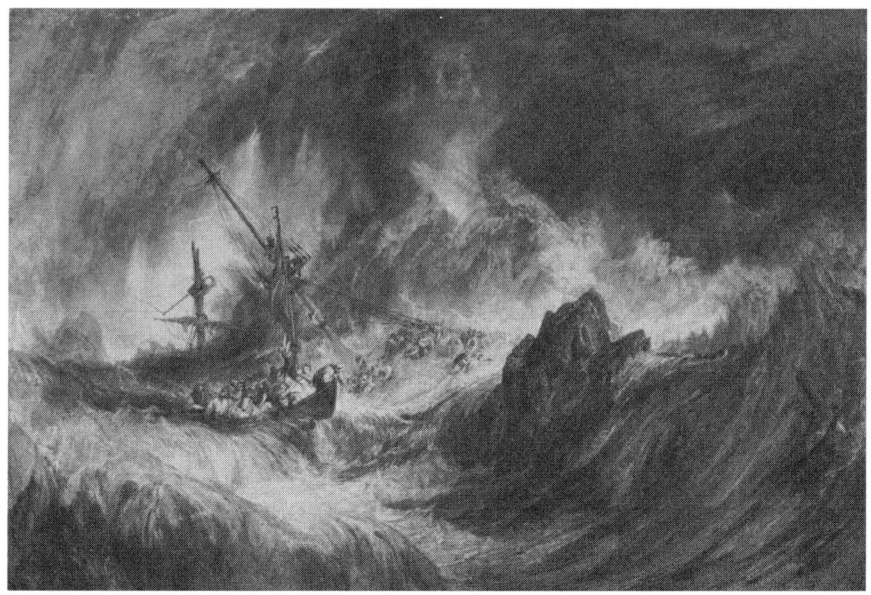

폭풍우　윌리엄 터너 | 1815~1820년 | 회색지, 수채화 | 63.2×43.4cm | 대영박물관

힘시키기 위해 의도적으로 거대한 캔버스에 극도로 단순화된 색채, 띠, 줄을 긋는 작업을 주로 하였다. 작품명도 〈여기〉, 〈지금〉, 〈존재〉와 같은 추상적인 개념을 사용하였다. 뉴먼은 『숭고한 것은 지금이다』라는 에세이집을 출간해 자신의 숭고의 회화철학을 설파하기도 했다. 리오타르(Lyotard)는 「숭고와 아방가르드」라는 논문에서 숭고의 예술을 구현하는 화가로 뉴먼을 꼽으면서 뉴먼의 〈여기〉 연작과 〈지금〉이라는 작품에 주목한다. 그는 뉴먼의 회화에서 숭고의 의미는 비규정적인 것, 의문의 형식으로 언명되지 않은 것, 아무것도 발생하지 않을 가능성으로 요약한다.

모든 것이 계산 가능하고 정복의 대상이 되어버린 자연 앞에 오늘날의 인간은 더 이상 숭고의 감정을 쉽게 느끼지 못한다. 과학기술의 발달과 인간 의식의 변화는 숭고의 몰락을 가져온 주요 원인이라고 볼 수 있다. 더 이상 칸트식의 수학적 숭고와 역학적 숭고의 대상을 찾기가 쉽지 않게 된 것이다. 거대함의 비밀과 자연의 위력에 대한 신비함이 사라졌기 때문이다. 한편 현대적 삶의 부정성과 모순, 표현할 수 없는 것들의 존재, 이질성의 병존, 절대적인 것의 사라짐은 아방가르드 예술을 하나의 숭고미학으로 바라보게 만든다. 자명한 것이 사라진 현대예술에서 아도르노(Adorno)의 표현대로 숭고의 미학은 현대예술 전체에서 살아남은 전통미학의 유일한 것이고 현대미술 전체를 관통하는 주제인지도 모른다. 부정성과 추의 미적 이념이 결합된 부정적 숭고의 차원에서 말이다.

5. 비장미

비장미는 흔히 비극미라고도 불리며 골계미(희극미)의 대립 개념이다. 비장미에 대한 논의는 그리스의 연극에서 시작되었다. 카타르시스(catharsis)의 미학을 주창했던 아리스토텔레스(Aristoteles)가 『시학』에서 비극미에 대하여 집중 논의를 시작했다. 그는 연극에서의 비장미를 "서술이 아닌 연기의 형식을 취하며, '연민'과 '두려움'을 통해 이 정서

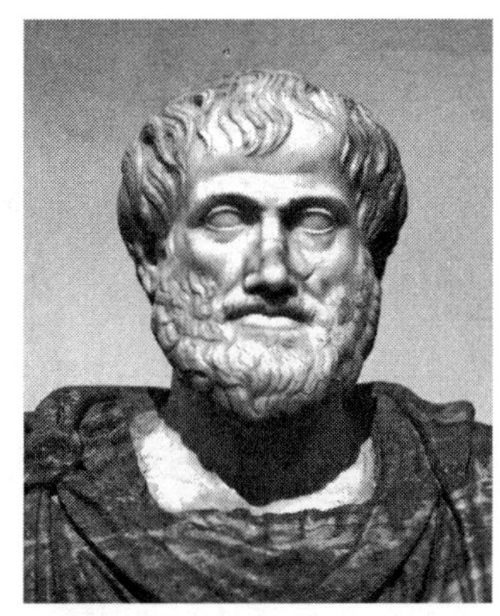

아리스토텔레스　BC 384~BC 322 | 위키백과

들의 적절한 '카타르시스'를 자아내는 것으로 정의하였다. 아리스토텔레스가 말하는 연극에서 비장미를 자아내는 여섯 가지 요소는 다음과 같다. ① 일정한 길이를 가지고 있는 완결된 행동의 모방, ② 쾌적한 장식을 한 언어의 사용, ③ 현실적 이상의 선인 표현, ④ 연민(pity)과 공포(fear)를 통한 감정의 카타르시스, ⑤ 반전의 요소, ⑥ 서술적 형식이 아닌 드라마적 형식의 사용이다.

연극이라는 좁은 예술 장르를 넘어서서 비장미의 효과는 카타르시스라고 말할 수 있다. 카타르시스를 구성하는 두 요소인 연민과 공포를 보자. 어느 때에 우리는 연민을 느끼는가? 그것은 연극이건 작품이건 예술 작품 속의 주인공과 자신을 동일시(identification)할 때 나타나는 감정이다. 동일시는 감정이입을 전제로 한다. 공포는 어떠한가? 공포는 작품 속 주인공과 감상자 자신을 구별하고 분리된 상태에서 느끼는 감정이다. 시학 연구의 권위자인 부처(S. H. Butcher)는 카타르시스를 예술을 통해 자신의 고

통을 능가하는 보다 거대한 고통에 접하여 발휘되는 '연민'과 '두려움'을 간접적으로 배출할 때 생기는 정서적 만족감"으로 규정한다.

그에 따르면 카타르시스는 예술 감상 가운데 발생한 연민과 공포의 정서들이 감상자의 일상생활 속에 잠복해 있었던 과잉 연민과 공포감을 간접적으로 소진시켰을 때 나타나는 상쾌한 심적 평형 상태를 말한다. 카타르시스는 한마디로 극한 고뇌와 인간 실존의 한계상황에서 그것으로부터 벗어난 승화와 정화의 상태인 셈이다. 사랑으로 인해 번뇌와 고민의 나날을 보내던 어떤 사람이 노래방에서 자신의 처지와 유사한 상황과 정서를 노래하는 유행가를 부르며 눈물을 흘리는 사건을 떠올려 본다면, 부처의 애기가 쉽게 이해될 것이다.

실러는 비장미를 발생시키는 조건으로 '완전한 고통의 긴장감'을 말한다. 이것은 아리스토텔레스의 비장미의 여섯 가지 요소 중에서 드라마적 형식과 가장 관련이 있다. 고통에 대한 밋밋하고 서술적인 묘사보다 드라마틱하게 고통의 극한을 감상자에게 경험하게 하는 것이 핵심이라는 주장이다. 그러한 가운데 "고뇌하는 본성의 재현"과 함께 "고뇌와 마주하는 도덕적 저항"의 모습이 예술적으로 형상화되어야 한다는 것이다. 심지어 실러는 '고통의 재현', 즉 비장미의 재현이 예술의 목적을 달성하는 핵심적인 수단으로 보았다.

예술의 목적은 고통을 초극하려는 인간의 의지를 보여주어야 하며 그것을 달성하는 핵심적인 방법 중의 하나가 비장미의 예술적 재현에 있다고 본 것이다. 실제로 실러는 자신의 비장미에 대한 이해에 기초해 비극 「마리아 슈트아르트」를 쓰기도 해다. 이 비극은 스코틀랜드 여왕 마리아 슈트아르트(Maria Stuart)의 비극적 운명을 매우 압축적으로 서술했다. 내용은 마리아가 영국 체류 중 부당하게 반역모의죄로 누명을 쓴 채 사형선고를 받고 참수될 때까지의 3일을 다루고 있다. 실러는 이 소설에서 마리아와 엘리자베스의 대립적인 성격 묘사, 불굴의 의지와 고귀한 정신의 소유자로서의 마리아, 그리고 죽음을 담담히 받아들이는 마리아를 통해 비장미와 함께 승화의 정서적 경험을 하게 만든다.

아리스토텔레스의 입장을 수용해 비장미를 최고의 경지로 보았던 쇼펜하우어(Schopenhauer)도 비장미를 아리스토텔레스와 유사한 방식으로 설명한다. 그에게 비장미란 고통과 비애, 그리고 절망적인 상황 가운데서 고뇌로부터 정화되고 승화되는 것을 말한다. 쇼펜하우어는 비장미야말로 예술이 쉽게 성취할 수 없는 것이며 최고의 예술에서나 경험할 수 있는 것으로 보았다. 한발 더 나아가 그는 비장미를 회의, 허무, 염세적인 삶의 근본원인인 생의 의지를 안정시키는 '의지의 안정제'로 이해한다. 한편 쇼펜하우어는 비장미를 숭고미와 독립된 별개의 미적 범주로 보지 않고, 숭고미의 한 종류로 보았다. 그는 『의지와 표상으로의 세계』에서 비장미는 "미의 감정이 아니라 숭고의 감정에 속하며 비극에서야 말로 숭고의 감정이 최고도로 나타난다"라고 말한다.

비장미에 대해서 니체(Nietzsche)는 아리스토텔레스나 실러, 심지어 그가 정신적 스승이라고 생각했던 쇼펜하우어와도 완전히 다른 생각을 갖고 있다. 아니 기존의 비장미에 대한 생각을 완전히 전복시켜버린다. 니체는 『우상의 황혼』에서 "예술을 통해서 인간의 동정과 도덕이 증가한다"는 아리스토텔레스적 생각은 허튼 소리, 유령이나 할 소리라고 비판한다. 니체는 실제로 아리스토텔레스 시대의 그리스 연극에서 얼마나 많은 그리스인들이 비장미를 예술에서 체험했고 카타르시스를 느꼈는지 의심할 수밖에 없다고 말한다. 이와 같은 니체의 비판은 이론적 주장과 역사적 사실 간의 간극을 지적하는 것이며 충분히 제기할 수 있는 문제이다.

그런데 니체가 비장미와 관련해 아리스토텔레스를 비판하는 근본적인 이유는 다른 데에 있다. 니체는 아리스토텔레스가 말하는 카타르시스는 인간의 본연에 내재하는 힘에의 의지를 약화시킨다고 보았다. 니체에게 힘이란 생을 창조적으로 만들고 부수고 또다시 재창조하는 부단한 생의 창조과정을 가능하게 하는 파토스(pathos)이다. 마치 꺼지지 않고 터져 나오는 용암처럼 파토스를 산출하는 힘을 약화시킨다면 인간은 자신의 생을 창조할 수 없고 생을 창조하는 예술가가 될 수 없다. 니체는 비장미의 효과가 결국 정념과 열정을 식히고 잃어버리게 만들 위험이 있고 그것은 곧 삶의 근본적 위험이라 생각한 것이다. 니체에게 정화와 승화를 통한 고양된 정신, 도덕적인 인간의 탄생보다 더 중요한 것은 자신의 생을 창조하는 자기초극적, 초인적 자기실현이다. 니체는 비장미가 그것을 가능하게 하는 단초인 디오니소스적인 것을 소멸시킨다고 본 것이다.

비장미는 진흙 속에 피는 연꽃과 같이 극단의 고뇌 속에서 승화가 발생하는 반전의 드라마이며, 고귀한 인간성을 체험하는 예술적 경험이다. 이런 이유로 숭고의 범주에 넣기도 한다. 비장미는 연민과 공포라는 상반된 감정의 긴장과 쾌와 불쾌가 혼합된 감정이다. 흔히 그리스의 3대 비극 작가들의 작품이 아니더라도, 셰익스피어 4대 비극이 아니더라도 수많은 국내외 재난 영화나 남북 갈등, 형제 간의 비극적 갈등을 그린 작품들에서 비장미를 체험할 수 있다. 비장미가 가장 잘 드러나는 대표적인 작품으로는 자크 루이 다비드(Jacques-Louis David)의 1784년 작품 〈호라티우스 형제의 맹세〉이다. 아버지 앞에서 맹세하는 호라티우스 삼형제의 맹세와 그 뒤에 비통해하는 여인들의 모습에 어떤 '비장미'가 숨어 있는지 조사해보자.

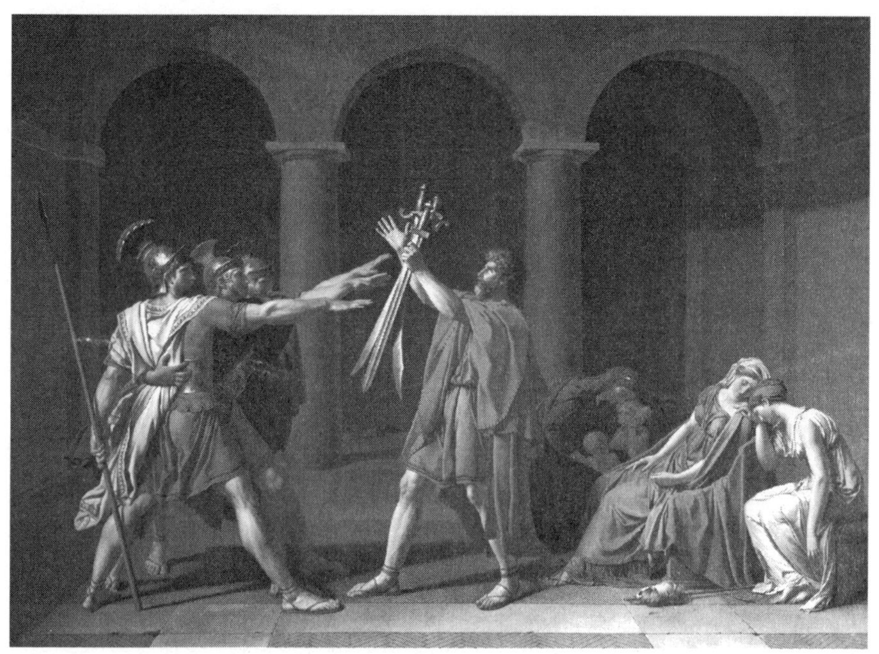

호라티우스 형제의 맹세 자크 루이 다비드 | 1784년 | 캔버스에 유채 | 425×330cm | 루브르 박물관

6. 골계미

골계미는 흔히 희극미와 같은 개념으로 해학, 풍자, 아이러니, 유머, 기지 등이 그 하위 개념들이다. 골계미를 하나의 미적 범주로 중요하게 생각한 인물은 피셔(Friedrich Theodor von Vischer)와 폴겔트(Johannes Volkelt)이다. 골계란 기대와 실망의 교차, 진지한 것에서 가벼운 것으로 전환이 이루어지는 과정에서 웃음을 유발하는 것을 말한다. 골계미는 골계미를 유발하는 대상보다 유희적 우월감을 전제로 한다.

해학(humor)은 해학의 대상에 대한 공격적인 태도보다는 공감적인 태도에 기초해 웃음을 자아내는 것을 말한다. 해학은 풍자(satire)와 달리 해악을 불러오는 대상에 '화자' 자신을 포함하며 '부드럽고 유쾌한 웃음을 자아내면서 단지 웃음으로 끝내는 것이 아니라 부정적인 것, 어리석은 것을 고쳐보려는 의도가 숨겨져 있다. 해학을 가장 흔하게 볼 수 있는 것이 〈개그콘서트〉이다. 〈개그콘서트〉의 대부분의 내용은 바보, 얼간이, 허풍쟁이와 과장된 몸짓과 반복적인 술어의 반복을 통한 유행어의 산출, 성대모사에 의한 흉내 내기를 통해 해학의 미를 만들어낸다. 풍자는 대상의 허점을 사물에 비유하거나 우회적으로 빗대어 말함을 통해, 메타포, 풍자 대상의 흉내 내기나 어법을 사용하며 비웃음과 조롱을 통해 웃음을 자아내는 것을 말한다. 풍자가 공격적인 방식을 통해 웃음을 자아내지만, 풍자의 궁극적인 목적은 부정적인 것을 조롱해 궁극적으로 좋게 만들려는 데에 있다.

기지(wit)는 지적 요소가 강한 골계미의 하나이다. 기지는 상대방이 방심하거나 빈틈이 드러날 때 상대방의 허점을 재빠르게 이용하는 데서 오는 유희적 즐거움을 말한다. 또한 기지는 서로 무관하거나 다른 것을 연결시켜 표현하는 방법에 의해 희극미를 유발한다. 기지는 직접적이고 직설적인 공격어법을 사용하지 않는 특징이 있다. 아이러니(irony)는 소크라테스적 방법에서 유래한 것이다. 아이러니는 공격성이라는 관점에서 보면 해악과 풍자의 중간 지점이라고 할 수 있다. 해학보다 공격적이지만 풍자보다 공격성이 덜하며 직접적이지 않다. 그러나 은밀하게 숨겨져 있는 의미를 들추어내 대상과 현실을 비판적으로 재조명한다는 측면에서 보면 기지적 성격이 강하다.

해학적인 예술작품을 창작한 페르난도 보테로(Fernando Botero)의 작품들을 감상해보자. 보테로 그림의 해학적 측면은 소위 '비만의 미학'에서 찾을 수 있다. 그는 실제보다 훨씬 살찐 모습, 실제보다 작게 표현한 눈, 코,

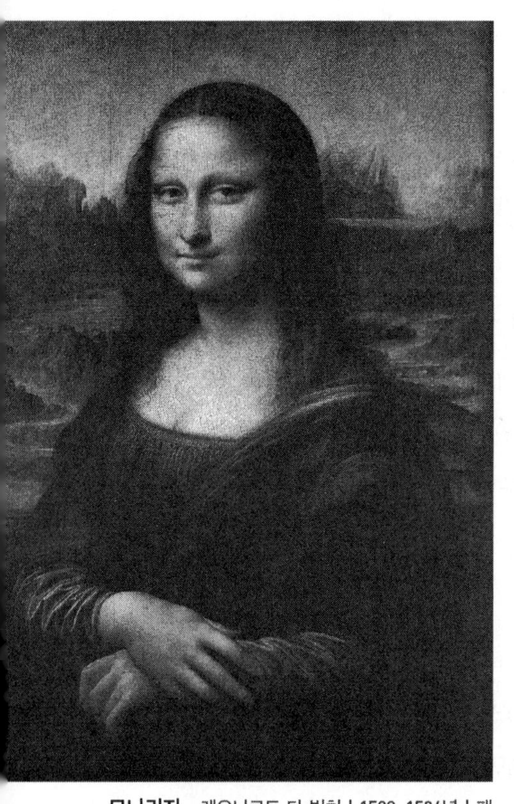

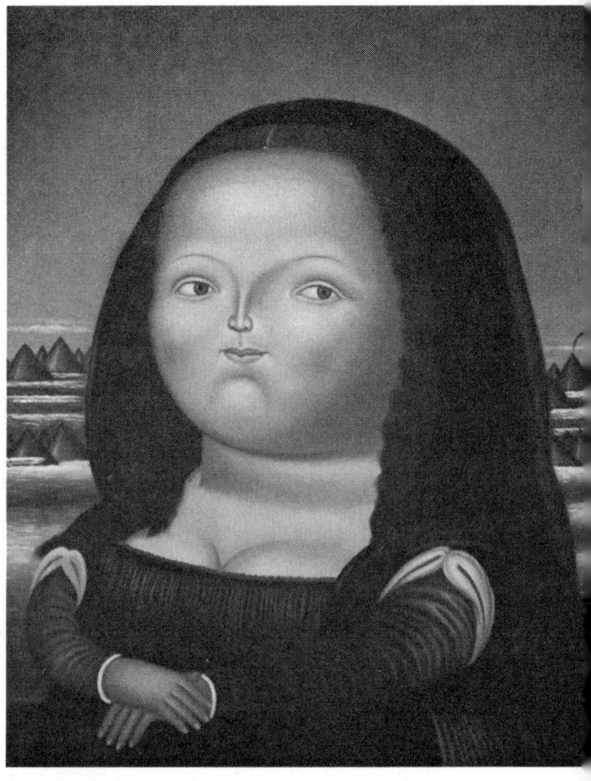

모나리자　레오나르도 다 빈치 | 1503~1506년 | 패널에 유채 | 53×77cm | 루브르 박물관

뚱뚱한 모나리자　페르난도 보테로 | 1977년 | 캔버스에 유채 | 166×183cm | 보테로 미술관

입, 손 그리고 발에서 찾을 수 있다. 레오나르도 다 빈치의 〈모나리자〉를 패러디한 그의 〈뚱뚱한 모나리자〉를 비교 감상해보자.

엄청나게 큰 머리와 짧은 목에 비해 그녀의 손과 팔은 외소하기 그지없게 그림으로써 웃음을 자아낸다. 흥미로운 점은 '왜 당신은 뚱뚱한 사람들을 그리느냐'는 질문에 "나는 뚱뚱한 사람을 그리지 않습니다"라고 답했다는 사실이다. 그는 단지 자신이 그리는 캐릭터에 '관능미'를 부여하기 위해 그리는 것이지 뚱뚱한 사람을 그리지 않는다고 말한다.

이 밖에 해학과 풍자가 넘치는 작품들을 많이 창작한 작가로는 듀안

핸슨(Duan Hanson)을 들 수 있다. 그는 미국 중하류층 일상의 단면을 극사실적으로 표현하고 있다. 그의 마네킹들은 너무나 극사실적이라서 놀라울 뿐만 아니라 다양한 포즈와 표정을 사실보다 더 적나라하게 표현해 웃음을 자아낸다. 만약 우리가 툴리오 페리콜리(Tullio Pericoli), 니키 드 생팔(Niki de Saint-phalle), 로버트 아네슨(Robert Arneson), 그리고 키스 해링(Keith Haring) 등의 작품들을 본다면 작가 저마다의 해학과 풍자, 익살스러움에서 오는 희극미를 충분히 맛보지 않을까?

미술 교과서에서 흔히 소개되는 조선 후기의 풍속도에서도 해학과 풍자의 모습을 얼마든지 찾을 수 있다. 풍자문학을 읽지 않더라도 거리를 지나다가 사람들이 입은 티셔츠 프린트에서 얼마든지 희극미를 자아내는 캐릭터를 발견할 수 있다. 우리에게는 숭고미나 비장미뿐만 아니라 '희극미'도 필요하다. 아니 희극미는 넘쳐나면 넘쳐날수록 좋지 않을까? 희극미가 고양되고 승화된 미적 경험을 주지 못한다 하더라도 적어도 카타르시스의 한 기능인 정화의 경험을 충분히 제공하지 않는가?

모든 예술은 아름다워야 하는가?

05

1. 추에 대한 전통적 인식

　모든 예술은 아름다운가? 고대로부터 많은 사람들이 미는 아름다운 것이라고 생각해왔다. 사실 흉하고 괴기스럽고 혐오스러운 것이나 우스꽝스러운 것을 아름답다고 생각할 사람이 있을까? 예술=아름다움이란 인식의 도식은 예술에 대한 강박적 사고이다. 예술=아름다움이란 스키마에서 볼 때 추란 미의 결핍이거나 미의 부정이라고 할 만하다. '추를 동화될 수 없는 타자성'이라고 규정한 플라톤에서부터 시작해 아퀴나스, 헤겔 등 근대에 이르기까지 추는 미의 형식을 갖지 못하는 미의 부정이라고 간주되었다. 왜 추를 이렇게 부정적으로 봤을까? 이유는 간단하다. 추는 예술 감상자에게 편안하고 조용한 즐거움을 주거나 도덕이나 정신을 고양시키지 못한다고 보았기 때문이다. 진리＝도덕＝미를 같은 차원에서 생각했던 사람들에게 추는 철학적인 이유, 실용적인 이유, 종교적인 이유로 감옥 속에 갇혔던 것이다.

그러면 실제로 고대나 중세 그리고 근대의 수많은 예술작품에서 추는 완전히 배제되었는가? 당연히 그렇지 않다. 광기, 범죄, 혐오스런 병, 살인, 자살, 괴물, 전쟁의 참상, 지옥, 악마, 마녀 등 수없이 많은 부정적 소재가 예술작품에 등장한다. 왜 추를 미에서 추방했으면서 추를 작품에 끌어들인 것일까? 목적은 간단하다. 추를 끌어들인 이유는 추를 통해 표현하고 싶은 미를 더욱 빛내기 위해서이다. 어둠 속에서 빛이 더욱 빛나듯이 추의 소재를 통해 미 속의 진리와 도덕을 더 완벽하게 재현하려는 의도 때문이다. 미켈란젤로(Michelangelo)가 무려 7년간 그린 〈최후의 심판〉에는 미와 추의 관계가 그 어떤 그림보다 대조적으로 표현되어 있다. 그림 중앙의 그리스도와 성모 마리아의 위엄과 자비로운 모습, 그리고 성자들과 그림 맨 아래에 지옥에서 신음하는 자들을 극적으로 대조시키고 있다. 오늘날 현대 예술은 추의 제한적 허용에서 추의 지배라는 역전현상이라 말해도 틀린 것이 아니다.

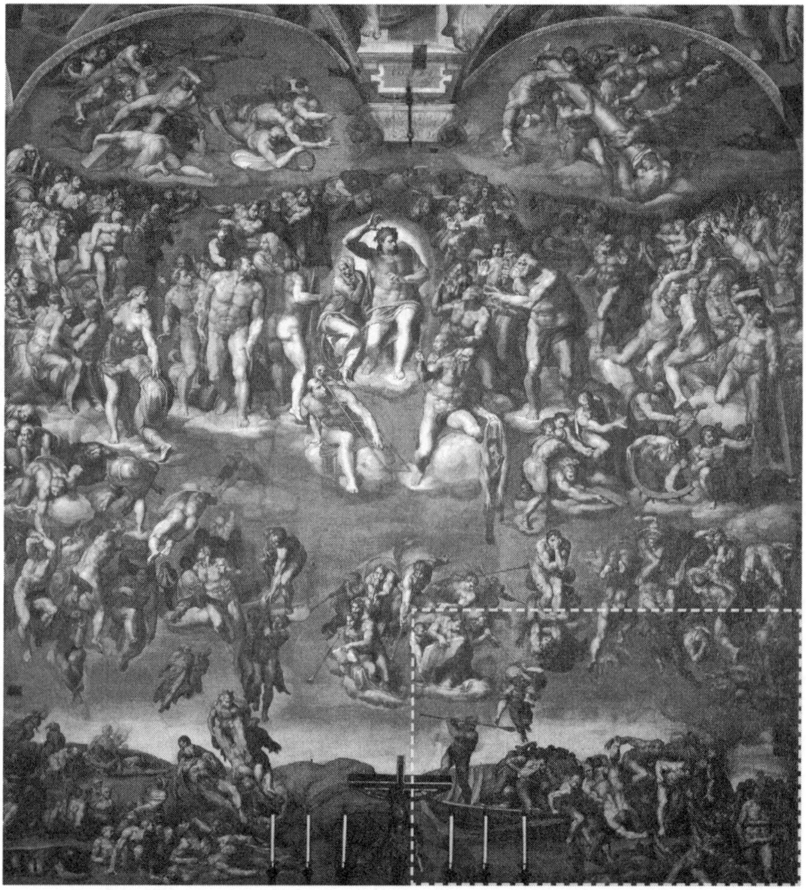

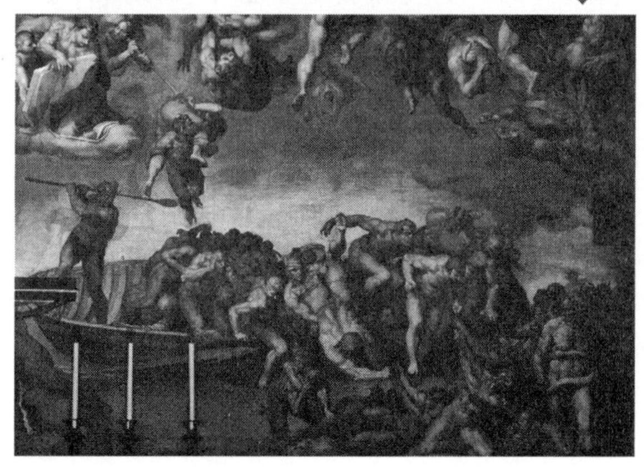

최후의 심판　미켈란젤로 | 1537~1541년 | 프레스코화 | 12.2×13.7m | 바티칸 시스티나 성당

2. 추의 미학의 탄생

그렇다면 추를 구성하는 요인은 무엇인가? 우리들이 생각할 수 있는 온갖 부정적인 것들이 다 추의 개념에 포함된다. 가령 ① 기형적인 것, ② 혐오스러운 것, ③ 저속하고 비속한 것, ④ 불균형·부조화, ⑤ 표현의 난삽과 부정확성, ⑥ 외설적인 것, ⑦ 충격적인 것, ⑧ 무형식·몰형식성, ⑨ 무시무시한 것, ⑩ 역겨운 것 등이 추에 해당한다. 추를 미의 범주로 이해하고 추의 미학을 전개한 시점은

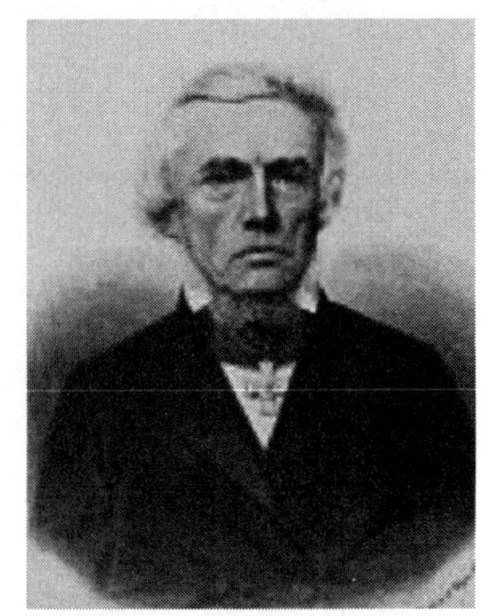

로젠크란츠 1805~1879

19세기이며 로젠크란츠(Rosenkranz)가 그 대표적인 인물이다. 그는 몰형식성, 부정확성, 변형 및 기형을 추로 간주한다. 몰형식성은 무형, 불균형, 부조화의 현상을 의미한다. 부정확성은 양식을 혼합한 것을 말한다. 로젠크란츠는 하나의 양식을 선택해 예술을 창조해야 한다는 입장이었다. 그에게 콜라주나 혼합매체적 작품, 그리고 현대예술의 탈장르적 성격은 추한 것이다.

로젠크란츠는 당대 유행하던 다게르(L.J.M. Daguerre)가 발명한 다게르식 초상사진을 추한 것으로 폄하한다. 다게르식 은판사진술은 구리 원판에 유제를 도포하여 이미지를 고정시킨 것이다. 로젠크란츠는 이러한 사진 기법이 한 인간의 총체성을 보여주는 것이 아니라 특정한 순간의 특정한 상태만을 보여주는 것이기 때문에 추하다고 말한다. 변형 및 기형은 형식적인 추가 아니라 정서적인 추에 해당된다. 로젠크란츠는 변형과 기형적인 것에서 천하고 역겨운 정서가 발현된다고 보았다. 조야하고, 성적이고,

철학이 말하는 예술의 모든 것

범죄적인 것, 자의적인 것 등이 다 변형과 기형에서 오는 정서들이다.

로젠크란츠가 불완전하게나마 추의 미학을 설파하기 이전에 추는 미의 범주에서 배제되거나 기껏해야 숭고를 표현하는 수단이나 희극적인 것의 하위 범주 정도로 이해되었다. 그런데 로젠크란츠가 추를 미의 범주에 포함하였다고 해서 추의 독자성을 인정했다고 보기는 어렵다. 그는 "미와 결합해서만 예술은 추를 허용"하며 "미가 선처럼 절대적"이라면 추는 미에 비해 부차적이고 상대적인 미적 가치를 갖는다고 보았다. 로젠크란츠가 추를 미학의 범주로 수용하지만 여전히 추는 개념상 "미의 개념에 종속"되어 있는 셈이다.

그런데 그는 왜 미의 종속 개념인 추를 미의 범주로 포함시켰을까? 그것은 예술이 이념상 현상의 총체적인 면면을 표현해야 한다는 그의 생각에서 비롯되었다. 로젠크란츠는 고대 그리스의 예술이나 중세의 예술에서도 추가 자주 등장한다고 보았다. 이때 추는 추를 위한 예술 형태거나 고립된 상태로의 추를 형상화하는 방식이 아니라 미의 보편적인 법칙 안에서 계산되고 표현된 추이다. 추한 것 자체를 표현하는 추한 예술에는 어떤 종류의 미적인 즐거움이 존재할 수 없다는 입장이다.

3. 현대성과 추의 미학

전복의 철학자 니체는 "진실은 추하다. 우리는 아름다운 진실로 인해 멸망하지 않기 위해 예술을 가지고 있다"고 주장한다. 이 말은 추가 예술에서 본질적이라는 말을 강조한 것이다. 니체는 아름다움, 미란 약하고 무력한 것이며 '추'야말로 파괴의 미학을 통한 창조의 미를 만들어낼 수 있다고 믿었다. 디오니소스적 예술정신이야말로 파괴의 추를 통해 순응하는 예술, 도피하는 예술이 아니라 낯설고 저항적인 예술을 만들어내는 원천으로 보았다.

한편 아도르노는 미가 플라톤이 생각한 바와 같이 순수하게 시작된 것이 아니며 현실을 거부하는 과정에서 형성된 것으로 보았다. 그는 예술이 부정적인 현실을 부정하는 부정성의 정신이며 따라서 예술은 역겹고 불쾌감을 주는 소재와 주제를 동원해 현실과 지배체제에 저항한다고 믿었다. 따라서 아도르노가 보기에 현대예술이 추를 예술적 표현의 핵심으로 삼는 것은 너무나 당연한 것이다. 그는 현대미술에서 보이는 잔인한 표현들 역시 너무나 자연스러운 것이라고 보았다. 왜냐하면 그것은 충격을 통한 예술의 현실비판의 방식이기 때문이다. 아도르노는 현실의 고창과 잔혹함을 멀리하는 예술은 사이비 예술에 불과하며 그와 같은 방식을 통해서 부정의 한 현실을 더 잘 비판해낼 수 있다고 믿는다.

『추의 역사』를 쓴 움베르토 에코(Umberto Eco)는 "미와 추의 개념이 여러 역사 시기마다, 또는 다양한 문화마다 상대적이다"라고 주장한다. 동시에 그는 예술적 추가 "적어도 고대 그리스에서부터 오늘날까지 거의 모든 미학 이론에서 어떤 형태의 추든 충실하고 효력 있는 예술적 묘사로 보상받을 수 있음을 인정해왔다는 사실을 기억하자"고 역설한다. 추의 역사와 미의 역사는 구분이 안 되며 추의 미적 가치와 미적 효과가 인정되어야 한다는 의미이다. 에코의 주장처럼 추에 대한 예술적 표현이 있어왔던 것은 사실이지만, 추가 미학의 문제로 주제화된 것은 앞서 살펴본 바와 같이 근대라고 할 수 있다.

그럼 왜 추가 미의 범주로 편입된 것일까? 그것은 '아름다움'의 예술 이념과 예술 창작으로는 복잡해지고 위기로 가득한 세계, 모순과 갈등이 산재하는 개인의 삶과 사회적 현실을 예술적으로 표현하는 데 한계에 부딪혔기 때문이다. 예술적 아름다움의 창조와 감상을 통해서 삶의 진실과 세계의 진실을 드러내기 위해서는 고전주의적 미의 관념, 아름다움의 이상을 추구하는 창작기법만으로는 한계가 있음을 자각하게 된 것이다. 추가 미의 범주로 들어오게 된 또 다른 이유는 예술에서 흥미성을 강조하게 되면서이다. 고전주의, 의고주의의 예술 이념은 흥미를 추구하지 않고 진리와 도덕을 추구한다. 예술작품에서 흥미를 추구하게 되면서 상상력을 자극하는 추의 다양한 형식들을 출현하게 된 것이다. 자극적이고 기이한 것은 고답적인 미에 지친 감상자들의 미적 감성에 불을 지르거나 경련을 일으킬 수 있지 않은가?

4. 현대미술과 추

이렇게 추가 미의 범주에 들어오게 됐지만 본격적인 의미의 추의 미학의 시대는 현대예술에서 전개되었다. 현대예술에서 보는 기발한 소재, 도발성, 역설과 왜곡, 파괴성과 고발성, 암호문과 같은 문체, 해석 불가능한 모호성, 불협화음, 사고의 경계 허물기, 형식의 무경계성과 혼성성, 낯설음에 대한 체험 등이 추의 미를 추구하는 것이다. 현대예술을 이해하는 키워드로서 추미는 서사적 논리성, 통일성, 형식과 내용의 조화, 예술적 문법과 전통이라는 개념을 가지고 이해할 수 없다.

키르히너(Kirchner)는 자신의 절단한 신체를 그림으로 표현하였다. 요셉 보이스는 죽은 동물을 전시하기도 하였다. 포트리에나 뒤뷔페와 같은 작가는 예술에서 모든 정상적 형태를 부정하는 앵포르멜(Informel)을 주도하였다.

에밀 놀데의 〈최후의 만찬〉, 〈순교자〉, 〈십자가에 매달리심〉 같은 종교
화들에는 이상화되고 신성화된 예수가 아니라 사실적이며 고통스러운 인
간의 모습이 등장한다. 신성한 종교화에서 인간적이며 거친 종교화의 모
습이다. 그의 종교화는 현대의 추의 미학이 종교화에서 어떻게 나타나는
지를 보여주는 사례로 평가할 수 있다.

신표현주의의 대가인 게오르그 바젤리츠(Georg Baselitz)는 "나에게 아름
다움은 가장 추한 것을 말한다. 추한 것이 가장 아름다운 것이다"라고 선
언 하였다. 그의 〈양동이 속의 위대한 밤〉은 이해할 수 없을 만큼의 큰 페
니스를 가진 알아볼 수 없는 형태의 남자를 그리고 있다. 〈삶의 경계〉나

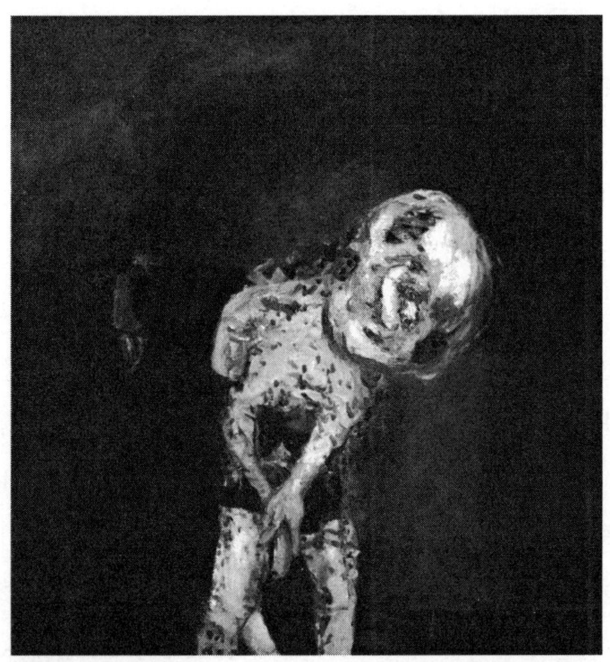

양동이 속의 위대한 밤　G. 바젤리츠 | 1962~1963년 | 캔버스에 유채 | 165×
185cm | 개인 소장

철학이 말하는 예술의 모든 것

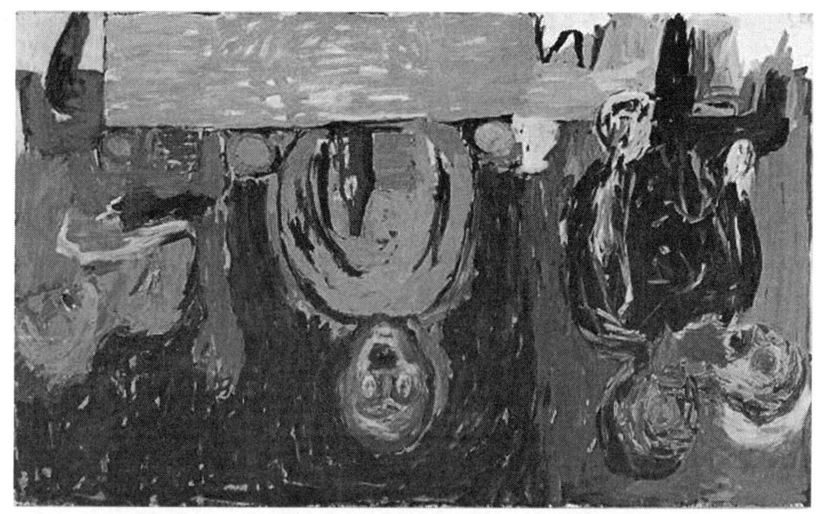

드레스덴의 최후의 만찬　G. 바젤리츠 | 1983년 | 캔버스에 유채 | 450×280cm | 개인 소장

〈비참한 두상〉에서 보듯이 그의 많은 인물화는 기형적인 형태를 갖는다. 그는 "거꾸로 된 이미지는 더 잘 보일 뿐만 아니라 관람자의 눈이 향하게 된다"며 그림을 거꾸로 그리고 전시했다. 〈드레스덴의 최후의 만찬〉과 같은 종교화에서조차도 그는 거꾸로 그리기를 감행하였다. 이것은 아마도 추의 미학을 그림 그리기와 전시에 적응하려 한 바젤리츠의 전략이라고 평가할 수 있다.

　추의 예술 시대에 인간의 배설물, 죽은 동물의 시체, 썩어가는 생선이 예술의 주제로 된지 이미 오래이다. 작가 안드레 세라노(Andres Serrano)는 피 · 정액 · 소변 등 자신의 '배설물'을 이용해 작업하는 작가이다. 여성주의 작가인 신디 셔먼의 〈혐오〉 시리즈를 보자. 1986~1989년 사이 제작된 〈혐오〉 시리즈 작품은 인간의 토사물과 배설물을 사용한 구역질이 날 정도의 그림들이다. 이들 작가와 달리 벡진스키(Zdzislaw Beksinski)나 기거(HR. Giger)의 작품은 추가 어떻게 심미적 효과를 내는지 이해하는 데 도움이 된

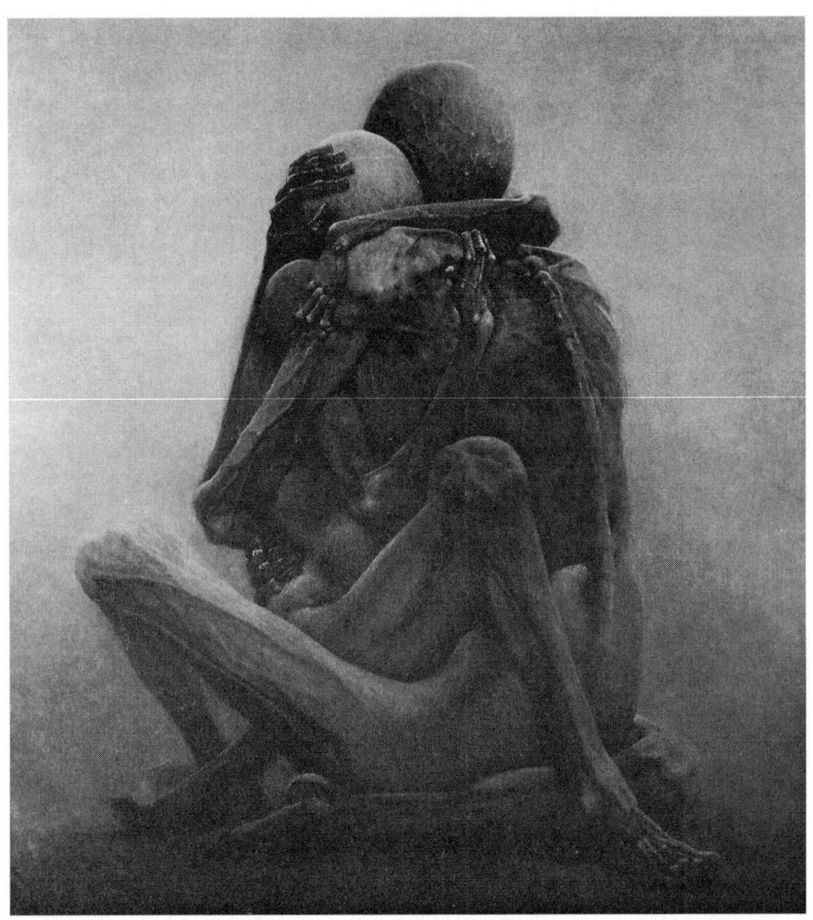

무제 DG-2214 벡진스키 | 1984년 | 하드보드에 유채와 아크릴 | 98.5×101cm | 도모츠프스키 갤러리

다. 결론적으로 말하면 추의 미적 이념은 정상과 비정상, 예술과 예술 아닌 것, 예술과 현실의 경계 자체를 해체함으로써 한편으로는 '예술의 타락'이라고 폄하되기도 하지만, 다른 한편으로는 '예술의 확장이다'라고 말할 수 있다.

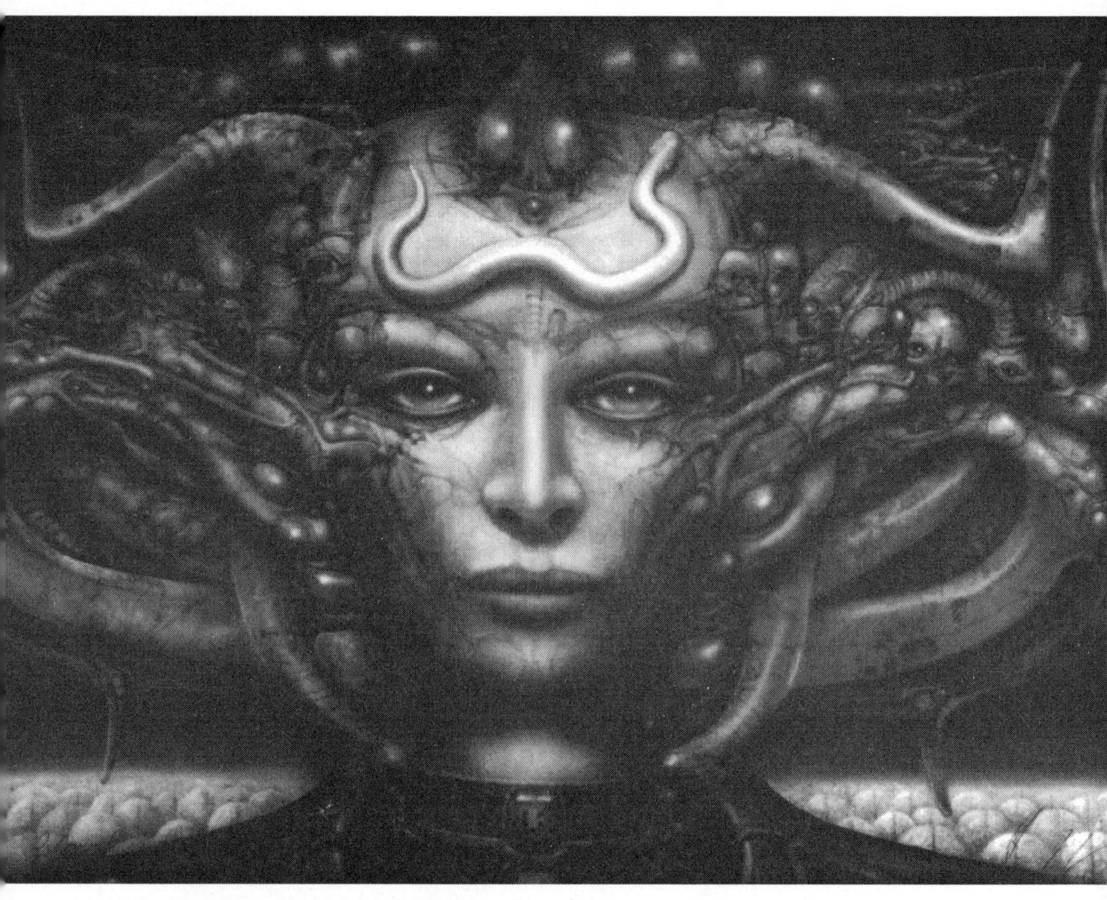

Li I   HR 기거 | 1974년 | 그라비어 인쇄 | 79×70cm | wired.com

예술을 뭐라고 정의해야 할까?

1. 예술은 모방이다?

예술에 관한 담론에서 모방론은 가장 오래된 담론이다. 모방론 역시 그리스에서 시작되었다. 그리스인들은 모방을 단순히 사물을 정확히 묘사하는 것과 같이 좁은 의미의 모방이 아니라 성격이나 내면까지도 모방의 범주에 집어넣었다.

가장 대표적인 그리스 모방론을 전개한 인물은 플라톤과 아리스토텔레스인데 모방에 대한 입장의 차이가 분명하게 갈린다. 먼저 플라톤은 모방 자체를 부정적인 것으로 파악한다. 그가 이상화한 이데아계를 모방한 것이 현실세계이고 현실세계를 모방하는 것이 예술이라는 것이다. 플라톤은 친절하게도 신이 만든 침대(이데아계) - 목수가 만든 침대(현상계) - 화가가 그린 침대(예술품)를 사례로 들며 2차 모방으로서의 예술을 폄하한다. 예술은 기껏해야 현상세계의 외형적인 유사성(phantasma)만을 표현하는 불완전한 것이며 심지어 사람들에게 악영향을 미치기까지 한다는 것이다. 그래서 모든 예술은 관리·감독을 받아야 한다고 보았다.

플라톤은 화가를 모방술을 이용한 사기꾼으로, 시인은 언어를 이용한 거짓말쟁이로 치부한다. 심지어 위대한 서사시의 시인 호메로스(Homeros)를 '공허한 떠버리 꾼'이라고 하는 발칙함을 보여준다. 왜 플라톤은 그리스인들이 모두 존경하는 시인을 비난하는 공공의 적을 자처했을까? 그 이유는 그의 이데아계에 대한 집착 때문이다. 예술은 가슴을 지배하는 것이라서 이성을 약화시키고 여성적인 태도를 가지게 한다는 것이다. 이성을 개발해서 이데아계를 인식하고 선을 쌓아야 하는 것이 인간의 과제인데 예술은 사물의 겉모습이나 묘사하고 흉내 내는 것에만 몰두한다는 얘기이다. 사이비 모방이 아닌 이데아계의 진정한 모방을 하기 위해서는 가슴이 아닌 '머리'가 필요하고 머리를 위해 철학이 필요하다는 말이다. 플라톤은 정신적으로 열등한 행위인 모방이라는 예술적 충동을 억제하라고 당부한다. 이 말은 진정한 예술은 진리, 정신, 이성을 추구해야 함을 역설적으로 설파하는 것이다.

플라톤과 달리 아리스토텔레스는 모방이 자연 발생적인 것이며 인간 본성에 모방의 욕구가 잠재한다고 본다. 모방능력은 인간만이 가지는 고유한 능력으로 즐거움을 가져온다.

모든 인간은 날 때부터 모방된 것에 대하여 쾌감을 느낀다. 이러한 사실은 경험이 증명하고 있다. 아주 보기 흉한 동물이나 시체의 형상처럼 실물을 볼 때면 불쾌감만 주는 대상이라 하더라도 극히 정확하게 그려 놓았을 경우 그것을 보고 쾌감을 느낀다.

사실 이 부분이 이해하기 어렵다. 흉측한 괴물을 정밀하게 묘사한다고 해서 미적 즐거움을 느낄 수 있는지? 여러분은 시체해부도를 정밀하게 그린 그림을 보면서 미적 쾌감을 느낄 수 있는가? 인용된 말은 정밀묘사에 성공한 경우에 대상의 특성을 잘 인식할 수 있고 거기에서 미적 즐거움을 얻을 수 있다고 본 것이다.

모방본능에 대한 지적을 넘어서 아리스토텔레스는 모든 예술의 본질이 모방이며 모방 대상, 수단, 양식의 차이에 따라 그것이 회화냐, 조각이냐, 연극이냐 등으로 불리는 것으로 보았다. 색, 형식, 음색, 리듬, 말 등 모든 것이 모방의 수단이 될 수 있다. 게다가 그는 플라톤처럼 모방 자체가 좋다/나쁘다고 말할 수 있는 것이 아니라고 생각한다.

그렇다면 예술에서 모방은 무엇이고 대상에 대한 모방은 어디까지 가능할까? 예술은 '사실 그대로를 모방하는 것'이 아니라 플롯을 통해 구성하는 것이다. 『시학』에서 그는 호메로스가 운율이 아니라 플롯을 만들었기 때문에 시인이 될 수 있었다고 말한다. 진정한 시인의 모방능력이란 ① 사물의 과거 혹은 현재 상태, ② 생각할 수 있는 사물의 과거 · 현재 상태, ③ 사물이 마땅히 처해야 할 상태를 모방해야 하며, 그럴 때 시는 철학적이며 보편적인 것이 될 수 있다고 말한다. 심지어 시가 '역사보다 중요하다'고 말하는데 그것은 시가 보편적인 것을 다루어야 한다면, 역사는 개별적 사건을 주로 다루기 때문이라고 말한다. 개별적이고 단편적인 것이 아니라 삶의 본질, 세계의 비밀을 탐구하는 예술이야 말로 보편적인 것이라는 의미이다.

아리스토텔레스는 '모방의 폭과 깊이가 어디까지 되어야 하는가' 하는 문제도 생각하는데, 단순히 겉모습만이 아니라 성격이나 감정과 같이 내면적인 것까지 모두 모방해야 진정한 예술이 될 수 있다고 생각했다. 가령 무용가는 카타르시스 효과를 통해 정화작용을 일으켜야 하며, 비극은 인간의 행동, 생활, 행불행 전체를 모방한다. 한편 무용가는 성격, 감정, 행동을 깊이 있게 모방해야 한다. 그렇다면 모방이 잘 되었는지 그렇지 않은지는 어떻게 평가할까? 그 기준은 예술가가 표현하고자 한 사물의 이상 상태를 충실히 묘사했는가의 여부이다.

완벽한 모방의 사례로 흔히 파라시오스(Parasios)와 제욱시스(Zeuxis)의 그림 대결을 이야기한다. 새들로 하여금 그림의 포도송이들을 따먹기 위해 날아들게 만드는 제욱시스와, 그림에 장막을 그려 넣어 제욱시스가 완벽하게 속을 정도로 재현한 파라시오스의 이 전설 같은 이야기 속에 '예술은 모방이 되어야만 한다'는 예술 이념이 잘 들어가 있다. 표현된 대상이 잘생겼나 못생겼나, 등장인물이 저속한가 아닌가가 예술작품의 평가기준이 될 수 없다는 것이다. 오직 완벽한 재현만이 회화의 유일한 목적이라는 것이다. 모방론의 관점에서 인상주의 회화를 보자.

파라시오스가 인상주의 화가 모네의 〈해돋이〉이나 〈절벽 위의 산책〉을 보고 무엇이라고 말했을까? '이것은 그림이 아니다'라고 하지 않을까? 플라톤과 아리스토텔레스 이후의 모방론은 이론 영역에서뿐만 아니라 예술가들에서도 감정표현론이 등장하기 이전까지 회화 역사를 지배했다. 단지 자연의 이상미를 모방하는 것인지 아니면 신적 창조능력을 모방하는 것인지와 같은 미세한 변화가 있을 뿐이다.

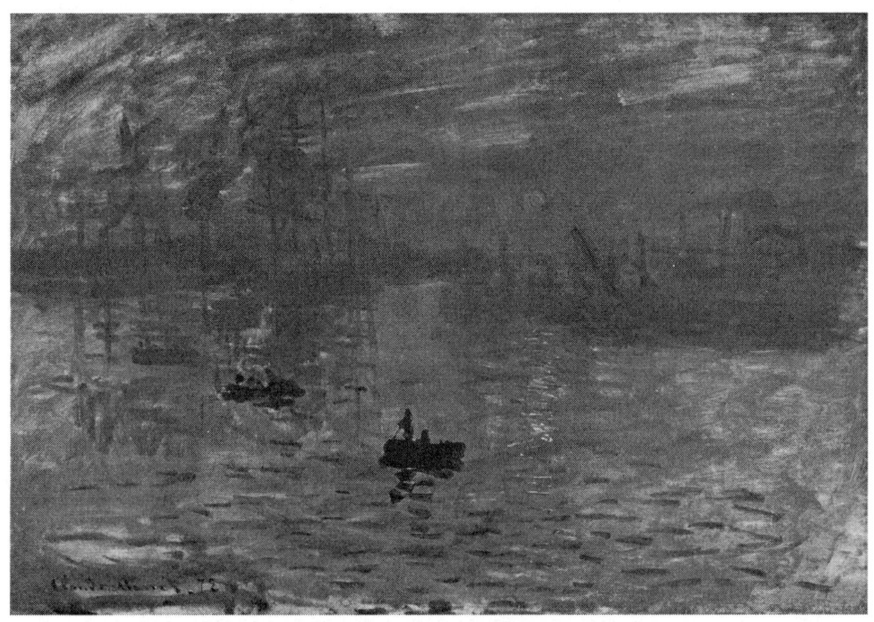

해돋이　클로드 모네 | 1872년 | 캔버스에 유채 | 63×48cm | 마르모탕 미술관

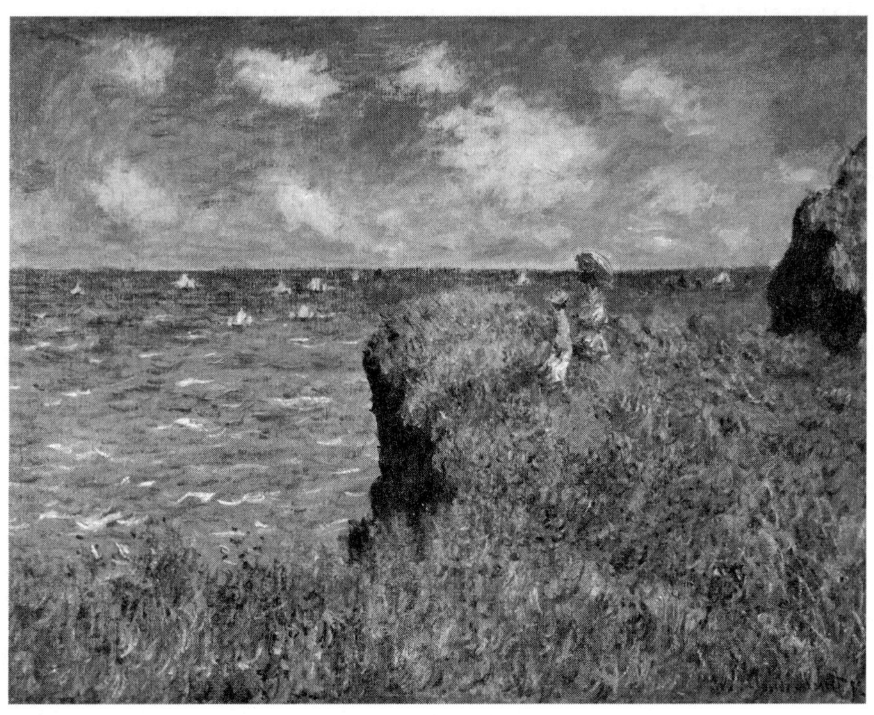

절벽 위의 산책　클로드 모네 | 1882년 | 캔버스에 유채 | 82.3×66.5cm | 시카고 아트 인스티튜트

2. 예술은 감정을 표현하는 것이다?

18세기 말에 등장한 감정표현론은 모방론의 반론적 성격으로 낭만주의에 영향을 받아 등장한 예술을 보는 관점이다. 낭만주의(romanticism)는 사상사적으로는 이성을 강조하는 계몽주의와 합리주의적 전통에 반기를 든 문예운동이며 예술사적으로는 신고전주의에 대항해 개인의 감정, 정서, 개성, 상상력을 강조하는 예술운동을 말한다. 낭만주의의 영향은 예술 전반에 대한 새로운 인식을 갖게 만들었다. 예술의 자율성, 예술가의 독자성, 예술가의 사회적 지위에 대한 인식을 새롭게 하는 전기를 마련했다. 보다 중요한 것은 낭만주의의 영향으로 '예술은 정서의 표현이다'라는 예술관이 광범위하게 퍼졌다는 것이다. 이것을 분석하면 ① 예술은 예술가의 입장에서 자기표현(self-expression)이며, ② 예술품은 예술가의 정서적 구현(emotional enbodiment)이자 동시에 정서적 커뮤니케이션(emotional communication)이라는 의미이다.

톨스토이(Tolstoi)는 『예술이란 무엇인가』에서 위와 같은 감정표현론을 아주 잘 서술한다.

예술이란 어느 사람이 어떤 외적 기호를 수단으로 해서 자신이 살아가며 경험해온 감정을 다른 사람들에게 의식적으로 전달하고 그들은 이러한 감정에 의해 감염되어 역시 그것을 경험하게 된다는 데에 그 본질이 있는 그러한 인간 활동이다.

톨스토이 입장에서 예술가는 감정을 충분히 경험한 사람이어야 한다. 사랑을 해보지 못한 예술가가 사랑의 감정을 잘 표현할 수 있는가? 톨스

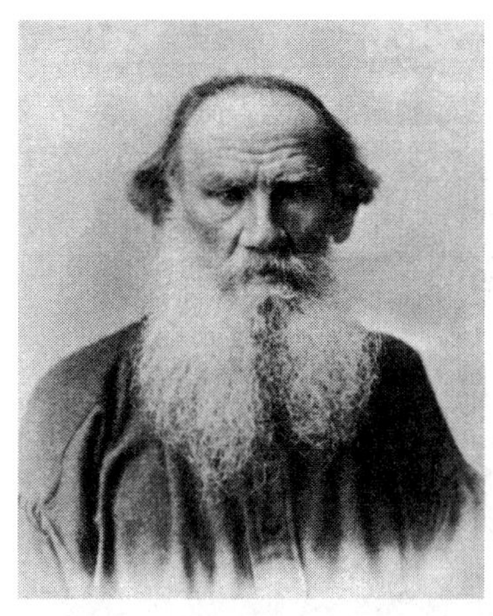
톨스토이 1828~1910 | 네이버 지식백과

토이는 그건 아니라고 본다. 사랑을 해보지 않은 사람이 사랑을 표현한 작품을 깊이 있게 공감할 수도 없다. 예술을 표현으로 이해하는 한 풍부한 감수성을 지닌 사람은 좋은 작품을 만들 수 있고 훌륭한 감상자가 될 수 있다. 그래서 감성을 가진 '누구나' 이해할 수 있는 것이야말로 진정한 예술의 반열에 오를 수 있는 것이다.

콜링우드(Collingwood)는 예술가의 '정서를 표현한다'는 의미를 톨스토이보다 자세하게 분석한다. 표현한다는 것은 '예술가의 특정 감정의 특징적 측면을 보여 주는 것'을 의미한다. 다시 말하면 표현한다는 것은 예술가의 아직 미분화된 정서를 개별화시키고 특징화하며 그것을 사람들로 하여금 인지하게 만드는 것을 말한다. 이런 의미에서 표현한다는 것은 정서를 명료하게 하는 것, 정서의 특징을 인지하게 만드는 것을 뜻한다.

좀 의아한 것은 콜링우드가 '예술작품은 물리적 표현물이 아닌 예술가의 마음 상태'라고 주장하는 점이다. 그는 예술가의 감정을 작품으로 표현했는가, 아닌가가 주요한 것이 아니라 예술가의 감정의 상태 자체를 하나의 예술작품으로도 봐야 한다고 주장한다. 예술품을 감정의 우연한 표출이나 외화로 간주하면, 감정과 감정 표현의 결과인 작품과의 경계가 사라지지 않을까? 예술가의 감정을 표현하는 모든 것이 예술이 될 수 있는가? 고흐가 고갱과 다투고 난 후 귀를 자르는 것도 일종의 행위예술로 봐야 할까?

사실 표현론은 예술가들 자신이 가장 강력하게 주장하는 예술관이다. 비디오 아트의 문을 활짝 연 백남준은 "예술은 본능의 표현이다"라고 주장한다. 영화 〈불멸의 연인〉에서 베토벤은 자신의 크로이처 소나타(Kreutzer Sonata)를 듣고 '해석하는 사람들'을 향해 소리친다. '음악은 작곡가의 감정의 표현일 뿐이다'라고. 현대 무조음악의 창시자인 쇤베르크(Schönberg) 역시 자신의 음악을 '철학화'하는 아도르노를 비판하며 "당신은 예술창작의 본질을 몰라"라고 일갈하지 않던가. 사실 보통사람들이 '예술은 감정의 표현

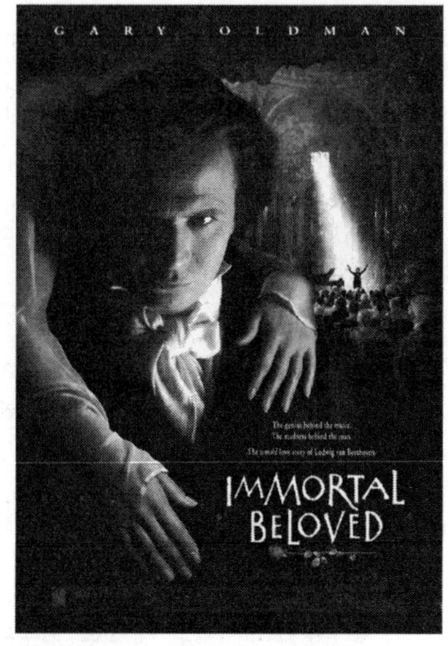

불멸의 연인　1994년 | 네이버 영화

이다'라는 예술을 보는 관점에 가장 공감하기 쉬운 예술 영역이 음악이라 할 수 있다. 어떤 사람은 베토벤의 〈합창〉을 듣고 울고, 어떤 사람은 베토벤의 현악4중주 16번을 듣고 '인생의 의미는 무엇인가'라는 정조에 빠져든다.

결혼식장에서 이적의 〈다행이다〉를 들으며 감동받는 신랑 신부를 생각해보라. 작곡자와 감상자의 완벽한 정서적 대화와 교감을 그들의 행복한 웃음에서 느낄 수 있지 않은가? 데릭 쿡(Deryck Cooke)이 말한 것처럼 음악은 감정 언어이고 음표와 음정, 장조와 단조, 반음계, 음절 등은 조합을 통해 감정을 표현하고 그 감정에 공명하게 만든다.

그런데 정말 예술가는 자신의 감정을 명확하게 표현해낼 수 있을까? 음악미학자인 한슬리크(Hanslick)는 이 질문에 대해 단호히 '아니'라고 말한다. 그는 '명확한 정조나 감정은 음악으로 재현될 수 없으며 음악이 감정을 일으키는 것은 단지 음악의 부차적인 효과에 불과하다고 본다. 〈장엄미사곡〉

을 듣고 장엄한 감정에 빠지는 것은 음악의 효과일 뿐이라는 것이다.

한슬리크는 웅장하다, 우아하다, 의기양양함, 분투적인 등의 음악적 감정 술어는 단지 특정한 악절의 성격만을 비유적으로 암시하는 것일 뿐이며 음악은 '소리와 운동'이라는 자체의 고유한 논리에 의해 작동되는 것이라고 말한다. 그의 결론은 '음악은 사랑을 재현할 수 없고 운동의 요소만 재현할 수 있다'는 것이다. 음악적 재현의 방식은 속도, 느림, 약함, 강도의 증가와 감소, 가락, 리듬, 박자, 음색, 질감(악기를 사용하는 방식)과 같은 음악 내적 문법의 조합에 의해서이다. 음악에서 감정표현론을 비판하는 한슬리크와 같은 생각은 예술담론 일반에서 '형식이 예술'이라는 입장과 맞닿아 있다. 형식론은 표현론을 비판하고 그 한계를 넘어서려는 예술적 관점이다.

3. 예술은 '형식' 아닌가?

예술형식론(formalism)을 주장하는 대표적인 인물은 클라이브 벨(clive Bell)과 로저 프라이(Roger fry)이다. 이들은 모방론과 표현론이 예술작품을 깊이 있게 이해하는 데 부적절한 관점이라고 비판한다. 형식론자들은 예술작품을 제대로 이해하려면 작품 내적인 형식을 파악하는 것이 핵심이라고 말한다. 회화나 조각 작품들, 그리고 특정한 작가의 작품은 저마다 고유한 형식을 갖는다. 가령 회화에서 감정과 모방의 완벽성을 제거하고 나면 남는 것은 선, 면, 매스, 톤, 형태, 빛, 그림자, 색채, 패턴들인데 예술가마다 자신만의 고유한 방식대로 이것을 조합, 배열, 구조화한다. 형식론자들은 그것을 형식(form)이라고 말하며 그러한 형식에서 예술만이 갖는 고

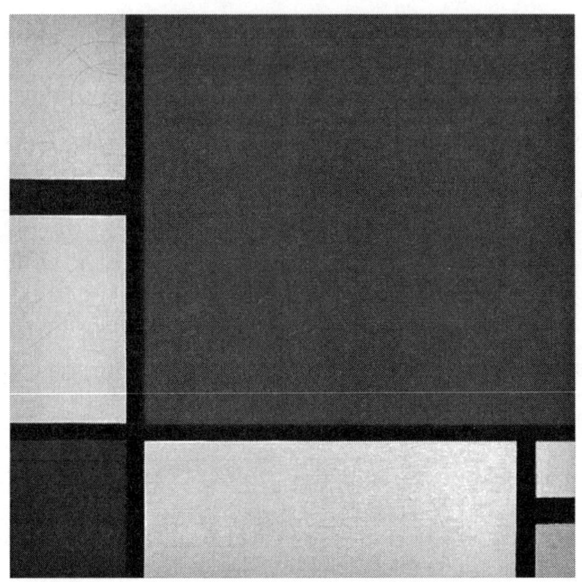

빨강, 파랑, 노랑의 구성　몬드리안 | 1930년 | 캔버스에 유채 | 51×51cm | 개인 소장

유한 '미적 정서'를 얻게 된다고 말한다.

　이러한 예술형식론이 등장한 배경은 추상회화의 내적 논리와 궤를 같이한다. 추상미술은 모방론에서 설파하는 '그 어떠한 것에 대한 재현'이나 표현론에서 말하는 '감응에 의한 정서적 소통과 공감'을 거부한다. 추상회화를 전개한 칸딘스키, 몬드리안, 클레의 그림을 보자. 몬드리안의 그림은 수직과 수평, 그리고 노랑, 빨강, 파랑, 하양 등 몇 가지의 원색을 사용한다. 마치 한국의 격자 창문을 보는 듯한 그의 그림은 고도의 압축과 생략을 보여준다. 선과 색의 패턴으로 구성된 그의 그림이 사실 뭘 그렸는지 아무도 모를 지경이지 않는가? 선과 색 패턴의 배열을 통한 형식의 창조라는 '보편적 회화 언어'를 구사하는 듯하지만, 그러한 추상 형식에서 어떤 예술적 매력과 감흥을 느낄 수 있는가? 형식론자들은 그 형식에서 오는 예술만의 독특성을 가장 예술적인 것으로 믿는 사람들이다. 형식론

철학이 말하는 예술의 모든 것

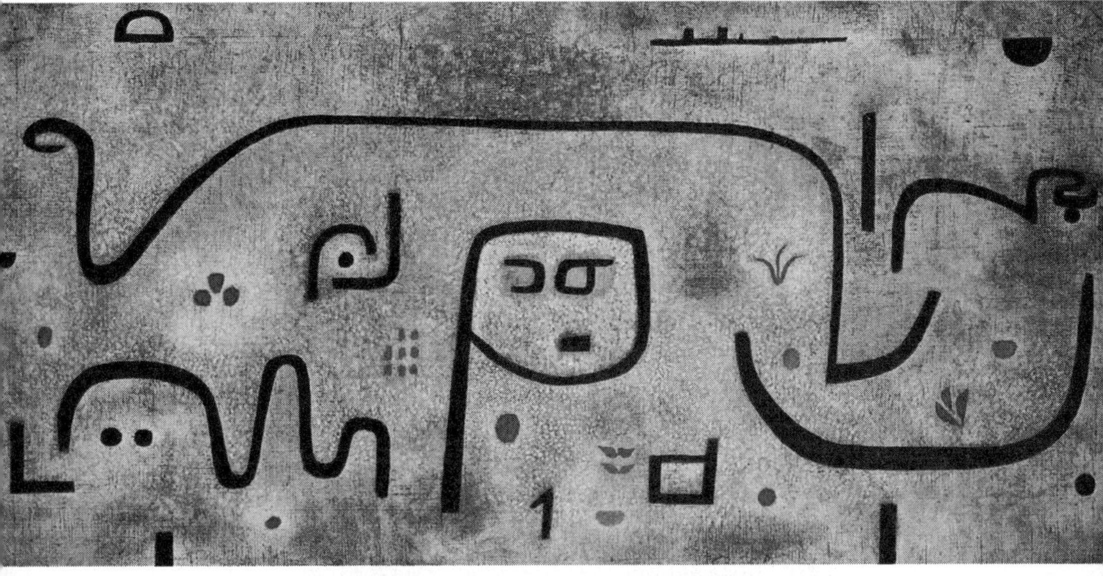

새의 섬　파울 클레 | 1938년 | 신문지에 유채 | 176×88cm | 베른 파울 클레 센터

은 추상회화에 대한 미적 정서가 단지 형식에 대한 이해를 통해서만 작용
한다고 보는 입장이다. 형식론자들은 작품의 내적 성격과 특성이 중요하
고 작품을 작품 그 자체로 이해함으로써 예술의 자율성을 확보할 수 있다
고 믿었다.

　그런데 형식론은 예술의 내용을 중요시하지 않는 경향을 보여준다. 내
용은 없고 형식을 통해서만 예술적 정서를 얻을 수 있을까? 형식과 내용
의 유기적 결합이 좋은 예술작품이지 않은가? 예술에서 형식과 내용은 분
리되는 것이 아니라 상호 의존적이며 유기적으로 결합되어야 한다. 하나
의 예술작품에 나타난 추상적 형식은 작품 전체를 둘러싼 복합적인 것들
과의 관계 속에서 파악해야 하지 않을까? 형식과 내용의 유기적 통일성이
결여된 작품은 선이나 색채 인물의 배열, 표현과 구도 등 모든 회화적 요
소들을 유기적으로 결합시켜야 하지 않을까? 예술은 단지 재현이거나 표

현이라고 말할 수도 없고, 형식론자들의 주장처럼 형식이라고만 말할 수 있는 것도 아니다. 우리가 아는 좋은 작품들은 이것들 모두를 보여주는 것이 아닌가?

뒤샹의 〈샘〉을 보자. 그리고 워홀의 〈브릴로 상자〉를 보자. 이 작품들은 '예술은 형식이 아니야'라고 말한다. 이 두 작품에서 보이는 소변기와 상자는 순수 형식, 추상적 형식을 말하는 형식론자를 할 말 없게 만든다. 형식을 해체시킴으로써 말이다.

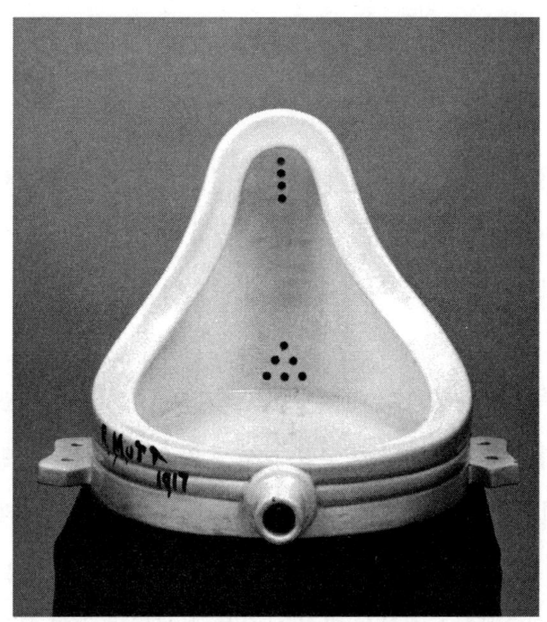

샘 마르셀 뒤샹 | 1917(1964)년 | 혼합재료 | 63×48×35cm | 조르주 퐁피두센터

철학이 말하는 예술의 모든 것

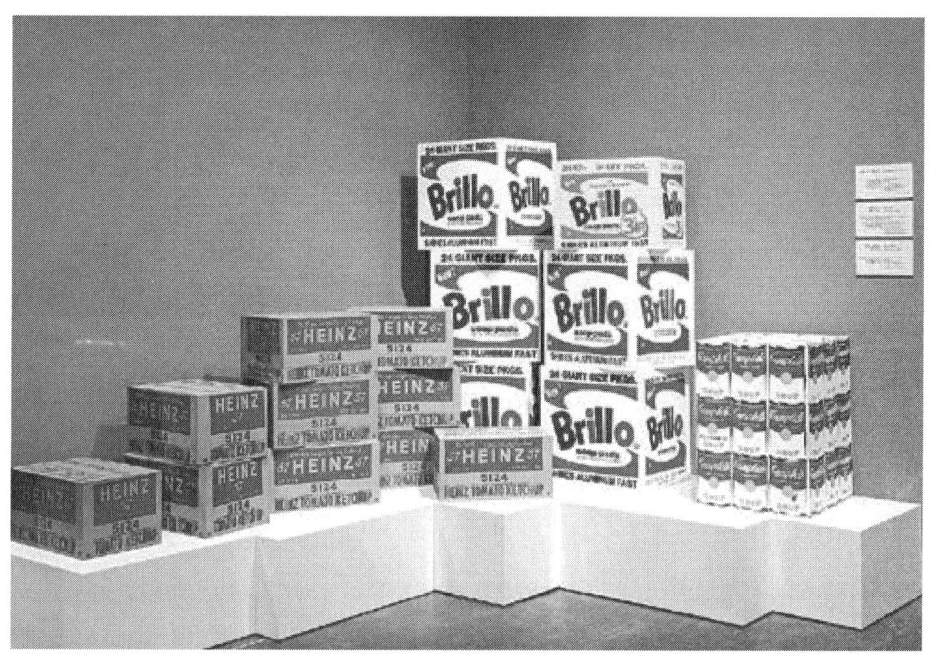

브릴로 상자　앤디 워홀 | 1968년 | 실크스크린 | 33×40.6×29.2cm | 뉴욕 휘트니 미술관

4. 예술은 정의가 불가능하다?

예술이란 무엇인가? 이 거대담론에 답하기란 쉽지 않다. 대답 자체가
하나의 완전한 정답이 될 수가 없다. 이것은 '사랑이 무엇인가'나 '삶이란
무엇인가' 와 같은 질문의 성격과 그것에 대한 대답과 마찬가지로 어렵고
곤란한 문제이다. 예술 창작자나 비평가 혹은 예술을 사랑하는 사람들에
게 다 물어봐도 예술에 대한 대답은 서로 다를 것이다.

모리스 와이츠(Morris Weitz)는 이러한 생각을 대표하는 미학자이다. 그는
예술이 갖는 '가족 유사성'과 '창조성'으로 인해 예술 자체를 정의하는 것
이 불가능하다고 보았다. 또한 시, 소설, 회화, 조각 등이 예술이라고 부를

수 있는 것은 장르적 특성을 넘어서는 공통
의 가족 유사성(family resemblance)이 있기 때문
에 '예술은 모방이다', '예술은 표현이다'라
고 주장하는 것은 별 의미가 없다고 말한다.

가족 유사성은 비트겐슈타인의 개념으
로 체스나 장기, 올림픽이든 게임들에는 게
임이 갖는 유사성들이 있다는 주장이다. 와

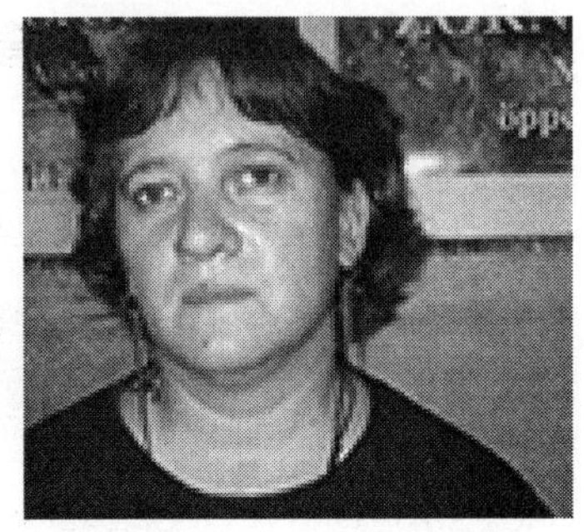

모리스 와이츠 1916~1981 | 위키백과

이츠는 그의 개념을 받아들여 예술의 유사성이 예술을 특정한 것으로 주장
하는 것을 의미 없게 만든다고 보았다. 그런데 예술 장르 간의 가족 유사성
이 있다 하더라도 각각의 예술은 발생적 기원이 다르지 않는가? 기원뿐만
아니라 유사성만큼이나 장르 간의 차이도 충분히 발견할 수 있지 않은가?
문학과 회화의 차이, 조각과 연극과의 차이, 음악과 시와의 차이는 와이츠
가 예술의 가족 유사성만큼이나 가족 간 이질성을 찾아낼 수 있을 것이다.

다음으로 와이츠는 모든 예술이 새로움을 창조하는 것이기 때문에 예
술을 무엇이라고 정의하는 것이 예술 자체를 좁은 그릇에 가두는 것이라
고 보았다. 와이츠가 지적하는 것처럼 예술은 '파괴를 통한 창조'이며, 예
술에 그것이 없다면 예술과 일상은 구별이 되지 않는다. 와이츠처럼 '새로
움의 창조'를 예술이라고 할 때, 우리는 그것을 로코코 양식, 바로크 양식,
인상파, 야수파, 다다이즘 등 새로운 창조적 예술에 대해 '무엇'이라고 이
름을 붙였다. 그러한 특정한 창조적 예술품을 '무엇'이라고 명명하는 데는
이전의 창조적 예술품과의 구별을 위해서이다. 그러나 예술을 무엇이라고
정의한다고 해서 창조적 예술행위가 일어나지 않는 것도 아니다. '예술이
모방이다'라고 정의한다고 작가주의 영화가 예술이 아니라고 말할 수 있
을까? 예술의 정의 이전에 예술이 있다는 것이 와이츠의 생각인 셈이다.

5. 제도가 무엇이 '예술'인가를 말해준다?

디키(Dickie)의 예술제도론(institutional theory of art)은 단토(Danto)의 예술계(art world) 개념을 수용한 예술을 보는 관점이다. 무엇이 예술인가, 예술이 아닌가를 판별하는 기준은 사람들로 하여금 '감상이 가능한 인공물인가 아닌가'이다.

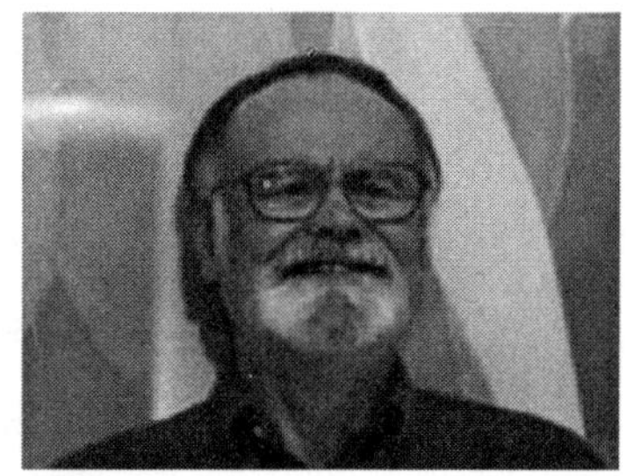

G. 디키   1926~

예술은 어떤 사회제도를 대표하여 활동하는 사람들에 의해 감상의 후보로서 지위를 부여받아온 인공물이다.

제도의 의미는 특정한 예술기관을 의미하는 것이 아니라 예술계에 속한 사람들의 활동 전체를 의미한다. 예술계를 구성하는 사람들은 예술가, 비평가, 예술 및 잡지 관련자나 기자, 큐레이터, 예술 기획자, 예술 관람자들, 각종 박물관이나 음악, 연극, 회화 등 다양한 장르의 예술 관련 단체 종사자, 예술사가, 예술철학자, 예술 유통업자 등이다.

그런데 예술제도는 사회의 일반조직과 달리 공식적인 제도가 아니다. 예술계는 비공식적이며 비형식적인 제도의 성격을 지닌다. 이와 같은 디키의 예술제도론은 다음과 같은 주장으로 정리할 수 있다.

① 예술가는 예술 제작에 참여하는 사람이다.
② 예술작품은 예술계의 대중에게 전시를 목적으로 한 인공물이다.

③ 예술계의 대중은 인공물을 어느 정도 이해할 수 있는 사람들의 집합
이다.

④ 예술계는 예술계 내의 모든 체계들의 총체이다.

⑤ 예술계의 체계는 예술가가 예술계의 대중에게 작품을 전시하기 위
한 틀이다.

그렇다면 디키의 예술제도론의 문제는 무엇인가? 디키는 예술계를 구
성하는 각각의 부분들의 역할들과 그 차이들에 대하여 자세히 말하고 있
지 않다. 예술계가 사회의 다른 공식적 기관들과 어떻게 다른지, 예술계를
구성하는 각각의 부분들의 고유성과 사회역사적 성격에 대하여도 특별한
언급이 없다.

예술이 '제도'라면 제도권 밖의 예술이 훗날 예술계에서 제도로 인정
받는 사례들을 충분히 설명할 수 있을까? 기존 예술적 전통에 반하는 새
로운 예술운동은 기존의 제도권 예술에서 예술로 승인되는 데 많은 시간
들이 필요하지 않았는가? 예술제도론은 새로운 예술을 예술로 수용하는
데 '제도'라는 장애물을 설치하는 것이 아닐까? 예술제도론은 예술의 창
작과 향유까지 소수의 사람들에 의해 이루어진다는 사실을 인정하는 일
종의 엘리트주의 아닐까?

6. 예술은 도구일 뿐이다?

예술을 도구로 생각하는 것만큼 오래된 예술에 관한 생각도 드물다.
예술도구론은 '예술이 어떤 특정한 목표나 가치에 봉사하는 것'으로 생각

하는 것이다. 도구론은 예술이 지니는 고유의 심미적 요소보다 기능과 효과를 중요한 가치로 간주하는 것을 말한다.

원시벽화나 암각화를 생각해보자. 당시의 그 누구도 오늘날과 같이 그것을 '예술'로 간주한 사람은 없다. 원시예술은 제의와 같은 종교적 기능을 수행하는 데 그 일차적인 목적이 있었다. 이집트의 벽화들은 불사, 왕권의 강력함과 함께 왕의 업적을 기록하는 성격을 가졌다고 볼 수 있다. 초기의 서사시들은 영웅 숭배와 종족의 역사성을 강화하는 기능 등과 함께 아동들에게

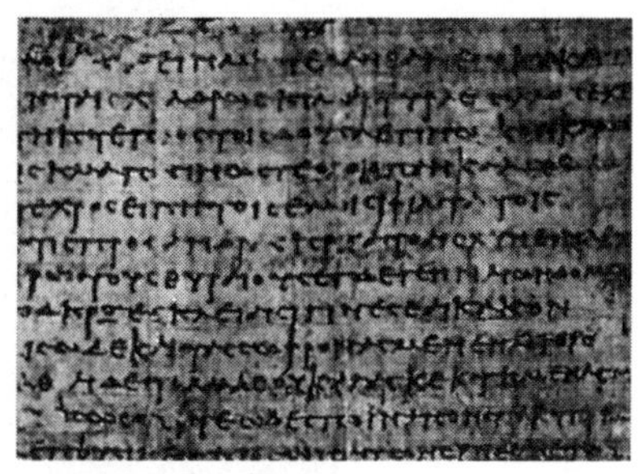

일리아스 원문　세계문학사 작은사전

암송하도록 함으로써 학습을 위한 교육적 기능을 수행하기도 했다.

음악을 도구적 관점에서 본 인물은 플라톤이다. 그는 수호자 그룹에 음악교육이 필요하다고 말하며, 음악의 리듬과 하모니가 정신에 영향을 미쳐서 우아함을 길러준다고 말한다. 그는 음악을 포함한 예술 일반이 인간의 도덕성 향상에 기여하는 도구가 되어야 하며 이를 위해 예술에 대한 검열과 관리가 필요하다고 보았다.

아리스토텔레스는 음악의 교육적 효과를 강조하는데, 음악이야말로 즐거움 자체를 위한 도구, 여가생활을 위한 도구라고 보았다. 그 밖에 음악은 품위와 분별력 형성에 도움이 되며 인간의 도덕적 심성을 기르는 도구가 되어야 한다고 주장한다.

그런가 하면 마르크스(K. Marx)는 예술을 '혁명을 위한 수단'이 되어야 한다고 생각한다. 그에게 좋은 예술은 프롤레타리아트의 계급의식과 당파성을 강화시켜야 한다.

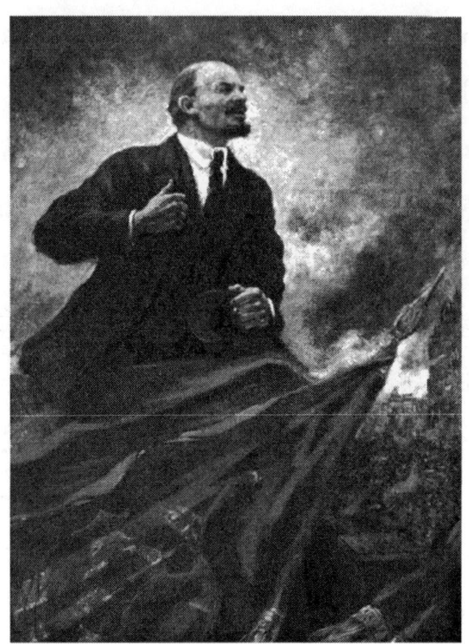

연단 위의 레닌 알렉산드르 게라시모프 | 1930년 | 캔버
스에 유채 | 173×228cm | 모스크바 레브미술관

예술은 그 자체로서 끝나는 것이 아니며 그 목적 또한 개인의 사적인 쾌락
이 아니다. 우리에게 예술이란 대중을 고무시키는 선동이자 혁명으로 치닫
게 해주며 추구되어야 할 목적을 지적해주는 한 사건이다. 예술은 대중이
느끼는 바를 감지하고 대중의 의지를 구체화하는 지적인 협동이자 집단적
인 창조이다. 우리에게 예술이란 자본주의에 대해 계급이 갖는 증오의 수단
이며 공산주의와 계급 없는 사회에 도달하려는 결의의 표현수단이다.

앞에서 보듯이 예술은 도덕성 교육과 정치혁명의 도구로 간주되었다.
역사적으로 살펴보면 소위 정치예술, 선전예술이 항상 존재했다. 강력한
군주나 독재자들은 대형 건축물이나 조각상을 통해서 자신의 정치이념과
통치의 위대함을 보이려고 했다. 그것은 비단 네로(Nero)처럼 로마를 '위

철학이 말하는 예술의 모든 것

대한 예술도시'로 만들려는 시도에서뿐만 아니라 알렉산더 대왕이나 히틀러에서도 찾을 수 있다.

예술이 도구가 되는 경우는 졸부나 신흥갑부가 '예술이라는 장치'를 통해 기존의 상류사회에 문화적으로 동화되는 시도에서도 발견된다. 미국의 서부개척시대에 벼락부자가 된 사람들이나 이민자 출신의 신흥부자들 중에는 유럽의 미술품을 수집해 소장하면서 상류사회 사교모임에 일원된 사람들이 꽤 있다. 오늘날 한국의 대기업 총수들의 부인들은 대부분 하나의 미술관을 운영한다. 미술에 대한 취향을 떠나서 문화자본에 대한 욕구와 비자금 세탁 목적으로 '예술품'이 도구로 전락되고 있는 셈이다.

예술이 긍정적인 도구가 되는 경우도 얼마든지 있다. 가령 바흐(Bach)의 〈골드베르크 변주곡〉은 불면증에 걸린 골드베르크(Goldberg)라는 러시아 백작이 바흐의 제자에게 의뢰한 곡을 바흐가 대신 작곡한 곡이다. 수면을 위한 곡인 것이다. 이처럼 음악이 치유나 치료를 위한 도구로 사용되는 경우는 아주 흔하다. 음악치료학과 치료과정이 생긴 지도 오래된 일이다. 연극이나 문학, 독서를 통한 치료요법들도 많이 개발되어 애용되고 있다. 하지만 치료와 산업이 만나면 치료 산업이 되고 경우에 따라서는 예술치료를 빙자한 '사기'로 끝나는 경우도 흔하다.

예술의 공공성을 높이고 예술의 대중화를 선도하기 위한 각종 정책들도 예술을 긍정적인 관점에서 도구로 활용하는 것이다. 공공미술 프로젝트나 마을미술 프로젝트, 서울시 도시 갤러리 프로젝트가 그 대표적인 사례이다. 광화문 인근에 설치된 조나단 보롭스키(Jonathan Borofsky)의 〈해머링맨〉이나 반월공단 · 명륜동 · 청계천 공공미술 프로젝트, 수원 행궁동 벽화마을 등 많은 지역에서 공공미술 프로젝트를 진행하고 있다. 미국 뉴욕시는 택시에 꽃 그림을 그리는 〈움직이는 정원(Garden In Transit)〉이라는 공공

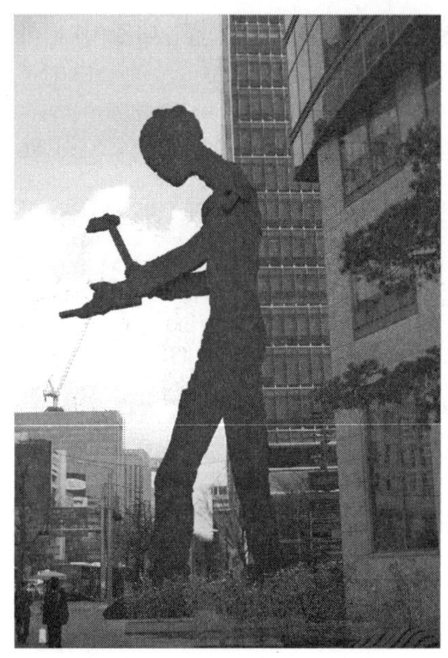
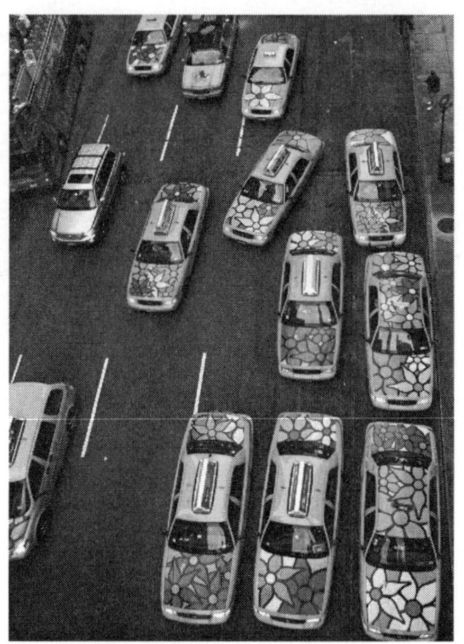

해머링 맨 조나단 보롭스키 | 1991년 | 조각 아트 | 서울
광화문

움직이는 정원 2007년 | 패인팅 | 미국 뉴욕

미술 프로젝트를 진행한 바 있다.

영국에서는 〈Wonders of Weston Project〉라는 재생 공공미술 프로젝
트가 이루어지기도 했다. 공공미술 프로젝트는 예술의 대중화와 소통의
수단으로서 예술을 기치로 내걸고 있다. 생활 속의 예술, 삶 속의 예술이
숨 쉴 수 있도록 하는 긍정적 차원의 '예술의 도구화'가 더더욱 요구된다.
이것은 심미적 차원의 미적 경험을 확장시키는 징검다리가 되지 않을까?

철학이 말하는 예술의 모든 것

고급예술과 저급한 예술이 따로 있을까?

1. 고급예술과 대중예술이라는 이분법과 반론들

고급예술과 저급한 예술, 혹은 고급예술과 대중예술이라는 이분법은 예술이 하나의 고유한 장르로 인정받기 시작했던 18세기 이후의 분류법이 아니다. 예술 논쟁에서 저급예술과 대중예술은 흔히 동의어로 사용되었다. 대중예술은 레오 뢰벤탈(Leo Lowenthal)의 지적처럼 인간의 역사만큼 오래된 것이라고 할 수 있다. 그리스 시대에 익살스러운 연극인 미무스(Mimus)에서 시작해 어느 시대나 존재했던 것이 대중예술이라 할 수 있다. 우리의 경우 민화나 사당패의 음악이 대표적인 대중예술이라 할 수 있다. 전통적으로 저급예술은 소재가 외설적이거나 저속하고 내용이 단순하고 구성의 완성도가 없으며, 자극적인 흥미를 유발해 누구나 즐길 수 있는 것으로 간주되어 왔다.

대중예술 비판가인 드와이트 맥도날드(Dwight MacDonald)는 '대중예술이란 껌처럼 대량 소비를 염두에 두고 기계적으로 제작된 개성 없는 상품'이라고 비판한다. 예술생산자인 작가의 영혼도 없고 그저 일상의 소비재처럼 쓰다가 버리는 그 이상의 의미를 가지지 않는다는 것이다. 그는 대중예술이 이렇게 '소비재로 전락'하는 데는 대량생산 시스템으로 인해 불가피하다고 본다. 맥도날드가 대중문화에 비판적인 또 다른 측면은 창조성의 결여이다. 대중문화는 고급예술과 비교해 창조성이 결여되어 있다는 것이다. 그는 첫째, 대중예술의 표준화와 기계적 생산방식이 창조성을 저해하며, 둘째, 대중예술은 예술가가 결정한 집단생산을 고려해야 하므로 독창성을 갖기 어려우며, 셋째, 대중의 기호에 부합하려는 작가의 창작동기를 부추겨 작가의 독창적인 미적 표현을 방해한다는 근거를 제시한다.

그런데 맥도날드의 주장에서 특히 주목해야 하는 것은 대중예술에 의한 고급예술의 쇠락이라는 테제이다. 대중예술의 대공습에 고급예술이 저항을 시도하지만 대중예술의 차용과 부분 수용을 거쳐 결국에는 '대중'으로부터 멀어지고 대중예술에 흡수당한다는 것이다. 이 점에서 맥도날드는 대중예술을 예술에서의 암적인 존재로 간주한다. 그는 19세기에 나타난 근대 특유의 문화산물이며 키치(Kitsch)가 고급문화 저급화의 한 사례로 본다.

키치라는 용어가 처음으로 등장한 것은 1870년대 독일 남부에서이다. 키치의 사전적 어원은 '값싸게 만들다'라는 독일 방언에서 '허접한 잡동사니를 모으다'라는 의미로 발전했다고 알려져 있다. 키치란 말은 당시에 '물건을 속여 팔거나 강매한다'는 뜻으로 쓰였다. 오늘날 키치란 갈수록 의미가 확대되어 저속한 미술품, 고급미술을 모방해서 문화산업 방식으로 재생산한 미술 작품, 일상적인 예술, 대중 패션 등을 의미한다. 1930년대 후반부터 키치는 아방가르드의 반대 개념이자 대중예술과 동의어로도 사용되기도 하며 1960년대 들어서면서 소위 키치 아트(Kitsch Art)가 등장하기에 이른다.

그럼 맥도날드의 주장을 검토해보자. 가장 손쉬운 반론은 맥도날드의 주장처럼 오늘날 고급문화가 대중예술에 밀려 고사 직전에 있는지 살펴보는 일이다. 여전히 고급예술 시장은 존재하며 고급예술가와 단체 및 기관에 대한 정부 및 개인들의 지원을 받고 있다는 점에서 그의 주장은 오류이다.

또한 고급예술 스스로 야외 음악회, 클래식 음악 축제, 찾아가는 음악회, 순회 미니갤러리 버스 등과 같은 대중화 전략을 통해 외연을 확대하고 있다. 세계 클래식 음악 교육의 혁명적 사건이라고 할 만한 베네수엘라의 '엘 오르케스타(el orquesta)' 혹은 '엘 시스테마(el sistema)'라는 음악학교 교육을 보자. 이 학교는 알코올과 마약, 각종 폭력과 범죄에 물든 빈민가 청소년들에게 희망을 주기 위해 베네수엘라의 정치인이자 경제학자인 호세 안토니오 아브레우에 의해 기획되었다. 그는 거리의 음악이 단순히 개인의 희망만이 아니라 사회를 아름답게 하는 데 기여할 수 있다는 것을 역사적으로 보여준 인물이다. 그는 다음과 같이 말한다.

음악은 아이들을 길거리 폭력이나 마약으로부터 벗어날 수 있게 했습니다. 음악 교육을 통해 사회 전체를 순화시킬 수 있습니다. 무엇보다 중요한 것은 한 사람의 인생을 체계적으로 계획할 수 있도록 한다는 점입니다.

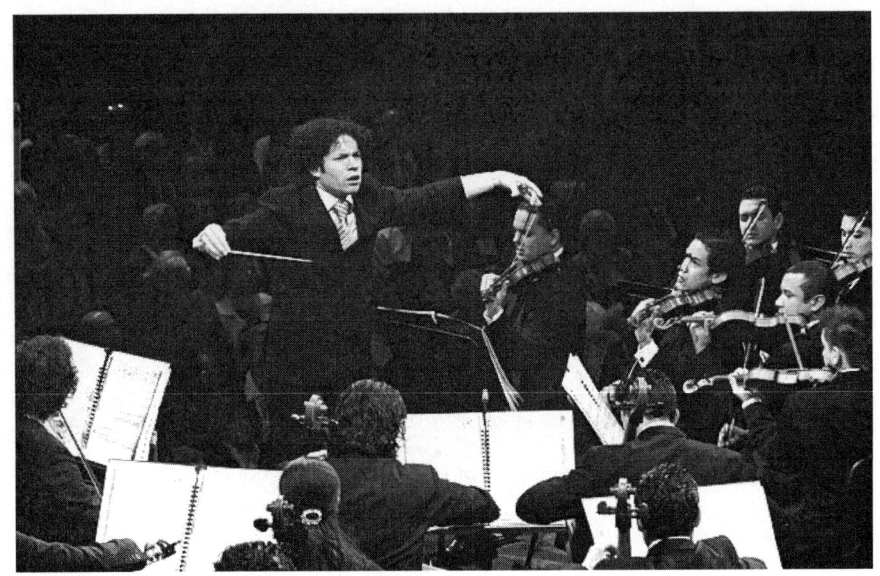

구스타보 두다멜　1981~

　'엘 시스테마'는 6주 동안 하루 4시간씩 연주할 것을 조건으로 악기와 음악 교육을 무상으로 제공한다. 2013년 현재, 베네수엘라 각지에서 약 27만 5,000여 명의 청소년들이 이곳에서 음악 교육을 받았다. 1975년부터 시작된 이 음악 교육 프로그램으로 현재 빈민가 청소년들은 베네수엘라 각지의 음악 학교에서 1만 5,000명의 음악교사에게 음악을 배우고 있다. '엘 시스테마의 기적'으로 불리며 30대 초반에 가장 각광받는 오케스트라 지휘자로 떠오른 구스타보 두다멜(Gustavo Adolfo Dudamel Ramírez)을 보자.

　두다멜은 "어릴 적에는 비전을 가지고 있지 않았다. 내가 자란 곳은 중하위층 동네였는데 정말 아름다웠다. 그러나 그곳은 많은 아이들이 잘못된 길로 가곤 했다. 그런데 난 시스테마에 있으면서 그 길을 멀리하게 되었다"고 말한다. 빈민가 아이들에게 구원의 빛이 된 '엘 시스테마'는 이밖에도 17세에 베를린 필하모닉 오케스트라의 단원이 된 콘트라베이시스

철학이 말하는 예술의 모든 것

트 에딕슨 루이즈 등과 같은 음악 천재들을 많이 배출해냈다.

일반적으로 대중예술에 비해 고급예술은 소재가 고전적이고 내용이 진지하고 인간성을 고양시키며 구성의 짜임새와 완성도가 높은 것으로 평가한다. 고급예술의 향유는 학습과 지식을 전제로 하며 향유자들로 소수의 예술 애호가라고 말한다. 초기의 미학자들이 고급예술과 저급예술을 구분하는 데 가장 큰 기준은 인간성 고양, 도덕성 함양에 기여하는 예술인가, 아닌가였다. 이후 종교성을 강화시키는 예술인가, 비속하고 세속적인 예술인가가 양자를 구분하는 기준이 되었다. 대중예술이 일정하게 자리를 잡아가면서부터는 소재, 내용, 예술가가 되는 학습과정, 감상을 위한 훈련 정도, 향유의 접근성과 비용 등이 고급미술과 저급미술을 가르는 기준이 된다. 내용미학자들은 진리가, 사회상이, 혹은 어떤 특정한 이념이 예술작품에 존재하는가의 여부를 고급예술과 저급예술의 구분 기준으로 삼기도 한다.

그런데 과연 세상에 고급예술과 저급예술이라는 전통적인 개념적 구분에 상응하는 예술들이 따로 존재하는가라고 물을 수 있다. 모든 오페라는 고급예술이고 모든 뮤지컬은 저급예술인가? 황금빛으로 에로틱한 그림을 많이 그렸던 구스타프 클림트(Gustav Klimt)의 회화들이나 미소년의 나체 그림 등을 그린 에곤 실레(Egon Schiele)의 에로티시즘 계열 회화들은 고급예술인가 저급예술인가?

로코코 양식을 대표하는 프랑수아 부셰(François Boucher)가 그린 〈헤라클레스와 옴팔레〉는 신화화인가 아니면 신화화를 가장한 저급한 에로티시즘인가? 사실 구분하기 어렵다. 한 화가한테서도 개념적으로 구분되는 고급과 저급예술의 특징을 찾아낼 수 있고, 에코의 말처럼 예술 애호가들 역시 향유에 있어서 두 가지를 다 향유할 수도 있다. 그래서 하우저(Anold

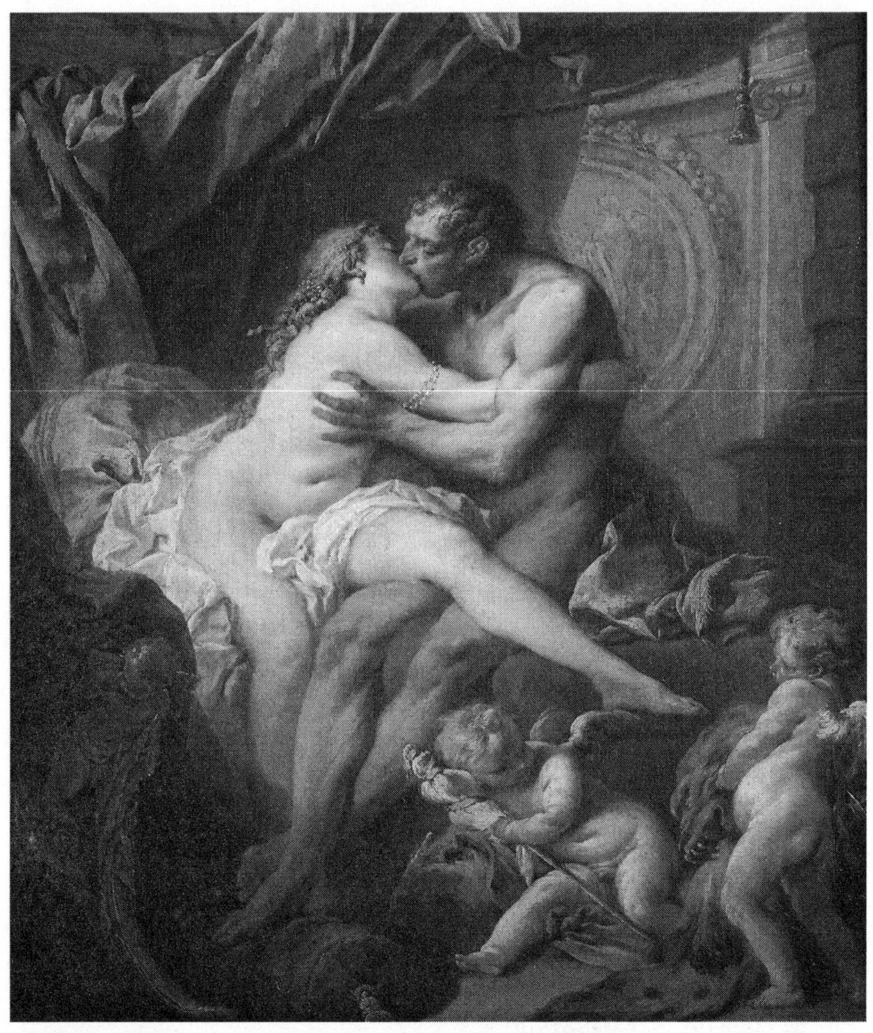

헤라클레스와 옴팔레　프랑수아 부셰 | 1735년 | 74×90cm | 모스크바 푸시킨 미술관

Hauser)는 현실에서 존재하는 예술품의 고급과 저급을 나누는 일이 의미 있

다고 보기 어렵다 말하지 않는가?

2. 대중예술 옹호론

이제 대중예술을 옹호해보자. 대중예술을 옹호해야 할 가장 강력한 이유는 대중예술이 우리에게 고급예술만큼이나 큰 미적 감수성을 자극하고 미적 만족을 줄 수 있다는 데에 있다. 대중예술을 옹호하는 대표적인 이론 중의 하나가 프래그머티즘 미학이 있다. 프래그머티즘 미학은 대중예술의 미적 정당성을 옹호하고 예술 개념을 확장하여 소위 예술을 새롭게 재규정한다.

프래그머티즘 미학의 가장 대표적인 인물은 존 듀이(John Dewey)이다. 듀이는 고급미술과 대중예술을 구분하는 것 자체에 비판적이다. 듀이가 루브르 박물관과 같은 대형 미술관들을 비판하는 것을 보면 그가 고급예술에 대해 어떤 생각을 갖고 있는지 명확해진다. 그에 따르면 루브르 박물관의 각종 고급예술은 한마디로 '제국주의의 유산'이다. 듀이는 부와 명예, 그리고 헛된 공명심을 치장하기 위해 신흥 재벌들이 수집하는 값비싼 미술품들이나 고급스런 문화적 취향에 나르시시즘적 도취에 빠진 이들에게도 비판적이다.

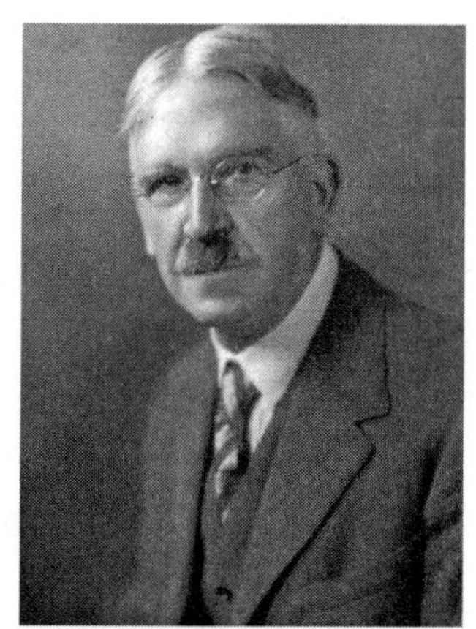

존 듀이 1859~1952

듀이는 예술을 하나의 '경험'이라고 강조한다. 미적인 것 역시 '하나의 경험(an experience)'이라고 한다.

예술이란 일종의 경험함이며, 생명체는 경험 속에서 상상적으로 매체를 사용함으로써 색, 빛, 선, 음 등의 모든 자원을 구성한다. 그 과정에서 생명체는 활기를 얻고 그 활기는 형식을 통해 생동감 있는 질서를 부여받는다.

듀이가 말하는 '경험'은 전통미학에서 이성과 대비되는 수동적·주관적 경험이 아니라 환경과 끊임없이 상호작용하며 적극적으로 반응하는 유기체적 경험을 의미한다. 하나의 경험이란 개별화된 조각 경험이 아니라 경험 전체의 흐름 속에서 환경과 상호작용을 통해 하나로 완성되는 '만족스러운 경험'을 뜻한다. 듀이에게 경험은 하나의 통일체(a whole)적 성격을 갖는 것이다. 또한 그는 예술이 하나의 독립된 물질로서의 작품이나 예술제도에 의해 승인된 것이라고 보지 않는다. 예술은 환경과 끊임없는 상호작용 속에서 자신의 생명력을 만들어간다고 보고 있는 셈이다.

듀이의 미학에서 중요한 것은 일상적인 경험과 예술적 경험의 경계를 허문다는 점이다. 경험의 연속성과 통합성을 보장하는 모든 것이 예술이 될 수 있으며 일상의 경험 자체가 곧 예술적 경험이 될 수 있다. 듀이에게 중요한 것은 고급예술과 대중예술이 아니라 '통합적인 경험'이 가능한가, 아닌가이다. 그는 과학이나 학문 그리고 일상에서도 그러한 경험이 충분히 가능하다고 보았다. 이러한 입장에서 고급예술과 대중예술을 구분하는 패러다임은 더 이상 의미 없는 담론이 된다. '예술의 임무'에 대한 듀이의 진술을 보자.

예술의 임무는 인습적 차별을 타파하고 이를 그 근저에 있는 경험 세계의 공통적인 여러 요소에 통일시키는 것이며, 또한 그와 함께 어떤 공통적인 여러 요소에 대한 사고방식이나 표현 방식으로서의 개성을 발달시키는 것이다. 아울러 여러 차별을 조정·통합하고 인간적 존재의 여러 요소 간의 고립이나 갈등을 제거하고 또한 그 대립을 이용하여 풍부한 인격을 쌓아 올리는 일이 개인에게 있어서의 예술의 임무가 된다.

예술의 임무에 대한 그의 주장에서 알 수 있는 것은 예술이 곧 일상의 체험이자 일상의 경험이며 삶의 연속적인 맥락으로 벗어나 있지 않다는 점이다. 여기서 경험 혹은 체험은 지극히 개인적인 것이며 경험으로서의 예술 역시 개인적인 것이다. 개인적 경험으로서의 예술 경험은 순간에 일어나는 통합적 경험이다. 이와 같은 듀이의 프래그머티즘의 미학은 '일상의 미학'을 주장함과 동시에 예술 개념의 확장을 가져왔으며 대중예술을 옹호하는 데 이론적 기여를 한다. 왜냐하면 대중예술과 고급예술의 가치의 구분과 예술적 완성도나 그 기준이 듀이의 미학에서는 아무 쓸모가 없기 때문이다. 한편 경험으로서의 예술의 역할은 개인 경험의 연속성과 통합성을 증가시킨다. 조용필의 '헬로' 쇼케이스를 보면서 '그것은 정말 최고의 경험'이었다고 말할 수 있다면, 그것은 듀이에게 '만족스런 경험'이며 예술적 경험과 같은 경험인 것이다.

3. 현대미술에서 이분법의 해체

회화사를 보면 고급과 저급에 대한 구분이 어느 시점부터는 큰 의미를 갖지 않게 된다. 1960년대 이후 등장한 팝 아트(Pop art)와 미니멀리즘(Minimalism)에서는 고급예술과 저급예술이 해체되고 예술과 대중소비와의 경계, 예술과 일상의 경계를 벗어던진다. 팝 아트는 사물, 대중소비의 소재들을 적극적으로 미술에 수용하며 스스로 대중예술을 표방했다. 이러한 팝 아트는 포스트모던적 사회에서 어떻게 예술이 자기의 모습을 새롭게 변형시키는지를 잘 보여주는 사례이다. 워홀, 리히텐슈타인, 올덴버그, 인디애나, 호크니, 베셀만 등이 이를 잘 대변한다.

미니멀리즘은 예술의 순수성과 작가주의를 지향하는 기존의 고전적인 예술관을 거부하며 현실을 심미화하거나 현실을 각색하는 기존의 회화를 비판하면서 작가의 생각과 감정을 배제하고, 보이는 사물의 특성이나 본질을 가장 잘 보여주는 방식을 채택하였다. 미니멀리즘은 사물 극도의 단순성을 추구하면서 기하학적 형태를 띠게 되었다. 도널드 저드, 솔르윗, 댄 플래빈, 칼 안드레 등의 작품들을 감상해보자. 이들의 작품을 과연 미술품, 고급예술이라고 볼 수 있는가? 교과서적 관점에서 '예술의 죽음'이나 '탈예술화'를 의미하지 않을까? 이러한 개념들은 고급 예술론자들이 예술의 상업화를 두고 흔히 했던 말 아닌가? 그들의 예술관에서 팝 아트나 미니멀리즘이 예술의 범주에 들어갈 수 있을까?

팝 아트 이후의 포스트모던적 예술에서 고급미술과 저급미술의 이분법은 더 이상 유효한 잣대가 되지 못한다. '무엇이 예술인가'에 대한 도전의 시대에 어떻게 예술을 향유할 것인가가 중요한 문제가 된 것이다. 만화를 차용한 리히텐슈타인(Roy Lichtenstein)과 회화와 조각의 경계를 허문 저드(Donald Judd)의 작품을 감상해 보자. 이 두 작품은 고급과 저급의 이분법을 넘어서 '예술'의 개념 자체를 문제 삼고 있지 않은가?

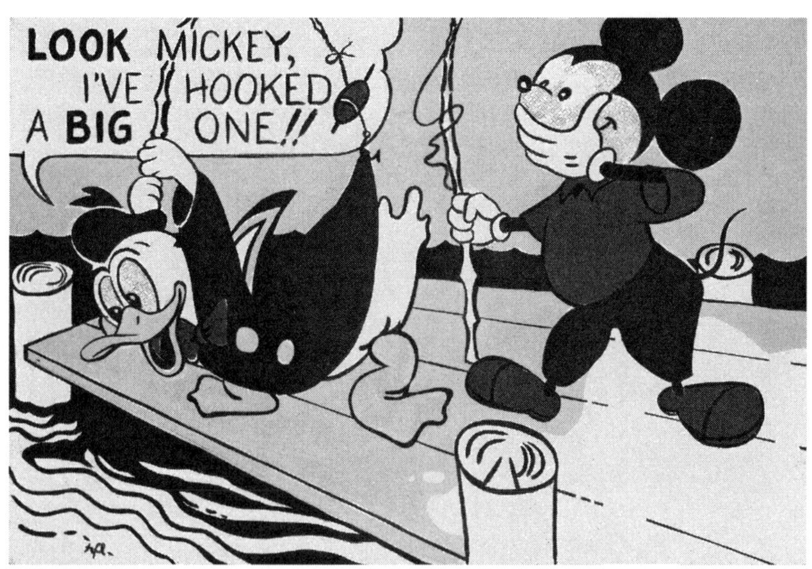

Look Mickey   리히텐슈타인 | 1961년 | 캔버스에 유채 | 175.3×121.9cm | 워싱턴 DC 국립미술관

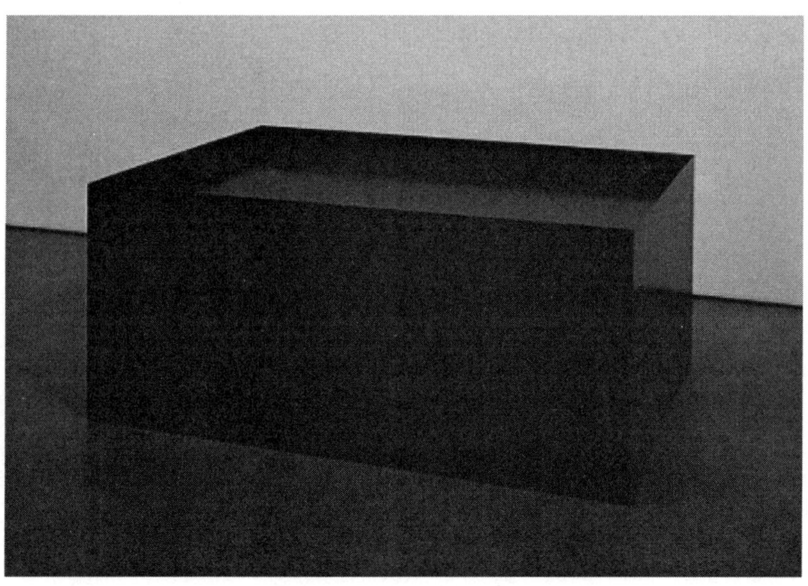

무제   도널드 저드 | 1968년 | 알루미늄에 에나멜 | 55.9×127×95.3cm | 미국 뉴욕, 솔로몬 R 구겐하임 미술관

예술은 천재들만의 놀이인가?

08

1. 예술천재 담론의 역사

예술은 모차르트나 피카소와 같은 천재들만이 할 수 있는 것인가? 아니면 누구나 일정한 예술 교육을 받으면 얼마든지 예술천재가 될 수 있는가? 흔히들 예술은 타고난 재능이 있어야 한다고, 소위 끼가 남달라야 한다고들 하는데 과연 그런가? 자연적 재능만이 천재의 유일한 조건일까? 이런 문제들에 대하여 생각해보자.

예술에서 천재담론이 시작된 것은 플라톤의 『이온』에서이다. 플라톤은 천재(genius)라는 개념을 사용하지는 않았지만, '신적인 힘에 의해 열광하며 그것에 사로잡힌 사람'을 천재로 보았다. 천재란 신적인 것에 기원을 두고 그것에서 영감을 받는 사람이다. 예술천재는 자신의 고유한 정신을 작품을 통해 보여주는 것이 아니라 '신의 뜻의 전달자', 신과 인간을 매개하는 중간자인 셈이다. 고대의 천재 개념은 르네상스를 거쳐 오늘날의 현대적 천개 개념으로 변화했다.

스칼리제르(Scaliger)는 그의 책 『시학』에서 천재가 신의 소리를 전달하는 사람이 아니라 '자신의 내면의 무엇을 창조하는 사람'임을 주장한다. 현대적 의미의 천재 개념 등장은 18세기 낭만주의 시대 독일의 클롭슈토크(Klopstock)라는 시인이 천재로 추앙받기 시작하면서이다. 그는 최초의 직업시인이자 주관성을 노래한 시인이다. 이제 천재는 '독창성의 미학'을 구축하는 사람, '예술에 규칙을 부여하는 사람', '창조자'로서 이해되기 시작했다. 18세기에 예술천재는 더 이상 신의 대리자가 아니라 스스로 예술을 창조해내는 예술의 원천으로 격상된다. 예술은 천재들의 놀이가 된 것이다.

모방미학자인 뒤 보스(Du bos)와 바퇴(Batteux)는 천재를 예술의 아버지로 지칭하면서, 평범한 것이나 아무것을 잘 모방하는 사람이 아니라 '자연을 모방'하는 능력을 가진 사람을 천재로 규정한다. 소위 능란한 모방천재론이다. 이러한 자연을 잘 모방하는 천재들은 단순히 모방에 그치는 것이 아니라, 그들만이 가지고 있는 취향을 통해 독창적으로 모방하는 능력을 가진 사람이다.

칸트(Kant)는 천재를 "예술에 규칙을 부여하는 능력"을 가진 사람으로 규정한다. 그는 "아름다운 예술은 천재의 산물"이라고 믿었다. 이것이 의미하는 바는 첫째, 천재는 경험의 보편성을 반영하는 규칙에 따라서 작품을 만드는 능력의 소유자가 아니라 그만의 고유한 독창성을 발휘해서 작품을 만든다는 것을 의미한다. 탁월한 기술을 연마하였어도 독창성이 없다면 천재라고 볼 수 없는 것이다. 흔히 말하는 '예술의 혼'은 독창성에서 나오는 것이다. 혼은 없지만 기술의 완벽성을 보여주는 작품은 그저 잘 만든 작품인 것이다.

둘째, 천재는 모범이나 전형을 창조하는 인물이다. 천재의 작품은 개념의 추상적 산물이 아니라 개념으로 포착할 수 없는 그만의 이념(Idee)에서 산출되며 그것으로 인해 누구나 모방할 수는 있지만, 천재만이 모방될 수 없는 이념을 표현한다. 이러한 이념에 기초한 천재의 전형은 오직 다른 천재에 의해 이해되고 계승될 수 있다.

셋째, 칸트가 말하는 천재의 또 다른 특징은 자신의 작품을 어떻게 구상하고 만들었는지 스스로 설명할 수 없다는 점이다. 왜냐하면 천재는 작품을 의식적으로 만들어내는 것이 아니라 자연이 천재로 하여금 작품을 만들게 하기 때문이다. 이때 자연이란 천재가 태어날 때부터 가지고 있는 '생득적인 창의력'을 말한다.

넷째, 천재는 배울 수 없는 것을 산출하는 능력을 가진 사람이다. 이런 관점에서 칸트는 예술천재만을 인정하며 뉴턴과 같은 과학천재를 인정하지 않는다. 과학은 처음부터 끝까지 설명과 학습을 거칠 수 있지만, 천재들의 예술은 그럴 수 없기 때문이다. 그래서 칸트는 시 창작을 아무리 배운다고 해서 호머(Homer)나 빌란트(Wieland)가 될 수 없다고 말한다.

쇼펜하우어(Schopenhauer)는 칸트의 천개 개념을 낭만화한다. 천재는 "반성이나 의식적인 계획성"에 기초해 작업하는 사람이 아니라 자신의 영감에 따라, 직관에 의해 작업을 하는 정열과 광기의 소유자라고 말한다. 특히 쇼펜하우어는 음악의 경우에 더 명백하게 알 수 있다고 보았다. 고전음악에서 천재 하면 떠오르는 인물 모차르트를 보자. 그는 4살에 작곡을, 8살에 교향곡을 쓴 인물이다. 영화 〈아마데우스〉에서 보듯이 그는 작곡을

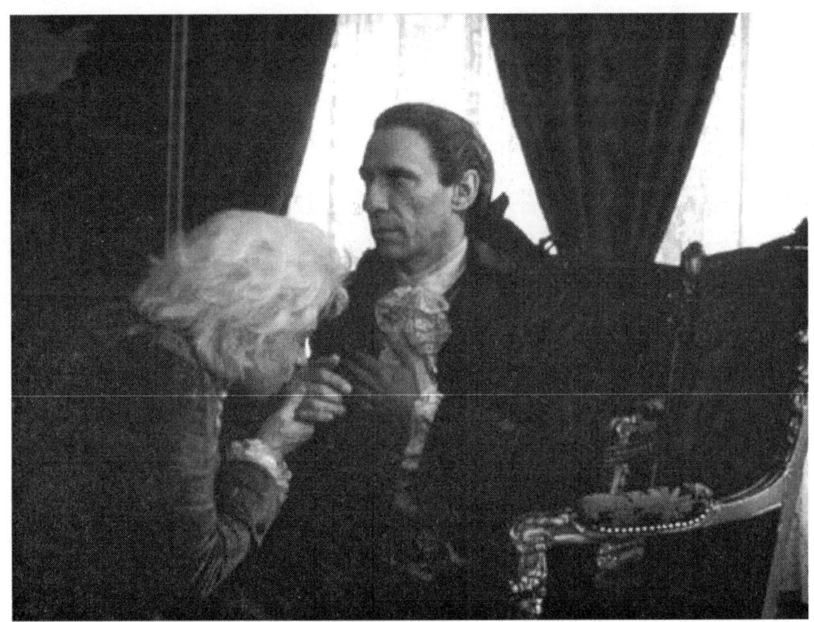

영화 〈아마데우스〉 중 모차르트와 살리에르 다음 무비스트

위해 수십 번의 교정을 하는 살리에르와 달리 영감으로 가득 찬 머릿속에 곡 전체를 담고 다니는 천재이다. 그의 손은 단지 머릿속에 떠오른 악상을 적는 필기구에 불과하다. 이 영화는 천부적 재능을 타고난 자연천재로서 모차르트를 유감없이 보여준다.

이 영화가 보여주는 천재 개념은 낭만주의적 천재 개념이다. 페로 (Perrault)는 자연천재를 미의 원형을 직관하는 능력을 가진 사람으로, 디드로(Diderot)는 자연 자체에 대한 완전한 모방능력을 가진 사람으로 규정한다. 라이프니츠(Leibniz)는 가능적인 세계들 중에서 최상의 것을 실현하는 능력을 가진 사람으로 자연천재를 규정했다. 이런 낭만주의적 천재 개념은 후대의 작곡가인 바그너(Wagner)가 영감＝예술가＝천재를 같은 것으로 생각할 만큼 오랜 전통을 이어왔다.

2. 천재 개념의 비판들

　과학문명이 꽃을 피우고 합리적 삶이 자리를 잡은 20세기 들어와서야 자연천재 개념은 퇴조한다. 니체(Nietzsche)는 천재가 영감이나 무의식의 표출에서 기인하는 것이 아니라 '고안해내고 그것을 수정하고 다시 정리하는 것에 권태를 모르는 노동자'라고 본다. 니체는 자연천재 개념을 버리고 소위 스스로를 교육하는 교육천재 개념을 제시한 것이다. 니체는 그 사례로 베토벤을 들고 있다. 베토벤은 수많은 작곡 노트에서 가장 좋은 부분들을 발췌해 곡을 완성했다는 것이다. 사람들이 동의하지 않을 수 있지만, 니체는 베토벤을 교육천재에 등극시킨다. 천재예술가는 오래 잘 숙성된 와인처럼 '숙련된 장인'의 모습으로 재탄생하게 된 것이다.

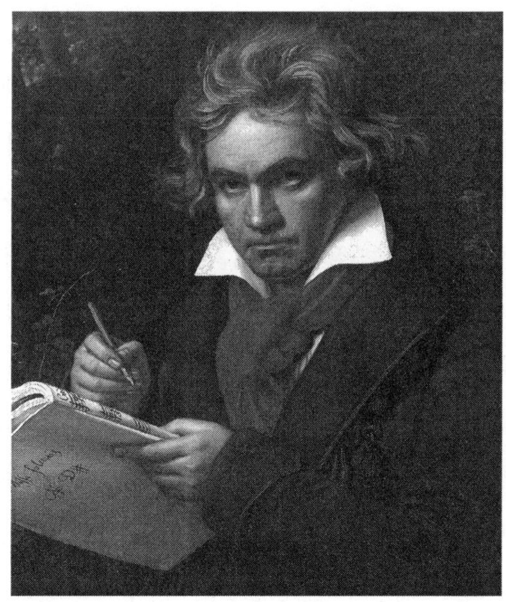

베토벤 자화상　요셉 칼 슈틸러 | 1820년 | 캔버스에 유채 | 50×62cm | 베토벤 하우스

사회미학자인 아도르노(Adorno)도 천재 개념, 천재미학은 허위이며 예술가를 신격화해서는 안 된다고 말한다. 왜냐하면 예술에서 주관성, 창조성이 중요하지만, 특정 예술가의 재능, 예술적 소재나 재료, 구성, 예술가가 사용하는 테크닉, 그러한 예술품을 비평하는 사람들의 의식 등 모든 것이 역사적이고 사회적인 영향을 받기 때문이다. 에코 역시 영감의 영역은 고작 10%에 지나지 않을 것이라고 말한다. '내 작품은 영감의 산물이다'라는 예술가의 말은 사기라는 것이다. 그런데 예술가적 영감은 '아무 생각 없이' 그냥 오는가? 생각을 해야 오는 것이 아닐까? 자신이 생각하는 예술적 주제에 대한 숙고 가운데 '불현듯이 나오는 그 어떤 것'이지 않을까?

그런데 예술천재는 자연천재와 교육천재와 같은 '두 유형밖에 없는 것인가'라고 물어봐야 한다. 그 중간 지점은 없을까? 천부적 조각가로 칭송받던 카미유 클로델(Camille Claudel)이 로댕(Rodin)과 사랑의 열병으로 자신의 천재성을 잃지 않았다면, 그는 자신의 자연적 재능과 예술적 집념의 결정체를 더 많이 만들어내지 않았을까? 바흐나 모차르트, 베토벤, 피카소 등이 예술가 집안에서 태어나지 않았다면, 그들의 예술적 재능은 그냥 사라지고 '청소하는 모차르트', '공무원 베토벤'이 되지 않았을까?

작곡가 브람스(Brahms)는 작곡 기술, 화성법, 대위법, 관현악법 등 작곡을 위한 모든 기술을 연마함과 동시에 어떤 무의식적인 영감이라는 특별한 능력이 예술 창작에서 중요하다고 말한다. 노력해도 안 되는 살리에르를 생각하면, 노력만으로는 안 된다는 생각이 든다. 당대에 별 주목을 못 받던 천재화가 고흐를 생각하면 영감만으로는 천재예술가가 될 수 없지 않을까? 브람스의 말처럼 두 가지가 결합될 때 진정한 예술천재가 탄생하지 않을까? 영(Young), 더프(Duff), 게라트(Gerad)가 그런 생각을 했던 사람들이다.

바흐에 관한 최초의 전기를 썼던 포르켈(Forkel)은 바흐의 음악을 가리

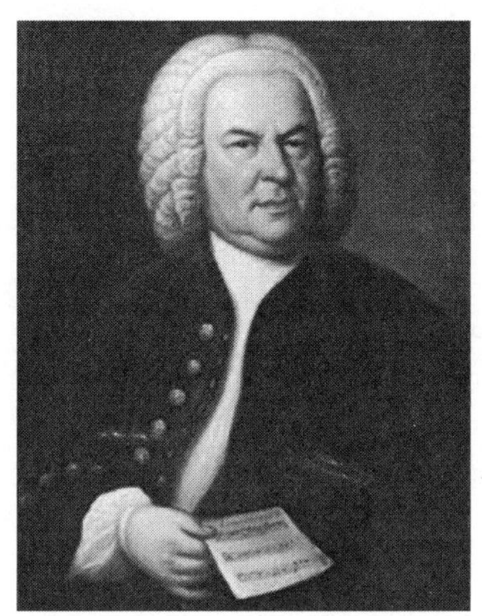

켜 더없이 풍부한 상상력, 끊임없는 창의력, 군더더기 없는 고상한 음악을 창조한 천재라고 말한다. 전형적인 자연천재로서 바흐를 말하는 듯하다. 그러나 포르켈은 곧이어 "더 없이 섬세하고 정확한 기법을 효과적으로 사용하는 최고의 숙달"과 "곡을 마무리할 때의 최고의 노련미"를 지적한다. 포르켈은 천재적인 재능과 함께 최고의 노력의 결합이 천재의 징표라고 말하는 셈이다. 아인슈타인(Einstein) 역시 바흐는 자연천재가 아니며 독창적이지도 않다고 본다. 그는 바흐가 손으로 일하는 장인, 대장장이이며 위대한 도용자, 그리고 뛰어난 모방자로 간주한다. 나에게 최고의 자연천재는 누구인가? 예술사에서 내가 생각하는 위대한 교육천재는 누구인가? 교육천재와 자연천재를 융합한 나만의 예술가는 누구인가? 그들을 그렇게 분류하는 구체적인 근거는 무엇인가? 위와 같은 질문-대답의 놀이를 한번 해보는 것은 어떠한가?

광기와 예술은 친족관계?

09

1. '광기' 해석의 역사

예술가에게 광기(lunacy)는 무엇인가? 광기와 예술적 상상력은 어떤 연관성이 있을까? 예술가들의 일탈적 행위도 광기의 또 다른 표현인가? 광기가 예술적 완성도를 높이는 데 얼마만큼 기여할 수 있는가? 모든 예술가들은 어느 정도의 광기를 가지고 있다고 보아야 할까? 고흐나 장승업과 같은 광기의 소유자인 경우 광기가 그의 예술에 미친 영향을 구체적으로 추적해 낼 수 있을까?

고대 이래 광기는 신들림, 미친 것으로 간주했으며 따라서 반사회적이며 신의 저주 정도로 이해되었다. 플라톤은 광기를 질병과 신들림으로 구분하였다. 질병으로서의 광기는 부정적인 것으로 평가했으나, 신이 인간에게 준 광기는 신성한 것으로 '신성한 광기'로 불렀다. 플라톤은 광기를 아폴론에 의한 예언적인 광기, 디오니소스에 의한 제의적인 광기, 뮤즈에 의한 시적 광기, 에로스에 의한 사랑의 광기로 구분하였다. 그런데 광기 걸린 사람은 자신의 언어를 이해할 수 있는가? 이해할 수 없다. 그래서 플라톤은 광기 걸린 사람을 신의 대리인 혹은 도구로 파악한다.

중세나 르네상스 시대에 광기는 악, 무지, 어리석음을 대표하는 것이었으면서도 선과 악, 불경과 신성의 관점이 혼재했다. 이 시기는 아직 근대에서처럼 처벌과 억압의 대상으로서 인식되지는 않았다. 광기는 합리주의와 이성 중심의 세계관이 자리 잡기 시작한 근대 이후에 본격적인 억압의 대상이 되었다. 근대의 구빈원은 범죄자, 빈민만이 아니라 광인을 감금하는 '대감금'의 장치였다. 푸코(Foucault)의 설명에 따르면 이 시기에 광기는 내면의 질병, 근대적 노동가치의 상실, 이성의 결여, 비정상성으로 치부되어 광인을 범죄자, 걸인 등으로부터 분리하여 감금과 분리의 대상으로 삼았다. 실제로 근대의 대표적인 철학자인 헤겔(Hegel) 역시 광기를 비이성의 상태, 정상성의 결여로 보았다. 그는 광기를 의식이 깨어 있는 상태가 아니라 꿈꾸는 상태와 같다고 생각했다. 푸코는 서구 근대에서 광기가 비이성성, 비정상성 이외에 타자성의 성격을 갖는다고 말한다. 사회에 늘 존재해왔지만, 존재하지 않는 타자로 제도적 배척의 대상이라는 의미이다. 그러면서 푸코는 근대적 관점으로 광기를 부정적인 것으로 보지 말고 '다양성'의 관점에서 볼 것을 제안한다.

2. 니체 예술철학에서 광기와 예술

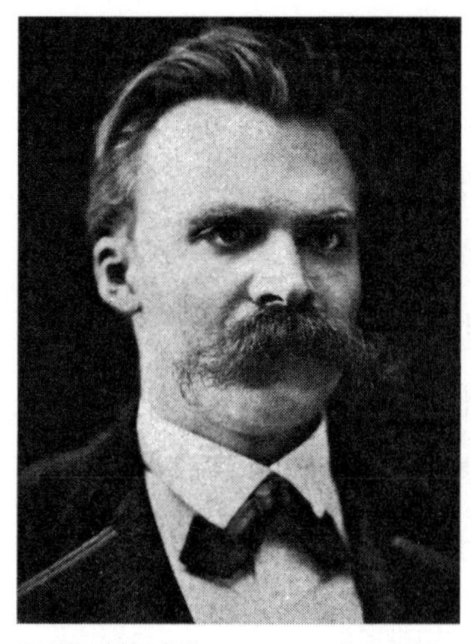

프리드리히 니체　1844~1900 | 위키백과

그런데 광기를 새롭게 해석한 인물은 푸코 이전의 광인 철학자 니체(Friedrich Wilhelm Nietzsche)이다. 니체는 이성과 광기의 관계를 역전시켰다. 그는 광기의 부정성을 들추어내는 이성을 비판함으로써 광기에 긍정적 의미를 부여한다. 또한 그는 광기와 이성의 구분 자체를 부질없는 것으로 간주한다. 니체가 자신을 "디오니소스의 제자"며 "성자가 되느니 차라리 (반인반수의) 사티로스"가 되겠다는 주장에는 이성과 광기의 전통적 관계를 부정하고 광기의 의미를 새롭게 하려는 의도가 들어가 있다.

그의 의도는 예술론에서 잘 드러난다. 니체는 예술을 '아폴론적인 것(힘에의 의지의 형식)과 디오니소스적인 것(힘에의 의지의 내용)의 결합'으로 보았다. 이 양자는 상호 분리되어 있는 것이 아니라 예술적 충동의 이원적 성격이며 아폴론적인 것은 디오니소스적인 것의 파생물이다.

이것은 각각 개체성과 통일성의 충동을 상징한다. 그는 작품과 예술가가 분리된 아폴론적인 것에 바탕을 둔 예술을 조각과 회화로 간주하며 작품과 예술가 합치된 디오니소스적인 것에 기초한 예술 형식을 음악으로 보았다. 디오니소스는 제우스(Zeus)와 인간 세멜레(Semele) 사이에 태어난 신으로 광기의 신이자 예술의 원천이다. 예술의 원천으로서 디오니소스적 광기란 도취, 신성성, 쾌락성, 비극성을 포함하는 개념이다. 도취란 자기망각과 상승하는 생기가 넘치는 엑스터시(ecstasy)의 상태를 말한다. 바로

이 도취 속에서 아폴론적인 것이 디오니소스적인 것에 포섭된다고 니체는 말한다. 디오니소스적 광기는 자기망각을 통해 도취에 들어가며 그것을 통해 자연과의 합일을 이루는 '마법의 세계'를 만들어낸다. 이 마법의 세계가 광기의 신성성을 드러내는 표시이다.

또한 니체는 디오니소스적 광기를 도취에 의한 자기망각 속의 황홀경의 체험, 나체 상태에서 바쿠스(Bacchus)의 지팡이를 들고 광란의 춤을 추는 쾌락으로 보았다. 디오니소스적 광기가 비극성을 갖는 이유는 광기의 본질을 파괴와 창조를 통해 끊임없이 힘을 진작시키는 운동으로 보기 때문이다. 그래서 니체는 디오니소스적 광기를 '고통에서 비롯된 환희'라고 말한다. 이제 니체에 의한 광기의 창조적 재해석을 넘어서 예술가 스스로 광기를 예술의 원리로 수용하기에 이른다.

3. 광기와 예술적 상상력

초현실주의의 서막을 연 앙드레 브르통(André Breton)은 광기를 '정신의 방황'으로 이해하고, 광인을 예술에서 최고의 미덕인 '상상력의 희생자들'이나 극단적으로 정직한 사람들이라고 주장한다. 그에게 광기는 감금이나 처벌의 대상이 아니라 예술적 상상력으로 승화시켜야 할 '그 무엇'이다. 그는 광기를 통해 상상력의 제약이 사라지고 무한한 미적 세계를 창조해낼 수 있다고 믿었다. 위와 같은 생각에서 브르통은 초현실주의(Surrealism)의 과제를 광인들의 내밀한 상상의 세계를 작품으로 끄집어내는 일이라고 말한다. 광기를 예술적 상상력으로 전환시켜야 한다는 브르통의 주장은 곧 초현실주의의 강령이 되었다. 이것이 의미하는 바는 광기의

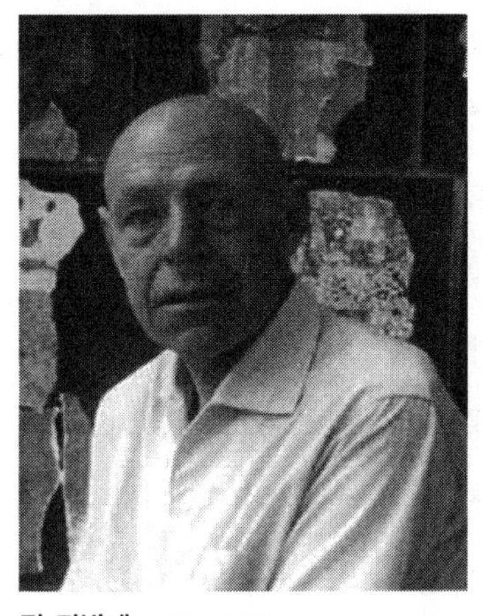

장 뒤뷔페 1901~1985

권리선언이자 현실의 사슬로부터의 절대적 자유를 추구하는 초현실주의의 이념적 젖줄이 광기에 있음을 말하는 것이다.

프랑스의 화가 장 뒤뷔페(Jean Dubuffet)는 '정제되지 않은 순수한 예술'이라는 의미의 아르 브뤼(Art Brut)란 개념을 제시했다. 이 개념은 그가 1945년 정신질환을 앓는 환자들의 창작 작품을 연구하면서 만든 개념이다. 그는 정신장애와 정신분열 환자들의 작품을 보면서 다음과 같이 말한다.

나는 광기가 인간의 재능에 불건전한 영향을 준다고 생각하지 않는다. 오히려 광기는 우리의 재능을 활성화시키는 것이다. 광기를 품지 않은 예술을 예술이라고 할 수 있을까? 여기서 확실히 해두어야 할 것은 '광기'라는 단어의 정확한 의미다. 누가 정신병원의 창살 안과 밖, 어느 쪽이 미쳤다고 확실하게 말할 수 있을까?

아르 브뤼는 로저 카디널(Roger Cardinal)에 의해 '아웃사이더 아트'로 불리게 되었으며 제도 밖에서 창작하는 작가와 작품을 가리키는 말로 사용되었다. 아웃사이더 아트를 수집해 전시하는 전문 미술관이 1976년 스위스 로잔에 문을 열었으며 뉴욕에서는 1993년부터 매년 '아웃사이더 아트 페어(Outsider Art Fair)'가 개최된다. 우리나라의 경우에는 2008년 '한국 아르 브뤼'가 결성되었으며 매년 전시회가 열리고 있다.

4. 고흐, 웨인, 그리고 광기의 화가들

그럼 광인이었던 화가 고흐(Vincent van Gogh)의 사례를 살펴보자. 고흐는 광기를 품고 작품을 만들었으며, 광기로 인해 자살한 인물이다. 그의 광기는 어디서 왔는가? 가족력인가? 철저한 몰이해와 가난, 예술에 대한 집념의 상호 복합적인 결과물인가? 아니면 그의 광기는 당대의 철저한 몰이해와 외면으로 인한 것으로 한 예술가에 가해진 사회적 타살인가? '몰이해와 완전히 독창적인 자신만의 화법을 향한 일방통행적 집념 사이의 실존적 고뇌의 산물이 그의 작품이라고 봐야 하지 않을까?

고흐는 동생 테오에게 보내는 편지에서 철저한 외면에 대한 뼈저림을 고통과 좌절의 언어로 써내려간다.

나의 그림은 무가치하고 그것을 위해 많은 돈을 쓴 것이 사실이며 심지어 종종 피와 두뇌까지 희생했어. 어쩔 수 없었고 그것에 대해 무슨 변명을 할 수 있겠니?

고흐의 좌절감은 자신을 괴팍하고, 보잘것없으며 불쾌감을 주는 사람으로 스스로를 인식하게 하고 마침내 '최하 중의 최하'라고 자인하게 만든다. 그러면서도 그는 자기 예술의 진정성이 증명될 것이라는 자기 확신을 버리지 않는다.

내 그림이 팔리지 않는 것은 나도 어쩔 수 없다. 그러나 언젠가 내 그림이 물감값 이상의 가치가 있다는 것을 사람들이 알게 될 날이 올 것이다.

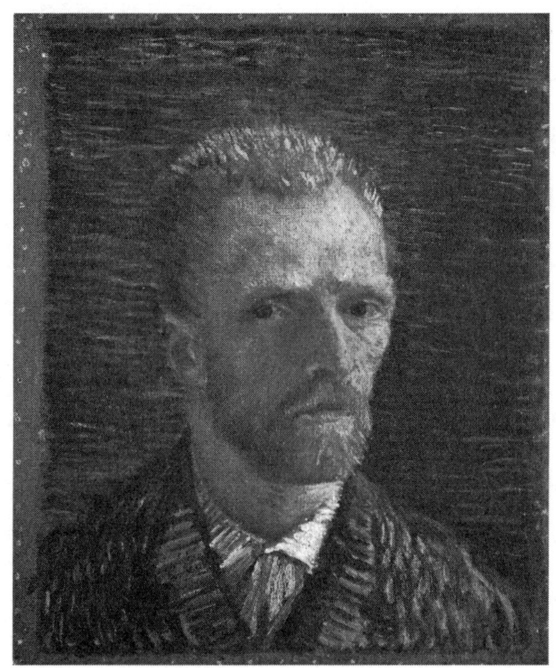

자화상 반 고흐 | 1887년 | 캔버스에 유채 | 34.4×42.2cm | 네덜란드
반 고흐 박물관

고흐는 좌절감과 몰이해의 비극적 인식 속에서도 '자기 가슴 속에 있
는 것을 보여주고 말 것'이라는 광기적 집념을 가진다. 이러한 자기 확신이
그의 예술적 독창성을 밀고 나아가는 원천이 되지 않았을까? 고흐는 계속
해서 '자신의 그림에 자신을 생명을 걸었음을' 진술한다. 니체 식으로 말하
면 고흐는 자신의 예술혼에 스스로 도취된 사람이며 자기 열광 속에서 그
림을 그린 것이다. 그리고 자신의 그림은 진정성이라는 혼으로 채색된 신
성한 것으로 스스로 간주한 것이다. 자기 세계를 가장 사랑했고 자신의 그
림을 가장 사랑한 사람, 고흐의 그러한 자기도취적 열광이야말로 그의 광
기의 산물이 아닐까? 그의 광기는 후에 그의 작품을 외면에서 환대로, 비정
상에서 정상, 미친 것에서 창조성으로 만들었으며 당대에는 그것이 창작의

예술혼으로 꿈틀되게 만든 것이다.

고흐의 그림에서 수없이 꿈틀되는 선들은 그의 광기에서 발산하는 '창조에너지'들이다. 고흐의 경우는 광기가 어떻게 예술정신으로 승화되는지를, 광기가 어떻게 독창성으로 나타나는지를 잘 보여준다. 결국 광기, 단지 그것으로만 예술이 될 수 있는 것이 아니다. 광기가 단지 파괴적 행동으로만 표출된다면, 그것은 이성과 정상성의 이름으로 감금의 대상이 될 것이다.

현재 활동하는 광인작가의 대표격은 구사마 야오이(Yayoi Kusama)이다. 그는 조각가이자 설치작가인데 그의 정신 병력이 말해주듯 모든 작품에 점박이 무늬, 소위 땡땡이 점을 빼놓지 않는다. 그의 유명한 〈호박〉 시리즈에서도 호박 줄무늬가 아니라 점박이로 줄을 대신하고 있다. 1977년 정신병원에 들어간 이후에도 여전히 창작활동을 멈추지 않는 것을 보면, 광기가 창조의 원천임이 틀림없는 것 같다.

영국 출신 작가인 루이스 웨인(Louis Wain, 1860-1939)은 정신분열증 발병 이전과 이후를 가장 잘 보여주는 사례이다. 웨인 작품의 주요소재는 자신이 기르던 고양이 피터였다. 그가 고양이 전문작가가 된 동기는 사소하다. 유방암에 걸린 10살 연상의 부인인 에밀리 리처드슨을 위로하기 위함이었다. 부인을 사랑하는 마음이 고양이 전문화가로의 길을 열게 했고, 화가로서의 명성을 얻는 계기가 되었다. 웨인이 57세가 된 1917년에 가족력이 있던 그에게 정신분열 증상이 나타났다. 발병 전 그의 고양이 그림은 의인화된 고양이 그림이었다. 그러나 발병 후 그의 고양이 그림은 점차 그 형태가 추상적으로 변해가다가 마침내 형태를 알아볼 수 없을 정도가 되었다. 또한 고양이 피터의 모습이 전기적 자극에 의해 경련하는 듯한 모습으로 나타난다. 그의 발병 전 그림과 발병 후의 그림을 비교해보자.

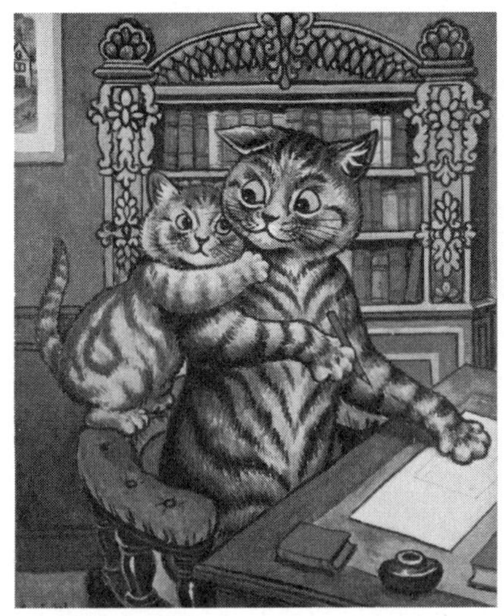 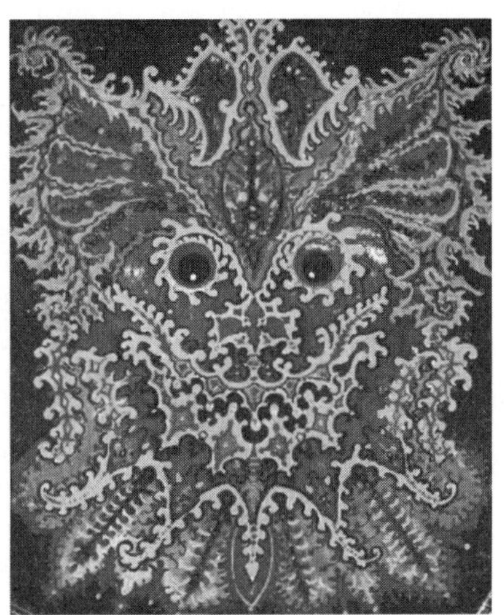

루이스 웨인 발병 전　런던 베들렘 로얄 박물관　　　　**루이스 웨인 발병 후**　런던 베들렘 로얄 박물관

　　실제로 광인은 아니지만, 페니스로 그림을 그리는 사람들을 어떻게 봐야 할까? 파계승 출신의 화가 중광은 동양의 마티스로 알려진 인물이다. 발기된 성기로 붓을 대신해 그림을 그린다. 티모시 제임스 프랜시스(Timothy James Francis)는 성기로 엘리자베스 영국 여왕의 초상화 등 유명인의 초상화를 많이 그린 인물이기도 하다. 창작의 기법을 무한 확장한다는 측면에서 이들의 상상력은 가히 '광인적'이라 할 만하다. 하지만 광인적 방법과 광인적 창조 에너지는 구분을 해야 하지 않을까?

아는 만큼 보인다?

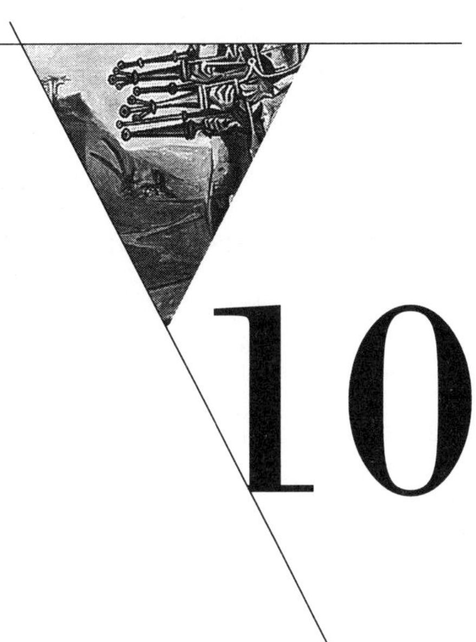

10

1. '아는 만큼 보인다'에 대한 반론

예술작품을 어떻게 보고 느끼고 이해할 것인가? 이 질문에 대한 대답에 앞서 어떤 사람들은 과연 이런 질문이 좋은 질문인지, 의미 있는 질문인지에 대하여 의심한다. 예술을 감상하는데 학습이나 지식이 과연 필요할까? 톨스토이의 표현론의 입장에서 보면, 예술 감상이란 예술가의 경험과 감상자의 경험이 만나는 것을 의미하며 좋은 예술은 그 만남을 가능하게 한다. 그의 관점에서는 예술 감상을 위한 특별한 '그 무엇'을 필요하지 않는다.

'아는 만큼 보인다'라는 예술 감상의 테제는 '허튼 소리'일 뿐이다. 아는 것이 없이도 전달되고 감응할 수 있는 것이 좋은 예술이기 때문이다. 다 빈치에 대하여 자세히 알지 못해도 〈모나리자〉를 보고 누구나 미적 감흥을 얻을 수 있다. 그것이 좋은 예술이라는 것이다.

정말 예술가에 대하여 많이 알고, 예술가가 사용한 기법과 기술, 예술가의 모든 것에 대해 알면 알수록 우리는 특정한 예술가의 작품을 더 잘 알 수 있고 더 많은 예술적 감흥을 얻을 수 있을까? 아는 것에 그치지 않고 작품을 감상하기 위해서 작품을 '분석'하려 한다면 좋은 감상을 할 수 있을까? 아는 것이 작품을 작품 자체로 보지 않고 편견을 가지고 보게 되지 않을까?

가령 한 화가의 작품 주제, 패턴, 화법 등에 대해서 알면 그 작가의 작품 형식을 이해하는 데 도움이 될 수 있다. 하지만 단지 '형식'만 알고 작가의 작품에 대한 맥락적 비평을 해내지 못한다면 '아는 만큼 보이는 것이 아니라' 특정한 지식이 작품 전체를 이해하는 데 방해가 되지 않을까? 아는 만큼 '독'이 되는 경우는 얼마든지 있다. 예술 감상에서 가장 중요한 것은 '마음과 감성을 열어 놓고 마주 보는 것'이어야 하지 않을까? 필자는 작품의 아우라(aura)와 호흡, 소리를 들어보려는 것이 작품 감상의 첫 발걸음이라 생각한다. 분석하지 말고 몸과 마음을 맡겨라!

2. 전통적인 예술 감상 방법들

그러나 수많은 사람들이 예술작품을 감상하기 위해 다양한 방법들을 동원한다. 그런데 각각의 감상방법은 저마다의 장단점이 있기 마련이다. 가장 오래된 예술작품 감상기법은 규칙을 찾아내서 감상하는 방식이다.

이것을 흔히 '규칙에 의한 감상'이라고 한다. 이 감상의 방식은 작품의 양식, 화법, 색채, 구조의 통일성을 찾거나, 형상화된 인물의 전형이 잘 재현되는지 정도를 모델로 삼는 고전주의 작품들의 규칙들을 찾아내서 작품을 이해하고 평가하려는 감상방식이다.

규칙에 의한 감상은 비평의 영역에서도 가장 오래된 것이며 근대의 신고전주의적 비평방식에 그 뿌리를 두고 있다. 작품에서 규칙을 찾아내는 것이 감상의 모든 것이라면, 감상을 위한 자유로운 상상력과 미적 감응력이 상실되고 말 것이다. 또한 새로움을 창조하는 예술작품을 '규칙'에 의해 판단하려는 오류를 범하게 될 것이다. 어려운 책을 정독하는 만큼 지루한 감상을 누가 하고 싶어 할까?

인상주의 감상은 '규칙에 의한 감상'에 반하는 감상방식이다. 이 인상주의 감상은 감상자의 작품에 대한 '인상'과 '감흥'과 상상력과 같은 감상자의 예술적 감수성을 바탕으로 한다. 어떤 감상자는 뛰어난 예술적 감수성으로 작품을 창작하게 된 예술가의 예술적 경험을 공유할 수 있다. 또 어떤 감상자는 예술가가 미처 창작과정에서 파악하지 못한 예술적 상상력을 '확장'해 작품에 날개를 달아주는 감상력을 보여줄 수도 있다. 그러나 인상주의적 감상은 '예술문법'을 완전히 벗어나 예술작품과 무관한 가벼운 인상비평으로 그칠 위험도 있다. 인상주의 감상방식은 과도한 작품에의 감정이입으로 인한 '과잉 해석'이나 편향적인 이해, 감상자의 '주관'에 의해 예술작품의 고유한 가치가 폄하되는 위험에 노출되어 있다.

작품을 감상하는 데 작품의 맥락을 중요시하는 감상을 맥락주의라고 한다. 맥락주의란 작품이 어떤 시대적 상황 속에서 만들어졌는지, 작품 외적·내적 상황과 영향관계 등을 총체적으로 파악하면서 작품을 감상해야 한다는 입장이다. 여기에는 시대 연구, 소재 연구, 양식 연구, 동일 작가의 작품과의 관계 연구 등이 포함된다. 가령 피카소의 〈게르니카〉나 〈한국에서의 학살〉을 보면서 사건의 발생배경, 작가의 사건에 대한 이해, 작가가 역사의식과 정치의식 등이 작품에 어떻게 나타나는지를 파악함으로써 작품을 이해하는 데 도움이 될 수 있다. 이러한 방법을 지향하는 것이 맥락주의 비평이다. 맥락주의 비평은 '작품은 사회의 산물'이라는 보다 큰 전제에서 출발한다.

　예술을 감상하는 데 사람들은 흔히 작품의 주제와 메시지 및 작가의 의도를 찾아보려고 한다. 이러한 예술 감상방식을 의도주의 예술 감상법이라고 한다. '도대체 저게 뭐지?', '뭘 그린 거야, 왜 저렇게 그렸을까?' 이러한 의문은 작품을 창작한 예술가의 의도를 묻는 것이다. 의도주의 예술 감상을 하는 데 던져야 할 질문을 괴테(Goethe)는 크게 세 가지로 요약했다. 첫째, 예술가의 의도가 무엇인가?, 둘째, 예술가의 의도가 작품에 충분히 구현되었는가?, 셋째, 예술가의 의도는 그렇게 해야 할 만한 가치가 있는 작업인가? 의도주의 작품 감상과 관련된 한 사례를 보자. 피카소가 〈한국에서의 학살〉이라는 작품을 그렸을 때 한국의 많은 초현실주의 작가들

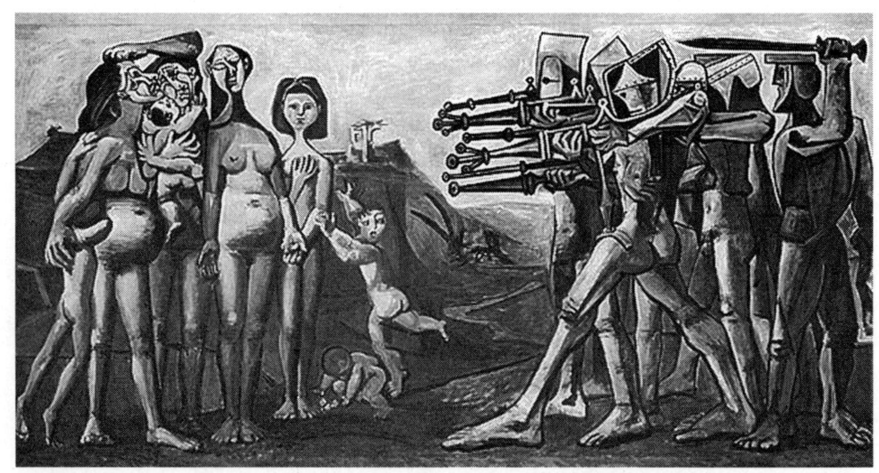

한국에서의 학살　파블로 피카소 | 1951년 | 패널에 유채 | 210×110cm | 파리 피카소 미술관

은 경악을 금치 못했다.

그들은 도대체 왜 한국전쟁을 어떤 목적으로 그렇게 그렸을까 하고 피카소를 비판했다. 한국전쟁의 비참함과 전쟁의 비극을 그 작품에서 찾아보기 쉽지 않다는 이유에서 비롯된 반응이었다. 〈한국에서의 학살〉을 감상하는 한국의 초현실주의자들은 피카소의 그림에 괴테가 말하는 세 가지 모두가 불충분하다고 비판한 것 아닌가? 우리가 흔히 작품을 감상할 때 작품의 '의도'를 묻는 것을 작가중심주의 예술 감상이라 한다.

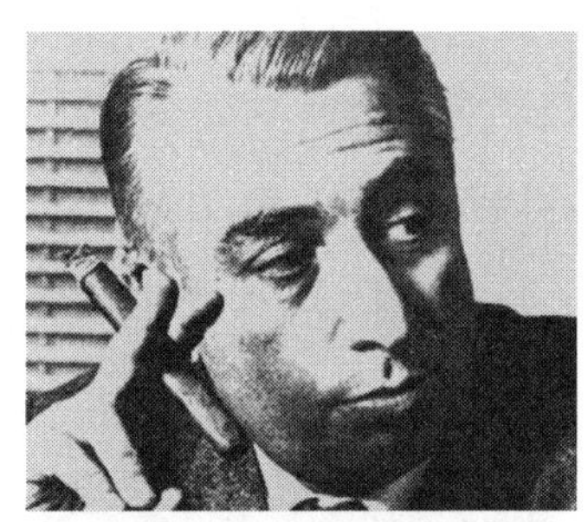

롤랑바르트 1915~1980 | 위키백과

롤랑 바르트(Roland Barthes)의 지적처럼 사실 작가 역시 작품이 완성된 이후에는 또 다른 감상자가 아닐까? 의도주의적 예술 감상은 감상자의 상상력과 창의적 해석을 제한한다. 한 작품은 하나의 암호(의도)를 품고 있지만, 그것은 감상자에 의해 수천의 문장으로 해석되어야 하지 않을까?

작품을 감상하는 데 있어 오직 작품에만 집중해 작품을 작품 자체로 이해하려는 감상방법을 흔히 내재적 비평이라 한다. 내재적 감상법은 맥락주의적 감상과 대치되는 예술 감상방식이다. 가령 작품의 순수 형식을 중심으로 감상하려는 형식주의는 내재적 감상의 대표적인 방식이라 할 수 있다. 형식주의는 작품을 이해하는 데 예술가의 심리, 사회정치적 배경, 철학적 근거 등을 배제하고 오직 선이나 색채, 구조, 패턴 등 다양한 조형 요소들의 조직과 관계만을 작품 감상의 제1원칙으로 삼는다. 그런데 우리가 작품의 내적 분석에만 치중하면 작품을 제대로 즐길 수 있을까? 형식에만 치우쳐 작품 전체를 볼 수 없게 하지는 않을까?

이제 막 예술 감상을 시작하는 사람들에게 형식주의 방식의 예술 감상은 예술적 감수성과 감상력을 약화시킬 뿐이다. 형식에 대한 학습을 하느라 진이 다 빠지거나 '연구'하듯이 작품을 해부하려고 하지 않을까?

그런데 형식주의 감상이 필요한 아이들도 있다. 전시회 숙제를 받은 아이들을 상상해보라. 그 아이들은 예술의 형식에 몰두하지도 못하고 감상도 제대로 하지 못한 채 도슨트의 정보를 받아 적거나, 작품 제작연도나 적어가지 않는가? 이런 아이들에게는 형식주의 감상의 정신이 얼마간 필요하지 않을까?

심리주의 예술 감상은 예술가가 어떤 경험과 심리가 창작의 모티브가 되었으며 창작물에 어떻게 반영되었는지 등과 같은 작품 자체에 대한 심리학적 분석을 시도하려는 감상태도이다. 이것이 비평의 영역으로 확장되면 창작 심리, 작품의 심리학적 분석만이 아니라 감상자의 심리작용에 미치는 영향까지도 분석의 대상이 된다.

심리주의 비평의 단서를 제공한 인물은 프로이트(Freud)이다. 프로이트는 『꿈의 해석』에서 예술론뿐만 아니라 심리주의적 예술 감상의 방식을 보여준다. 심리주의 예술 감상은 신경증, 편집증, 트라우마, 유년기의 체험과 같은 작가의 심리적 경험에 지나치게 매몰됨으로써 환원적이고 편향적인 예술 감상에 빠질 위험이 있다. '모든 예술작품이 무의식의 표현'이 될 수도 없고 '모든 예술작품이 억압된

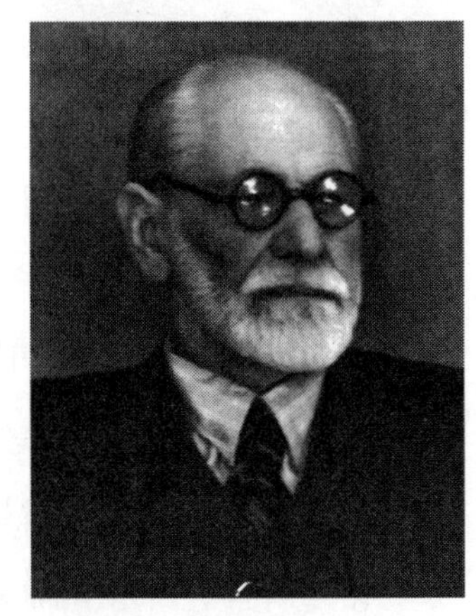

프로이트   1856~1939

감정의 승화'이거나 '모든 예술작품이 소원과 기대'의 표현으로 볼 수도 없다. 예술 창작의 동기와 예술적 형상화는 복합적인 요인들이 작용하는 것이지 하나의 심리적인 문제로 환원될 수는 없지 않은가?

3. '나'에 의한, '나'를 위한 예술 감상

예술 감상은 전문적인 예술작품 비평처럼 비평가로서 작품의 설명, 해석, 평가, 이론화 단계를 거칠 필요가 없다. 감상이나 비평은 분석하듯이 할 필요도 없다. 분석을 완전히 배제할 수도 없지만, 분석만 하고 작품을 느끼지 못한다면 그것은 좋은 감상도 좋은 비평도 아니다. 예술 감상에서 제일 중요한 것은 느낌이며, 그 다음이 그 느낌에 대한 생각이다. 예술작품에 대하여 쉽게 혹평을 하는 것은 어려운 일이 아니다. 그거나 작품 자체를 마음을 열고 느끼는 것은 '자신의 생각과 감정의 절제를 풀어 놓는' 일이다. 내 생각대로 작품을 이해하는 것보다 나의 느낌에 몸을 맡기는 예술 감상이 진정으로 유익한 감상법이 아닐까? '아는 만큼 보인다'가 아니라 보는 만큼 알게 되는 것이 예술 감상의 가장 좋은 길이다. 조금 더 긴 시간이 필요하고 대가가 아니더라도 예술을 알게 되는 기쁨은 '보는 시간의 축적'만큼 깊고 그윽한 맛이 난다.

이제 나만의 고유한 예술 감상을 위해 필자가 하는 방식을 간단히 소개하고자 한다. 갤러리에 그림을 보러 가는 경우이다. 데이비드 핀(David Finn)은 『미술관 관람의 길잡이』에서 갤러리에 갈 때 가장 중요한 규칙으로 "자신의 타고난 취향에 따라야 한다"를 꼽았다. 말할 것도 없이 이것이 정답이다. 블록버스터급의 전시가 열렸다고 가정하자. 한 작가의 작품이 제1 전시관에서 제4 전시관까지 있다고 치자. 이런 경우 굳이 제1 전시관부터 차례로 감상할 이유가 없다. 가장 보고 싶은 작품이 있는 전시관을 먼저 볼 수도 있고, 차례대로 볼 수도 있다.

인파가 많다면 사람들이 적은 전시관부터 호젓하게 감상을 즐길 수도 있다. 전시가 주제별로 꾸며져 있다면, 좋아하는 주제관을 먼저 감상하는 것이 좋을 것이다. 작품을 보는 시간이 길면 길수록 작품을 잘 음미할 수 있을까? 그렇지 않다. 서울에서 열리는 대형 전시는 대부분 인파에 떠밀려 감상하기 십상이다. 그럼에도 마음을 휘감고 뇌를 자극하며 가슴에 말을 거는 작품은 있기 마련이다. 빠르게 감상하기, 느리게 감상하기에 연연할 필요가 없다. 데이비드 핀은 "처음에 본 작품이 나중에 본 작품보다 훨씬 큰 영향을 준다"라고 하는데 반드시 그렇지도 않다. 만약 여러분이 서울시립미술관에서 개최되는 대형 전시를 감상한다면 대개의 경우, 제3 전시관에서 대형 작품들과 대표작들이 걸려 있는 경우를 많이 경험할 것이다. 중심 전시관이 아닌 경우에도 감상자의 취향과 미적 감성에 맞는 작품이 있기 마련이다.

혼자 볼 것인가, 여럿이 같이 볼 것인가에 대한 고민을 할 필요가 있는지 모르겠다. 장단점이 있지만, 중요한 것은 역시 본인의 사정과 본인이 원하는 방식이다. 이것보다 더 중요한 것이 도슨트(Docent)의 설명을 들으며 감상할 것인가, 아니면 자신의 감상방식을 신뢰할 것인가이다. 사실 도슨트들은 전문해설가들이 아니다. 작품에 대한 일반적인 설명에 그치는 경우가 대부분이며 그런 정보들은 클릭 한두 번으로도 쉽게 알 수 있는 정보들이다. 전시회를 가다보면 도슨트를 따라다니는 거대한 무리로 인해 개인 감상자들이 감상의 즐거움이 방해받는 경우도 흔한 일이다.

그 다음으로 전시관 입구에 마련되어 있는 오디오 가이드를 사용할 것인가, 말 것인가의 문제이다. 사용해본 사람들이 늘 지적하는 것은 도슨트의 설명과 크게 다르지 않다는 점이다. 도슨트의 설명과 마찬가지로 역사적 설명과, 배경 설명, 의도, 그리고 간간히 형식 설명, 내용 설명이 첨가된다. 그런데 필자의 개인적 경험에 비추어보면, 도슨트나 오디오 가이드가 감상에 큰 도움을 주지는 못한다. 작품에 대한 정보를 가질 수는 있지만,

 철학이 말하는 예술의 모든 것

그로 인해 폭풍우와 같은 미적 감성을 불러오지는 못한다. 작품을 다 둘러본 후 자신의 마음과 생각을 울리게 만드는 작품에 대하여 사후조사를 하는 것이 더 생산적인 나만의 예술 감상이 되지 않을까 한다. 이것을 데이비드 핀은 "작품에 대한 설명문이 아니라 자신의 눈을 따르라"는 말로 표현했다.

이제 전시관에 막 들어왔다고 가정하자. 그리고 눈에 확 들어오는 그림 앞에 서 있다고 가정하자. 어떻게 감상할 것인가? 다음과 같은 방법은 어떨까?

① 색채를 본다. 색채가 단색, 혼합색인지, 색채들이 어떻게 결합되어 있는지, 색채의 배열과 위치가 어떠한지, 중심색이 있는지, 색채의 톤은 어떻게 처리되어 있는지, 색채와 선의 관계는 어떤지, 색채와 형태들이 융화되는지 아닌지 음미한다.

② 형태들이 생략되었는지, 왜곡되었는지, 과장되었는지, 약화되었는지, 형태들이 패턴이 있는지, 형태들의 배열은 적절한지 살펴본다.

③ 대상들의 느낌이 잘 표현되어 있는지 질감을 살펴본다.

④ 표현된 대상들의 무게감이나 입체감이 잘 드러나는지 양감을 살펴본다.

⑤ 선의 처리는 어떠한지, 가르다란 선이지, 굵은 선인지, 선의 특징들은 어떠한지 살펴본다.

⑥ 붓의 터치는 어떻게 했는지, 강한지 어떤지, 붓질의 방향은 어떻게 했는지 살펴본다.

⑦ 구도를 본다. 수평 구도, 수직 구도, 대각선 구도, 사선 구도, 역삼각형 구도, X자형 구도 등을 살펴본다.

⑧ 비례나 원근이 어떻게 표현되어 있는지 음미한다.

⑨ 감상의 위치를 앞뒤로 옆으로 바꿔가며 전체 이미지를 음미한다.

⑩ 주제가 무엇인지 파악한다. 유사한 주제를 같은 작가가 어떻게 다루었는지 살펴본다. 다른 작가는 같은 주제를 어떻게 다루었는지 머릿속에서 생각해본다.

⑪ 주제에 맞게 내용이 어떻게 드러나는지 파악한다.

⑫ 주제나 내용들에 대한 지식을 머릿속에서 끄집어내어 보고 작가의 작품과 비교해본다.

⑬ 가능하다면 작품에 대한 비평가들의 비평 핵심내용을 머릿속에 그리면서 다시 작품을 감상해본다.

⑭ 같은 주제, 소재로 내가 만약 그린다면 선, 면, 색채, 형태, 구도, 질감, 양감, 톤 등을 어떻게 표현하는가?

그림을 감상하는 데 이러한 순서로 감상하는 사람은 아마도 없을 것이다. 그림을 보는 찰나적 순간에 이 모든 것이 한꺼번에 포착될 수도 있다. 이러한 감상의 방법을 지킨다고 심미안이 더 발전된다고 보장할 수도 없다. 사실 이와 같은 감상의 기술이 추상화나 개념미술을 감상하는 데는 무용지물일 수 있다.

또한 '저자의 죽음'을 선언한 바르트나 의미를 구성하거나 재구성하려는 태도에 회의를 품는 데리다(Jacques Derrida)의 입장을 고려한다면, 작품의 감상기술이나 작품에서 어떤 의미를 읽어내려는 태도 자체가 '무의미'한 것이다. 이러한 주장은 역설적으로 '텍스트의 권위'에 대한 부정이자 '무한한 유희적 감상의 권리'에 대한 선언이다. '자유롭게 느끼는 대로 감상하세요'라는 얘기다. 결국 가장 중요한 것은 스스로 '나만의 감상비법'을 만들어가는 것이다. 그것을 위해 중요한 것은 많이 봐야 한다. 미식가가 되려면 다양한 음식을 많이 먹어봐야 하는 것과 같은 원리이다. 데리다의 입장에서 말하면 심지어 우리는 '나만의 감상비법'을 만들려는 강박으로부터도 자유로워야 한다.

예술과 돈은 친구인가, 적인가?

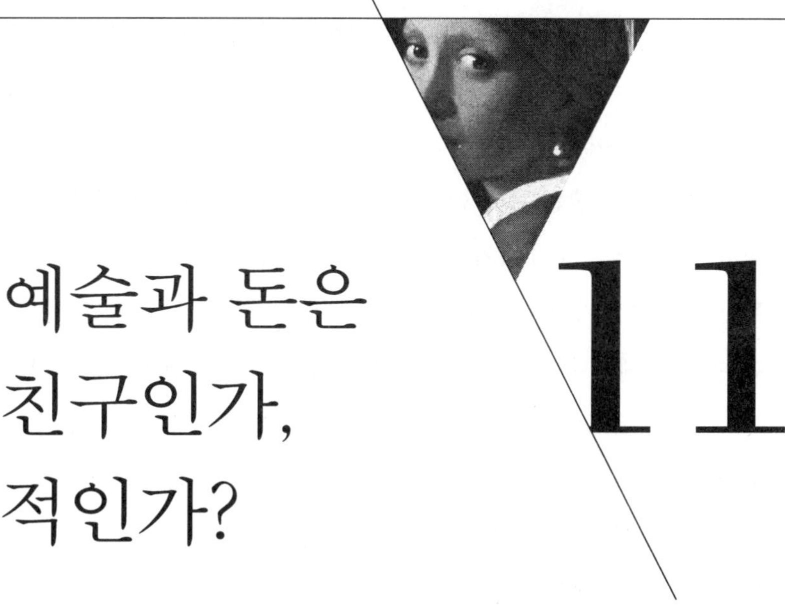

1. 심미적 가치와 경제적 가치의 충돌

　예술의 심미적 가치와 경제적 가치는 상호 충돌한다. 우리가 말하는 예술혼, 예술의 이념, 예술 정신은 돈으로 환산될 수 없는 그 무엇이다. 예술은 총체적 진리를 보여주어야 한다든가, 사회의 암호문으로서 사회의 부정의를 예술적 문법으로 드러내야 한다든가, 인간이 지향하는 유토피아적 세계상의 단면을 감지할 수 있게 해야 한다든가, 아름다움 그 자체의 순수미를 드러냄으로써 인간성을 고양시켜야 된다든가……. 예술이 이런 이념을 추구하는 데 경제적 가치, 돈의 논리가 개입될 여지는 없다. 위의 관점들은 예술을 경제적 관점으로 보려는 태도야말로 심미안이 없는 천민적 관점임을 보여준다. 자유예술가의 시대가 도래한 이후에도 예술 창작자 스스로 예술을 돈과 연결시키는 것에 얼마간의 죄의식을 가졌던 것이 예술사적 사실이다.

그런데 정말 예술은 돈과 아무런 관련이 없을까? 그렇지 않다. 예술은 심미적 가치와 경제적 가치를 동시에 갖는다. 단지 심미적 가치를 우위에 두느냐, 경제적 가치를 우위에 두느냐의 차이만이 있을 뿐이다. 페트론(patron)에 의한 예술 후원의 시기이든 자유예술가 시대에 예술가가 직간접적으로 작품의 유통에 관여하던 시대이든, 예술가에게 작품은 자신의 정신과 감정, 예술세계를 표현하는 순수한 예술혼의 결정체이면서도 동시에 예술작품을 통해 예술가의 경제적 삶을 가능하게 만드는 역할을 한다. 예술 후원자의 시각에서 보는 예술작품, 창작자의 관점에서 보는 예술작품은 순수 예술품과 후원자의 예술에 대한 요구와 후원의 태도에 따라 작품을 대하는 태도가 전혀 다르다.

2. 예술 후원가의 등장

근대에 이르기까지 뛰어난 예술가들과 위대한 예술작품을 탄생시키고 오늘날 우리에게 감상의 행복을 주는 것은 페트론들의 덕택이다. 페트론은 예술가에게 동기를 부여하기도 하고, 작품의 가치를 공유한 후덕한 후언자에서부터 자신의 과도한 주문에 응하지 않거나 작품이 맘에 들지 않는다고 제작된 작품을 구매하지 않는 악덕한 부류까지 실로 다양하다. 이러한 사례는 미켈란젤로, 레오나르도 다 빈치와 같은 대가에게도 흔히 일어나는 일이었다. 다 빈치는 성모수태 교회의 제단 장식그림을 그리기

철학이 말하는 예술의 모든 것

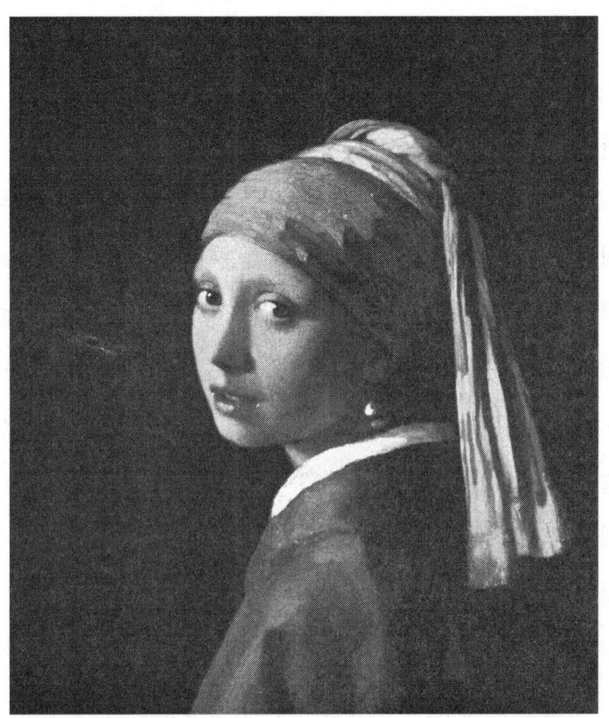

진주 귀걸이를 한 소녀　베르메르 | 1666년 | 캔버스에 유채 | 39×44.5cm |
마우리스하이스 왕립미술관

로 계약하고 돈을 받기까지 23년이란 세월이 걸렸다. 그것도 분할지급 방
식으로 말이다.

영화 〈진주 귀걸이를 한 소녀〉에서 모델인 하녀에게 못된 짓을 하려는
호색한으로 등장하는 인물이 사실은 단순히 호색한이자 장식용 그림을
찾는 구매자는 아니었다. 그는 당시의 무명화가인 베르메르(Jan Vermeer van
Delft)의 생활비와 작품 제작비를 제공한 예술 후원자인 반 라이번이라는 인
물이다. 그의 후원이 소위 '북구의 모나리자'인 〈진주 귀걸이를 한 소녀〉라
는 작품을 탄생하게 만들었다.

다 빈치의 〈모나리자〉 역시 후원자인 피렌체의 거상 프란체스코 델 조

콘도(Francesco del Giocondo)의 주문으로 알려져 있다. 르네상스 문예운동의 실제 후원자인 메디치 가(Medici family)는 미켈란젤로, 보티첼리, 레오나르도 다 빈치 등 당대를 대표하는 예술가들을 후원해왔다. 그런가 하면 렘브란트(Rembrandt Harmenszoon van Rijn)의 단체초상화인 〈야간 순찰〉은 당시 암스테르담 시장의 사위이며 시민방위대 대장이었던 프란스 반닝 코크에 의해 주문제작 되었다. 그런데 주문자가 기대한 근엄하고 의젓한 보통의 단체초상화가 아니라는 불만족과 작품 내에서 주문자를 공격하는 암시를 보여준다는 이유로 다른 후원자들 역시 더 이상 작품 주문을 하지 않아 렘브란트는 경제적 곤란을 경험했다. 이와 같은 근대 초까지의 패트론의 역할이 오늘날은 국가의 예술지원 정책, 기업들의 사회문화지원 공헌활동인 메세나 활동, 그리고 소수의 개인 후원 양상으로 변화했다.

자유 예술가 시대, 근대적 예술시장이 형성된 이후에 예술과 돈은 그 이전보다 더 밀착되었다. 이제 예술가는 오직 작품을 통해서만 생계를 유지해야 하는 시대가 된 것이다. 고흐는 동생 테오에게 자신의 작품이 팔려야 창작활동이 가능하니 작품을 열심히 팔 것을 요청하는 편지를 여러 번 보낸다. 실제로 고흐는 특수 관계인 동생의 경제적 지원이 없었다면 그림 창작은 고사하고 생존 자체가 쉽지 않았을 것이다. 그가 자화상을 많이 그린 이유도 '돈' 문제가 가장 큰 이유였다. 고흐의 사례에서 보듯이 자본화된 사회에서 예술과 돈은 불가분의 관계이다.

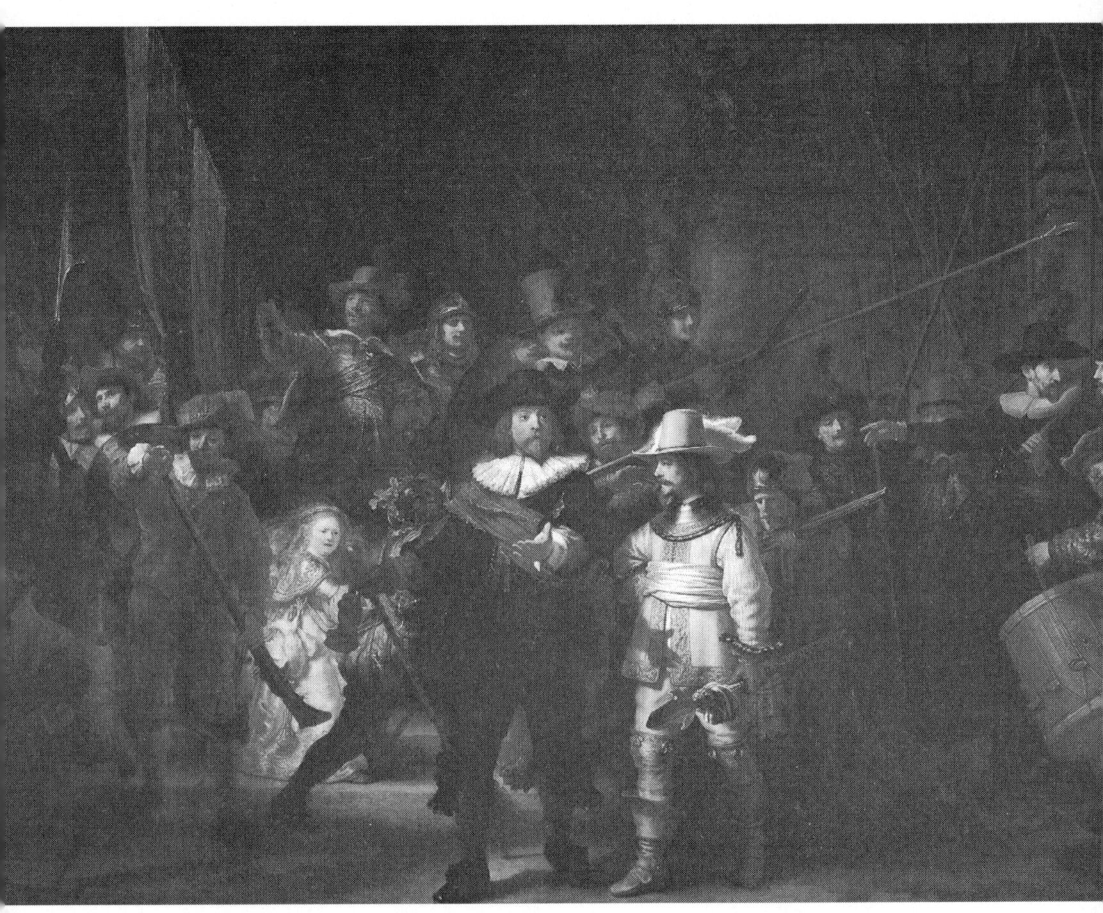

야간 순찰 렘브란트 | 1642년 | 캔버스에 유채 | 437×363cm | 암스테르담 국립박물관

3. 예술과 돈: 루벤스, 워홀, 허스트

자본주의적 관점에서 볼 때 최초의 자본주의적 화가는 루벤스(Peter Paul Rubens)와 렘브란트이다. 17세기 중반 동인도 회사의 수익과 주식으로 돈을 번 네덜란드에서 대중적인 미술시장이 형성된다. 초상화와 단체초상화, 기타 그림으로 집을 장식하는 것이 그 당시 암스테르담 중산층 시민들의 일상이었다. 이 시기에 활동한 루벤스와 렘브란트는 효율과 다작을 통한 작품 판매를 시도했고 엄청난 부를 축적했다.

루벤스는 100명 이상의 도제들과 전문 화가를 거느린 기업형 공방을 운영했다. 본인이 드로잉하고 단순 채색을 도제하게 시키거나, 중요 부분만 자신이 그리고 나머지는 일반 화가에게 그리게 하는 방식, 일반 화가가 그린 후에 루벤스가 부분 수정하는 방식, 동물이나 정물 등 특정한 대상을 잘 그리는 전문 화가가 작품의 일부를 그리고 나머지는 자신이 그리는 방식을 통해 그는 '루벤스' 낙관이 찍힌 수많은 작품을 만들어내었다.

1636년 루벤스는 스페인의 펠리페 4세(Felipe IV)로부터 많은 작품을 주문받았다. 그는 앞과 같은 분업을 통해 15개월 만에 무려 56점의 대형 그림을 제작완료 했다. 루벤스는 분업적 제작방식을 달가워하지 않는 고객들을 위해 자신의 공방 한쪽에 전시관을 만들고 주문자들을 초청해 명화를 감상하도록 하고, 자신이 직접 그림을 그리는 장면을 연출하는 이벤트를 열기도 하였다. 그야말로 어떻게 예술 비즈니스를 해야 하는가를 알았던 인물이다. 그 밖에도 그는 외교업무와 화실 운영을 하면서도 수많은 미술품을 수집하고 판매하는 일을 동시에 하였다. 또한 루벤스는 자신의 작품을 판화로 제작해 판매하는 데도 열을 올린 화가였다.

동시대의 화가인 렘브란트 역시 개인 공방을 운영하면서 대가 작품들의 모작을 제작 판매해 부를 축적했다. 작업방식 역시 루벤스와 같았다. 루벤스와 마찬가지로 제작된 작품에 자신의 낙관을 찍었다. 렘브란트는 자본주의적 삶의 부유함을 누리는 데도 인색하지 않았다. 그는 사치와 과도한 미술품 구입, 미술품 투자 실패로 말년에 경제적 곤란을 겪게 되며 모델 비용이 없어 자화상을 그리는 처지에 이른다.

루벤스나 렘브란트보다 한발 더 나가 예술이 곧 돈, 사업임을 안 인물은 피카소(Pablo Picasso)이다. 피카소는 "예술이 무한한 화폐의 흐름이며 예술이 곧 비즈니스"라고 자신의 글에서 적고 있다. 순수예술과 대중예술을 해체하는 방식을 통해 예술과 사업을 결합시킨 인물은 팝 아트의 거장 워홀(Andy Warhol)이다. 예술과 비즈니스를 결합하고자 시도한 워홀은 자신의 작업실을 '공장'에 비유하며 미술 사업의 모델을 당대의 사업가인 마셜 필드로 삼았다. 마셜 필드는 시카고에 본점을 둔 미국 고급백화점 업계를 대표하던 상징적 인물로, '고객만족 경영'을 최고의 가치로 성공을 거두었다. 워홀의 생각은 마셜 필드의 사업 모델처럼 예술고객에 쉽게 다가가고 대중이 선호하는 작품을 생산해야 한다는 것이었다. 그 점에서 그의 작업실은 예술공장이 되어야 했던 것이다. 워홀이 돈을 버는 예술을 하겠다고 뉴욕으로 처음 갔을 때 그의 주머니에는 단돈 200달러만 있었다. 미술 공장에서 생산된 그의 미술품의 총액은 사후 추정 한화로 약 1조 2,000억 원에 이른다고 한다.

생존 작가 중에서 자신의 작품을 브랜딩하는 데 사업가적 능력을 가장 잘 발휘하는 인물은 데미안 허스트(Damien Hirst)이다. 그는 2005년 조선일보와의 인터뷰에서 '사람들이 당신 작품을 사는 이유는 신의 예술을 좋아해서가 아니라 명품 브랜드이기 때문이다'라는 기자의 물음에 "뭐 나쁠 것은 없다. 코카콜라, 할리 데이비슨 다 브랜드 충성도를 자랑하는 상품 아닌가? 사람들이 좋아서 산다면 작품 파는 입장에서 문제될 건 없다. 내 작품은 오래가고 애프터 서비스도 좋다”고 말했다. 허스트의 사업가적 기질은 그의 작품 판매전략과 타이밍에서 찾을 수 있다. 그는 2008년 9월에 소더비즈(Sotheby's)를 통해 자신의 작품 223점을 모두 팔았고 2억 달러의 돈을 벌어들었다. 그 이후 그의 작품가는 무려 90% 이상 급락했으며 작품의 평균가격도 10억에서 2억 6,000만 원 정도로 떨어졌다. 허스트가 큰 작품가를 받은 것은 경매 타이밍과 시장상황을 잘 파악한 덕분이다.

예술과 돈이 한몸이 되었다는 것은 수많은 미술투자 실용서들이나 아트 딜러들이 우리에게 들려주는 지침들을 통해서도 알 수 있다. 예술정신과 돈이 한몸이 된 시대에 예술, 예술가는 무엇을 할 수 있는가? 돈이 되는 예술을 해야 하는가? 오늘날과 같은 자본주의의 논리가 삶의 모든 영역에 공기가 되어버린 시대에 다시금 예술-예술정신-예술가-일상인-경제생활-예술후원과 구매-예술 감상 사이의 건강한 긴장관계를 회복할 수 있는 방법은 없는가?

4. 뱅크시, 그리고 ‘돈’에 저항하는 예술들

자본의 힘, 돈의 논리에 종속된 예술의 위기 시대에 저항하는 예술가 집단이 있다. 2012년 10월 17일 광주 비엔날레 전시관 입구 앞 “우리는 예술이 돈에 팔리는 것을 거부한다”는 광주 지역의 젊은 작가 모임 RGA(Real young Gwangju Artist) 회원들의 퍼포먼스가 있었다. 이들은 “여기도 똑같아”라는 피켓을 든 작가들의 사진을 텐트 위에 전시하며 관광미술 산업의 전시장이 되어버린 광주 비엔날레와 그 자체로 돈의 시녀가 되어버린 예술 산

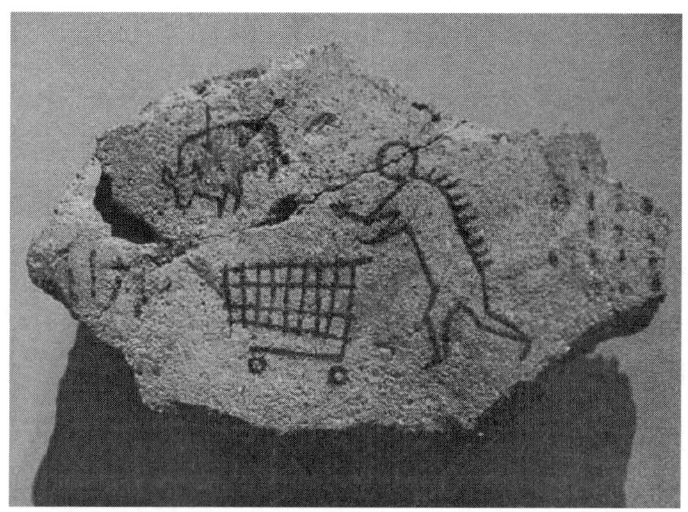

원시인 마켓에 가다　뱅크시 | 영국 대영 박물관

업을 비판했다. 자본과 돈에 저항하는 미술을 선언한 한국의 젊은 예술가
들을 보면서 뱅크시(Banky)를 떠올려본다. 그는 영국의 낙서화가이며 현존
하는 예술계의 테러리스트이다.

그가 가하는 테러는 상업으로 전락한 미술, 예술적 권위, 자본주의의
모순에 대한 테러이다. 물론 거리나 벽에 스프레이 등을 활용한 낙서화를
통해서 말이다. 그는 '팔려나가기 위해 그리는 그림, 팔려나가는 그림'을
거부한다.

이들에 앞서 개념미술 운동 역시 시장에 저항하는 태도를 보여줬다.
1960년대 말에서 1970년대 말까지 약 10년 사이에 풍미하던 개념미술
(Conceptual Art)은 돈에 저항하는 미술적 운동이라 평가할 수 있다. 조지프
코수스(Joseph Kosuth), 더글러스 후블러(Douglas Huebler) 등으로 대변되는 개념
미술은 형식이나 예술적 형상화에 의한 예술적 지각에 초점이 있는 것이
아니라 다양한 재료나 형식으로 표현되는 관념을 중요시한다. 재료나 형

식은 전혀 중요하지 않고 작품이 품고 있는 개념을 문제 삼는다. 개념은 숫자, 문자, 돌, 형광등 등 무엇이든 될 수 있다. 중요한 것은 그것을 통해 물질적인 것이 아닌 '정신적인 것'을 보여주는 것이다. 개념미술에서 미술은 '정신적인 현상'일 뿐이다. 개념미술의 이념적 지향은 반자본주의적이고 돈에 저항한다고 볼 수 있다.

대지미술(Land Art) 역시 돈에 저항하는 예술이라 할 수 있다. 대지미술은 1960년대 후반 발생한 미술운동으로 미술이 미술관으로부터 빠져나와야 하고 돈의 증식수단, 거래의 대상이 되지 말아야 한다고 주장한다. 대지미술은 자연물을 주로 소재로 하며 문명화된 인공적 공간이 아닌 자연적 공간성을 강조한다. 로버트 스미스슨(Robert Smithson), 마이클 하이저(Michael Heizer), 월터 드 마리아(Walter De Maria) 등이 대표 작가이다. 그런데 개념미술이나 대지미술이 돈에 저항하는 미술 이념을 전개했다고 해서 과연 충분히 성공을 거두었을까? 실제로 개념미술이나 돈에 저항하는 예술마저 자본의 손아귀에서 벗어나기는 힘들다. 그들의 작품은 이미 대형 미술관의 중요 소장목록이 되어버렸다.

뱅크시의 작품 〈소풍〉은 영화배우 안젤리나 졸리가 구입한 것으로 알려져 있다. 대지미술의 경우에도 자연을 이용한 설치 프로젝트를 하는 데 있어 자본의 도움이 없이는 불가능하다. 불가리아 출신의 크리스토 앤 잔느 클로드 부부(Christo & Jeanne-Claude)의 대형 천막을 이용한 작품을 보라. 마이애미의 비스케이 만의 열 개의 섬을 천으로 둘러싼 〈둘러싸인 섬〉이나 36.8km의 뉴욕 센트럴파크 보도블록을 따라 7,500개의 철제문과 천을 설치한 〈문〉, 베를린 국회의사당을 천으로 감은 〈천으로 감싸인 의사당〉 같은 작품들은 자본의 도움과 공공기관의 도움 없이는 불가능한 작품들이다.

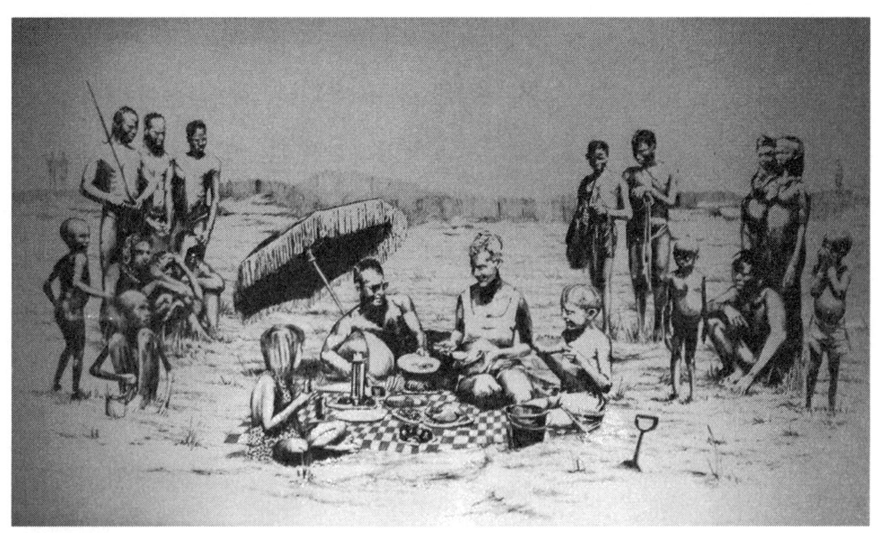

소풍 뱅크시 | 개인 소장

그렇다면 예술과 돈, 미술과 자본의 결합과 그것을 극복하려는 시도의 한계를 어떻게 평가해야 할까? 돈의 노예가 된 예술이 돈과 긴장관계를 회복하는 일이 어떻게 가능할까? 문제의 해결에 앞서 중요한 것은 그러한 사태 자체를 이해하고 반성해야 한다는 것이다. 반성의 주체는 제일 먼저 예술계 종사자들, 그리고 무엇보다도 작가 자신들일 것이다. 앞서 비엔날레(Biennale)의 산업화를 비판하는 젊은 예술가들처럼, 예술 창작자와 종사자들 내부에서의 인식의 전환과 상업화에 대한 일정한 거리 두기가 필요하다. 젊은 작가들이 자신의 예술혼을 불사르고 돈에 얽매이지 않고 작업할 대안적 창작공간의 대폭적인 확대가 필요하다.

또한 기존의 사립미술관의 전속작가보다 더 자율적이고 장기적인 지원책들이 필요할 것이다. 아울러 더글러스 켈너(Douglas Kellner)가 지적하는 것처럼 일반인들을 위해 문화예술 현상에 관한 비판적 시각을 갖도록 하는 교육 프로그램이 교육과정과 평생교육과정에 도입되어야 하지 않을까? 가난과 예술혼의 관계를 심미적으로 강조하는 차원을 넘어 오늘날과 같이 총체적으로 자본화된 사회에서는 '가난'이 아니라 돈과 예술이 어떻게 '같이 그리고 독립적'으로 존재해야 하는가를 고민해야 할 것이다.

철학이 말하는 예술의 모든 것

예술시장, 어떻게 돌아가는가?

1. 예술과 명제 그리고 미술시장

예술과 시장? 궁합이 맞는가? 궁정식의 관리되는 예술 시대에는 주문식 제작방식이었거나, 왕과 귀족이라는 고용주를 둔 월급제 예술가가 되는 것이 예술을 하는 사람들의 생존방식이었다. 그러나 순수예술의 시대가 열리면서 예술가 스스로 생존을 위해 작품을 판매하는 시대가 도래했다. 회화나 조각, 음악, 건축 그 밖의 응용예술 분야에서도 예외는 아니다. 순수예술의 시작과 함께 예술과 경제, 예술품과 돈의 문제는 예술 창작자와 생존의 핵심 키워드가 되었다. 우리가 잘 아는 영화 〈진주 귀걸이를 한 소녀〉에 등장하는 따뜻한 빛의 화가 요하네스 베르메르(Johannes Vermeer)는 화가 길드의 대표를 역임하고 17세기 네덜란드 화단의 대표적 인물이었음에도 불구하고 자신의 경제적 어려움을 해결하기 위해 그림을 그리기보다는 미술품 거래를 통해 생계를 유지했던 인물이다.

17세기 델포트의 베르메르의 상황보다 오늘날의 작가-미술시장-경제는 하나의 완전한 틀 속에서 움직인다. 예술과 경제가 분리되던 시대는 종막을 고했다. 예술과 경제, 미술과 돈은 더 이상 서로 뗄 수 없는 관계가 되었다. 특히 미술시장은 예술이 어떻게 '돈에 의해' 움직이는지를 가장 잘 이해하게 만든다. 순수예술, 예술의 상업화의 담론에서 시작된 예술과 경제의 상관성은 약화되고 예술의 경향과 예술 소비를 좌지우지하는 것이 돈과 시장의 논리이다. 미술의 경우를 보자. 현재 전 세계의 상업 갤러리 수는 1만 7,000개, 옥션하우스의 점포는 약 1,500개, 아트 페어 수는 약 300개 정도로 알려져 있다. 한해의 세계 미술시장 규모는 한화로 45조~60조 원으로 추정된다.

우리나라의 경우 2012년 기준 미술시장은 5,500억 규모, 이 중 경매 규모가 대략 600억 정도이다. 연간 전시는 4,600회 내외, 연간 작품 거래 수는 평균 1만 3,000건 내외, 연간 갤러리 관람자 수는 대략 77만 8,000명 내외이다. 국내의 아트 페어는 2010년 현재 34개이며 매년 1만 명 내외의 작가가 참여해 6,000점 정도, 500억 원의 판매고를 올리고 있다. 우리나라의 경우 미술품의 80% 가까이가 개인들이 소장하기 위해 구입한다. 한국의 미술시장 규모는 세계 20위권이다.

이웃 중국의 경우 회화·판화 등 순수미술시장만 10조 원에 달하며 설치미술 등 응용미술까지 포함하면 전체 시장 규모가 약 60조 원 정도로 추산된다. 중국은 이제 미국을 넘어 세계 최대의 미술시장으로 성장했다. 중국은 국가기관들이 나서서 미술 진흥정책을 펴고 있으며 개인이나 금

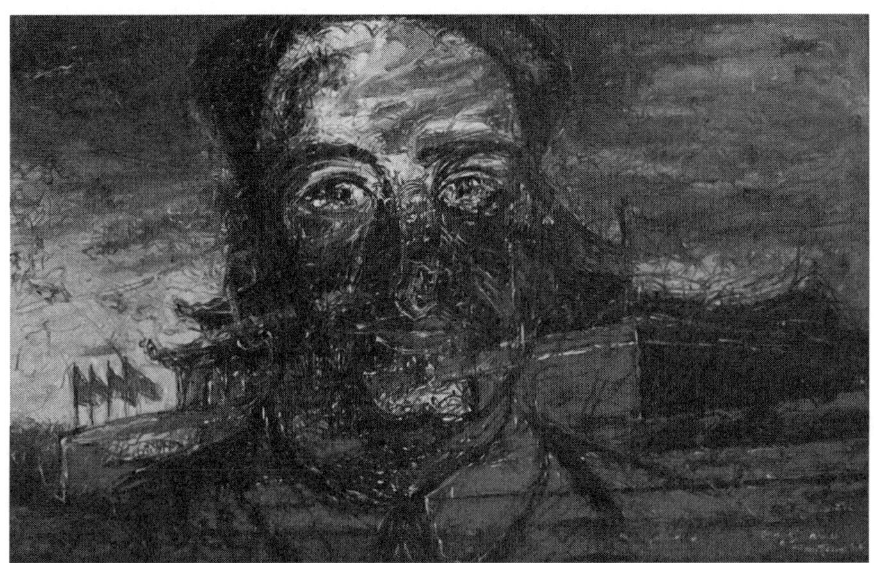

Tiananmen　짱판즈 | 2004년 | 캔버스에 유채 | 330×215cm | 사치 갤러리

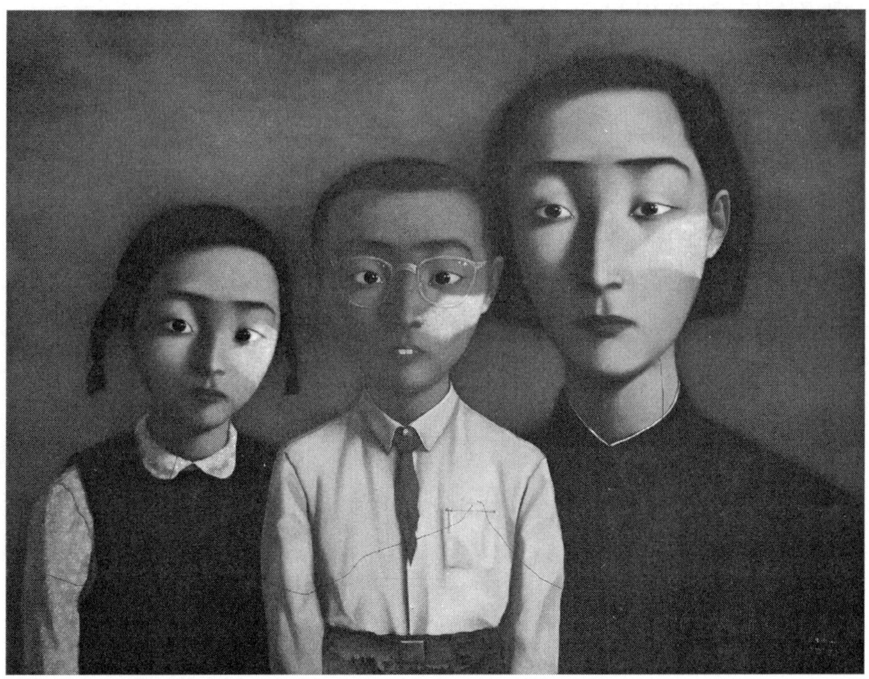

A Big Family　장 샤오강 | 1995년 | 캔버스에 유채 | 229×179cm | 사치 갤러리

융기관들도 미술품 투자에 적극 나서고 있다. 중국의 신흥부자들 역시 마치 주식을 사들이듯이 미술품을 수집하고 있다. 중국이 2011년 세계 경매 시장의 총매출 중 41.4%를 차지했다는 점은 미술의 중심이 미국에서 중국으로 넘어가고 있음을 잘 보여준다. 여기에 그치지 않고 2011년 세계 10대 작가들 중 중국 출신 작가가 5명을 차지한다는 점은 주목할 만하다.

이러한 사실들은 미술이 더 이상 독립적인 예술정신을 가지고 시장과 분리된 채 살아갈 수 없을 뿐만 아니라 시장이 미술 트렌드, 비평, 담화, 담론을 만들어내고, 요구하며 관리한다는 것을 알게 해준다. 미술과 경제의 상관성을 스텔라 브라스는 "미술계가 (모비딕의) 에이해브 선장이 백경에 묶인 것만큼이나 단단하게 경제에 묶여 있기 때문에, 그 동일한 관계를 보는 다른 방법은 경제 사이클을 통해 보는 것"이라고 말한다. 미술시장을 움직이는 주역은 미술 경매, 갤러리, 아트 페어, 아트 뱅크, 아트 펀드, 거대한 컬렉터, 온라인이다.

한국의 미술시장이 본격화된 것은 대체로 1990년대 후반이다. 1995년 광주 비엔날레의 시작, 1986년 시작된 각종 아트 페어의 등장, 2000년 쌈지 스페이스를 시작으로 레지던스 프로그램의 도입, 젊은 작가들의 발굴, 블루칩 작가의 등장 등으로 2005년 이후 2년간 활황기를 맞이했었다. 최근에는 다시 침체된 미술시장을 회복하기 위한 각종 노력들이 일어나고 있다. 이렇듯 미술시장이 본격화되었다는 것은 미술의 미적 가치를 유발하는 소비재로서의 성격과 투자품목으로서의 성격을 인식하게 됐다는 의미이다.

투자의 관점에서 보면 주식투자와 마찬가지로 단기이익을 노리는 단기투자자와 장기투자자가 있기 마련이다. 미술시장의 성립에는 공급자와 수요자, 미술품 가격결정 문제들이 발생한다. 우리의 경우 공급자인 전문

철학이 말하는 예술의 모든 것

작가군은 협회소속작가를 기준으로 2만 6,000명 내외이다. 전부 다 직업작가로 볼 수 없다면, 그 숫자는 줄어든다. 수요자는 개인과 기업, 기관이라 할 수 있는데 개인이 다수를 차지한다. 소장을 위해 구매하는 컬렉터는 1,500명 내외로 추정되나 식견을 가진 전문적인 컬렉터는 많아야 150명 내외로 알려져 있다.

2. 예술작품의 '가격'과 경매

그러면 미술품의 가격은 어떻게 결정되는가? 주문제 생산 시대에는 주문자가 주는 대로 받는 것이 전부였다. 주문자의 맘에 안 들면 작품을 인수하지 않는 경우도 흔히 있는 일이었다. 미술시장이 열렸다고 해서 미술품이 공산품처럼 가치나 원가산정, 수요에 따라 가격이 결정되지 않는다. 왜냐하면 그렇게 계산될 수 없는 미술품 고유의 성격 때문이다. 작가의 인지도에 따라 가격이 결정되기도 하지만, 경우에 따라서는 작가의 의한 임의의 가격 산정, 컬렉터에 의한 가격 결정, 전문가들에 의한 가격 결정, 기호나 취향, 제작연도, 제작방식, 보존상태, 완성도, 작품구매 의도, 특정 작가의 작품 수의 정도, 작품이 시장에 나온 시점 등 실로 다양한 방식으로 가격이 결정된다. 같은 작가의 작품이라 하더라도 작품 가격이 상당한 차이를 보인다. 이렇듯이 미술품은 수요-공급의 경제원칙이나 일반적 가격 결정 요인이 없다. 그 좋은 사례가 데미안 허스트의 작품이다.

데미안 허스트에게 세계적 명성을 가져다준 〈상어〉의 최초 가격은 1억 원이었다. 〈상어〉의 최초 구매자는 유명 컬렉터인 영국인 찰스 사치(Charles Saatchi)였다. 그런데 오늘날 〈상어〉의 가격 추정치는 100억 원을 상

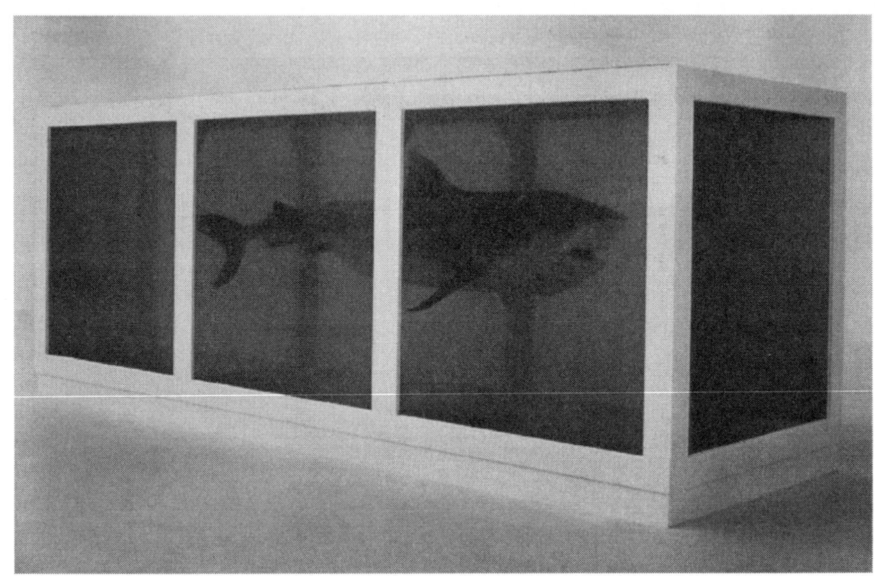

상어 데미안 허스트 | 개인 소장

회한다. 2012년 월가 헤지 펀드 거물인 레온 블랙이 뭉크(Munch)의 〈절규〉
를 한화 약 1,370억 원에 사들임으로써 미술 경매 사상 최고가를 기록했
다. 레온 블랙은 뉴욕 메트로폴리탄 미술박물관과 현대미술박물관 이사
이며 10살부터 미술품 수집을 시작한 것으로 알려진 인물이다. '고가의
작품 가격이 최고의 미술품은 아니다'는 것을 모르는 사람은 없다.

다음은 세계와 한국의 미술품 경매가 순위이다.

철학이 말하는 예술의 모든 것

세계 미술품 경매가 톱10

순위	작 가	작품명	경매가
1	뭉크	절규	1,354억 원
2	파블로 피카소	누드, 녹색잎과 상반신	1,189억 원
3	알베르토 자코메티	걷는 사람 1	1,163억 원
4	파블로 피카소	파이프를 든 소년	1,162억 원
5	파블로 피카소	도라 마르의 초상	1,061억 원
6	구스타프 클림트	아델 블로흐 바우어의 초상 Ⅱ	981억 원
7	프란시스 베이컨	삼면화(Triptych)	963억 원
8	빈센트 반 고흐	가셰 박사의 초상	920억 원
9	클로드 모네	수련(La Bassin aux Nympheas)	898억 원
10	르누아르	물랭 드 라 갈레트의 무도회	871억 원

자료: 서울옥션 제공

국내 미술품 경매가 톱10(홍콩경매 제외)

순위	작 가	작품명	경매가
1	박수근	빨래터	45억 2,000만 원
2	이중섭	황소	35억 6,000만 원
3	김환기	꽃과 항아리(정물)	30억 5,000만 원
4	빈센트 반 고흐	누워있는 소	29억 5,000만 원
5	앤디 워홀	자화상	27억 원
6	게르하르트 리히터	회색 구름	25억 2,000만 원
7	박수근	시장의 사람들	25억 원
8	앤디 워홀	플라워	24억 원
9	김환기	영원한 것들	21억 원
10	박수근	농악	20억 원
		공기놀이 하는 아이들	20억 원

자료: 서울옥션 제공

최근 미술품 시장에서 가장 많이 거래되는 작가들은 장 미셸 바스키아, 쩡판즈, 크리스토퍼 울, 데미안 허스트, 장샤오강, 저우춘야, 리처드 프린스, 첸이페이, 제프쿤스, 저자잉 순이다. 경매가 기준으로 한국의 10대 작가는 박수근, 이우환, 김환기, 이대원, 김종학, 천경자, 오치균, 장욱진, 도상봉, 김창열이다. 현재 미술계에서 공성훈, 김기라, 권오상, 이동욱, 송상희, 배영환, 임민욱, 서도호, 김홍석, 정연두, 홍경택 등이 소위 말하는 블루칩 작가로 통한다.

3. 슈퍼 컬렉터: 예술시장의 큰손들

미술품 경매에서 추측할 수 있듯이 오늘날 미술시장을 움직이는 큰손은 작가 자신도, 미술품 시가 감정협회도, 크리스트나 소더비즈와 같은 미술품 경매 양대 회사도 아니다. 그것은 다름 아닌 미술품 가격을 좌지우지하는 슈퍼 컬렉터들이다. 아트뉴스(artnews)가 선정한 세계 200대 아트 컬렉터들 중 10위권의 큰손들을 보면 루이비통과 디올을 거느린 LVMH 그룹의 베르나르 아르노 회장, 구치와 입생로랑을 소유한 PPR 그룹의 프랑수아 피노 회장, 프라다의 소유자인 미우치아 프라다 등 패션업계의 거부들이 포함되어 있다. 이들은 막강한 자본력과 미술에 대한 식견을 바탕으로 소장전을 개최하거나 직접 미술관을 운영한다. 중동의 석유 재벌이나 왕가, 중국의 신흥부자들 역시 200대 슈퍼 컬렉터에 이름을 많이 올렸다.

흥미로운 점은 러시아의 석유 재벌이자 영국 프리미어리그 축구팀인 첼시의 구단주 로만 아브라모비치 역시 미술계의 큰손으로 떠올랐다는

철학이 말하는 예술의 모든 것

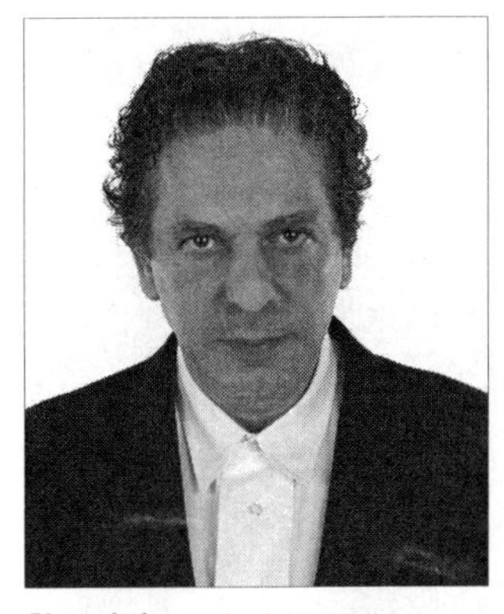

찰스 사치　1943~ | 위키백과

것이다. 200대 명단에는 유일하게 한국의 슈퍼 컬렉터인 김창일 아라리오 그룹 회장이 있다. 그는 '씨킴'이라는 이름으로 작품 활동을 직접 하기도 하며 데미안 허스트, 키스 해링 등 해외 유명 작가들의 작품도 보유한 것으로 알려져 있다.

슈퍼 컬렉터가 미술에 어떤 영향을 미치는가를 이해하는 데는 세계 미술시장의 대표적인 큰손 중 하나인 영국의 찰스 사치의 수집행적을 통해서 잘 알 수 있다. 찰스 사치는 광고회사를 설립해 세계적 기업으로 성장시켰고 잭슨 폴록의 그림 전시회를 보면서 인생의 전환을 가져왔다고 술회했으며 그 이후 그는 수많은 작품들을 수집했다. 그는 1985년 자신의 '사치 갤러리'를 오픈하였고 주목받는 전시를 통해 미술계에 영향을 미치고 있다.

사치는 초기에 미국의 팝 아트, 미니멀리즘 계열 작품을 집중 수집하다가 80년대 들어서 영국의 젊은 작가들에게 눈을 돌린다. 그가 주목한 것은 1988년 골드스미스 대학의 학생이었던 데미안 허스트가 기획한 동료 학생들의 전시회 작품이다. 그 이후 사치는 데미안 허스트(Damien Hirst), 트레이시 에민(Tracey Karima Emin) 등의 작가들의 작품을 집중적으로 사들인다. 1992년 사치 갤러리가 기획한 '사치의 영국의 젊은 작가전(Young Britist Artists of Saatchi)'의 전시를 통해 출품된 영국의 젊은 작가들은 화단의 주목받는 작가들로 급성장하였다.

이것이 소위 'yBa' 신화의 시작이었다. 데미안 허스트 등 영국의 젊은 작가들의 작품가 폭등은 사치라는 슈퍼 컬렉터의 영향인 셈이다. 사치는 이들의 작품을 2001년 이후 시장에 팔아 막대한 차익을 남기기도 하였다.

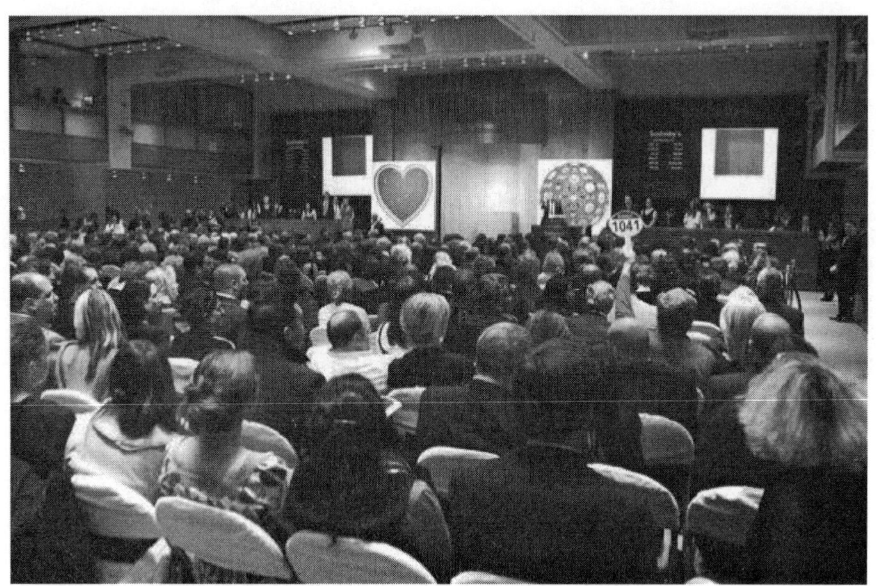

소더비즈 미술품 경매 장면　zimbio.com

그는 최근에 한국의 젊은 작가 민정연의 작품을 구입했으며 그 밖의 한국
작가들의 작품에도 관심을 갖는 것으로 알려져 있다.

4. 예술의 물화 비판

그렇다면 미술과 경제의 해체, 예술적 가치와 투자의 경계가 허물어진
미술계, 넓게는 예술계를 어떻게 보아야 할까? 사회미학자 아도르노에게
예술의 상업화는 예술의 종말을 의미한다. 예술의 상업화는 예술이 가져
야만 하는 자기과제인 부정을 통한 유토피아를 보여주는 것이 아니라, 자
본과 돈의 위력에 굴복하고 예술의 자율성을 스스로 훼손시킨다. 그러나
예술이 자본으로부터 완전히 자유로울 수가 있을까? 물론 어떠한 예술도

자본으로부터 완전히 자유로울 수 없다.

아도르노 역시 그것을 인정한다. 문제는 오늘날 미술시장처럼 주식과 마찬가지로 취급되는 '예술품의 물화'에 대하여 예술가 스스로 그것에 저항하고 긴장관계를 유지하려고 노력함으로써 예술 본연의 자율성과 이념을 지키려는 태도에 있다. 상업주의적 예술을 추구하는 작가에게 예술정신은 없으며 그 예술품은 예술품이 아닌 돈으로 교환되는 예술상품에 불과하다. 투자를 하듯이 미술품을 사는 행위는 자기만족과 차익 실현을 위한 경제행위이지 진정으로 예술을 향유하는 심미적 태도가 아니다.

이와 같은 아도르노의 생각은 오늘날 수십 억이 넘는 고가의 미술품을 몇 사람이 공동으로 투자해 구입하는 현상이나, 일부 중국의 졸부들이 미술품을 인수 후 대금을 미결제하는 행위, 탈세용 미술품 수집만이 아니라 식견 없는 사람들이 '투자'라는 이름으로 미술품을 구입하는 행위, 미술시장 활성화를 위한 세제혜택과 같은 정책 등을 비판하는 데 도움을 준다. 아도르노에게 예술은 돈으로 환산될 수 없다는 것, 돈으로 환산될 수 없는 그 무엇이라는 생각은 물화된 자본주의 사회에서 자본주의의 논리에 저항하는 거의 유일한 영역이다.

당신에게 몇 억의 여유자금이 생긴다면 당신은 미술품 딜러에게 전화할 것인가? 왜 좋은 컬렉터들은 생의 마지막에 자신이 소유한 그림을 대중에게 볼 수 있도록 공공미술관에 기부하는가? 뉴욕의 미술관의 벽면 한 쪽에 적힌 수많은 미술품 기부자들의 명단을 보라. 그 명단이 말하는 것은 예술이 투자의 대상이거나 소유의 대상이 아니라 누구나 향유되어야 할 고유한 심미적 가치를 가진다는 것을 역설적으로 말해준다.

예술은 사회에 어떻게 반응하는가? 13

1. 예술은 사회에 어떻게 반응하는가?

예술이 사회에 어떻게 반응하는가? 이런 질문을 던지면 '도대체 어떤 예술이 어떻게 반응하는가에 대하여 질문을 하는 것인지' 의문이 들 수밖에 없다. 혹은 사회에 대한 반응의 양식도 참 다양할 텐데 그것을 어떤 기준으로 자세하게 분류해야 하는지를 생각하게 된다. 아니면 그런 분류 자체가 썩 의미 있는지 반문을 던질 수도 있다. 그럼 다음과 같은 것을 생각해보자.

두 대조적인 대중음악의 장면을 떠 올려보자. 먼저 U2의 〈I still haven't found what I'm looking for〉를 들어보고 그룹 리더인 보노(Bono)의

165

환경 보존과 아프리카 빈곤퇴치를 위한 활동
을 상상해보라. 그리고 서태지의 〈come back
home〉, 〈시대유감〉, 〈교실이데아〉나 에픽하이
의 〈Lesson 2〉 등의 노래 가사를 들어보자. 이
들은 자신들의 노래 가사에서 우리 사회를 거
침없고 신랄하게 비판한다. 이제 SM, JYP, YG
에서 생산한 아이돌 걸그룹의 노래와 노출 신,
포미닛의 〈이름이 뭐예요?〉의 뮤직비디오를
감상하고 케이블 방송 〈히든 싱어〉에서 원곡

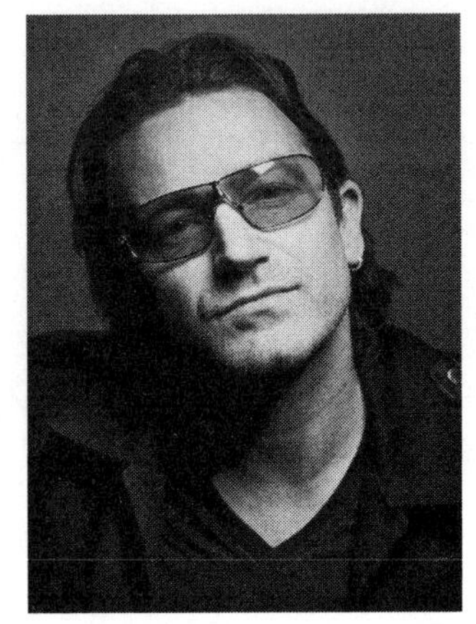

보노　1960~

가수와 모창가수의 노래 대결 장면들을 떠올려보자.

　　계속해서 돈 스파이크의 대중음악 비판을 들어보자. 그는 "평생을 피
땀 흘려 음악에 바친 뮤지션들의 음악은 어디에 걸려있는지 찾을 수조차
없고…… 음정, 박자에 기본 발성도 없는 오디션 프로 참가자들은 국민 스
타가 되어 차트와 프라임 타임에 공중파를 점령한다. 우리나라의 음악계
는 썩은 불량식품처럼 변하고 있다"고 말한다.

　　위의 사례들은 우리가 쉽게 접하는 대중음악이 어떻게 사회에 관계하
고 반응을 보이는지 잘 보여준다. 사실 '예술이 어떻게 사회에 반응하는
가'라는 질문은 예술과 사회의 관계가 분리될 수 없는 관계라는 것을 은연
중에 내포하고 있다. 이 시각에서는 예술가는 사회를 떠나 존재할 수 없는
사회적 존재라는 것, 예술가의 의식은 특정한 사회의 문맥 안에서만 형성
되고 작동한다는 것, 예술이 개인과 사회에 어떤 식으로든 영향을 미친다
는 것, 예술이 아무리 예술 지상주의를 부르짖어도 그것 역시 예술이 사회
에 대한 한 반응양식이라는 것, 예술의 상업화 역시 자본주의 사회의 예술
의 반응양식이며 저항적 예술도 같은 차원에서 이해되어야 한다는 생각

철학이 말하는 예술의 모든 것

이 자리 잡고 있다.

이렇듯 예술은 어떤 식으로든 사회와 관계하며 자신의 고유한 반응양식을 보여준다. 예술 향유자로서 우리는 한 번쯤 그것을 유형화해보고 그 반응양식의 사례를 분석해볼 필요가 있다. 여기서는 사회에 대한 예술의 반응양식으로서 예술을 위한 예술이라는 입장, '예술은 사회적이며 자율적'이라는 입장, 그리고 예술의 반응양식의 유형에 대해 살펴보도록 하자.

2. 예술을 위한 예술

예술을 위한 예술(art for art's sake)은 흔히 '예술지상주의'와 동의어로 사용된다. 예술을 위한 예술이라는 표현을 처음으로 사용한 인물은 벤자민 콩스탕(Benjamin Constant)이지만, 이러한 표제어를 확산시킨 인물은 19세기 초중반의 프랑스의 대표 작가이자 미술평론가, 무용평론가였던 테오필 고티에(Théophile Gautier)이다. 고티에가 예술을 위한 예술, 다시 말해 예술의 독립선언을 주장하던 시기는 낭만주의의 영향이 남아 있던 시기이며 마르크스의 「공산당 선언」이 발표되기 이전 시기이다.

그의 예술을 위한 예술 테제가 함축하는 바는 정치로부터의 예술의 해방, 사회로부터 예술의 해방, 도덕주의와 예술의 윤리적 목적으로부터의 해방, 부르주아적 실용예술로부터의 해방이다. 이런 의미에서 예

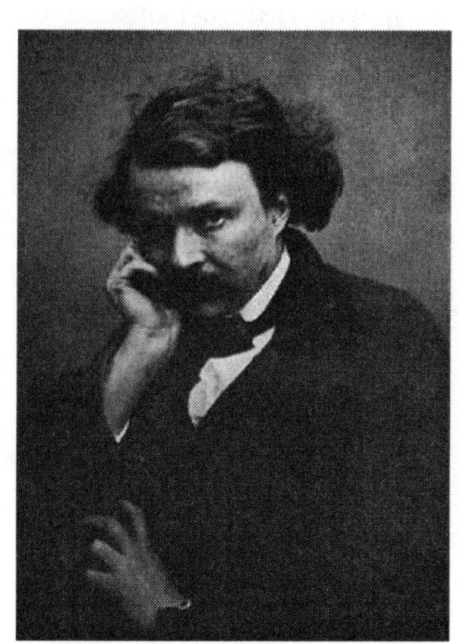

테오필 고티에 1811~1872

술을 위한 예술은 예술의 자율성, 예술의 독립성, 예술가의 권리선언이라고 평가할 수 있다. 고티에는 "예술은 수단이 아니라 목적"이라고 주장한다. 이러한 주장은 물론 허치슨이나 칸트의 무관심성의 관심성이나 실러의 유희로서의 예술 개념에 내포되어 있다고 볼 수 있으나 예술가 스스로 예술의 독립을 강조하는 데에 그 의의가 있다.

고티에가 예술 그 자체를 목적으로 이해한 이상, 예술의 실용성과 효과, 즉 기능과 사회적 역할에 대한 물음은 완전히 배제된다. 이러한 의미에서 고티에는 "장미꽃보다는 차라리 감자"를 선택하겠다고 말한다. 예술의 실용성을 인정하는 한에서도 고티에는 사회적 실용성이라는 차원을 배제하고 예술작품의 창작이 예술가 자신에게 어떤 실제적인 실용성을 가져오는가에만 관심이 있다.

고티에는 한발 더 나아가 예술의 용도, 예술의 도덕적 순기능에 대한 질문과 의심들을 질타하면서 "소설이 한 켤레의 장화"와 비교되는 것을 비판한다. 고티에는 사회적 실용성이라는 구체적 차원의 예술에 대한 관점을 비판하지만, 오로지 예술만이 줄 수 있는 높은 차원의 실용성이 있음을 강조한다.

그는 "호머의 시, 피디아스의 조각, 라파엘의 그림"이 그 어떤 종류의 도덕주의적 호소나 학술적 업적보다도 "인간의 영혼을 고양"시킬 수 있다고 주장한다. 고티에는 일용할 양식을 줄 수 없으되 영혼을 줄 수 있는 것이 바로 예술이라고 믿는다. 실제로 고티에의 주장은 '돈은 있지만 영혼이 궁핍한 사람들'이 인문학과 고상한 취향을 왜 찾는지에 대한 하나의 대답을 주는 셈이다. 높은 차원의 실용성으로서 예술을 인정할 때 예술의 자율성이 비로소 확보될 수 있다. 고티에의 예술을 위한 예술 테제는 빅토르 위고, 오스카 와일드, 보들레르 등에 의해 '합창'되었다.

그런데 낭만적 예술가상에 기초한 예술을 위한 예술이 얼마만큼 가능할까? 각종 사법당국과 행정기관에 의한 검열과 심의와 규제가 난무하는 사회에서 예술을 위한 예술 테제는 여전히 유효하고 투쟁적인 주장이지만, 현실과 유리된, 현실을 반영하지 않는 예술이 얼마나 의미 있는가에 대하여 생각하게 만든다. 전쟁과 기아로 죽어가는 아이들을 자신의 생활 공간에서 일상으로 경험하는 화가가 그것을 눈감고 환상적인 풍경화만을 그린다면 그 화가를 어떻게 봐야 하는가? 오로지 그의 작품의 완성도라는 예술 내적인 차원에서만 평가해야 하는 것이 정당한 예술비평인가? 예술지상주의가 과도하게 관념적 편향성을 띰으로써 예술의 순교자라는 도취적 자기만족과 예술을 통한 자기구원에 이를 수는 있어도 '사회의 빛'으로서의 예술은 될 수 없다. 하우저(Hauser)의 지적처럼 예술적 충동이 지극히 개인적인 것일 수 있어도 그 충동을 야기하는 요인이 특수한 시점의 역사성을 반영한다는 주장에 귀 기울여야 하지 않을까? 예술을 위한 예술 테제 역시 그런 차원에서 바라봐야 할 것이다.

니체는 『우상의 황혼』에서 예술을 위한 예술 테제를 도덕주의에 대한 반감에서 비롯된 것으로 파악하면서 이 테제는 예술가의 순진한 격정의 산물일 뿐이라고 비판한다.

예술을 위한 예술. – 예술 안에 목적에 맞서는 싸움은 항상 예술 안에 도덕화하는 경향에 맞서는 싸움이며, 예술이 도덕의 하위에 놓이는 것에 맞서는 싸움이다. 예술을 위한 예술이 의미하는 것: 그것은 '도덕 같은 것은 꺼져버려라!'이다. – 하지만 이런 적대감마저도 여전히 편견의 우세한 힘을 누설하고 있다. 도덕을 설교하고 인간을 개선하려는 목적이 예술에서 배제되어도, 이것으로부터 예술이 도대체가 목적이 없다는, 목표가 없다는, 의미가 없다는, 간략히 말해 예술을 위한 예술이라는 – 자기의 꼬리를 물고 있는 어떤 벌레라는 – 결론은 여전히 나오지 않는다. '도덕적인 목적을 갖느니 차라리 어떤 목적도 갖지 않으련다.' – 단순한 격정은 이렇게 말한다.

이러한 비판 후에 니체는 자신의 예술철학에 입각해 예술의 고유한 목적을 '삶의 진작'으로 규정한다. 따라서 니체의 관점에서 예술을 위한 예술의 테제처럼 순수예술 내적인 목적 이외에 다른 목적이 없다고 해서 예술을 위한 예술을 주장하는 것을 도저히 이해할 수 없을 것이다.

니체와 달리 아도르노의 예술을 위한 예술 비판은 좀 더 구체적이다. 먼저 아도르노는 예술을 "순수한 정신적 존재"로 간주하거나 예술의 순수한 개념이 초시간적이며 초역사적으로 통용 가능하다는 믿음, 예술의 절대적 자율성에 관한 주장을 소박한 믿음으로 치부한다. 또한 그는 예술을 위한 예술은 예술을 바라보는 귀족적 태도, 다시 말해 예술 향유 계층의 특권으로서의 예술에 관한 입장이 은밀히 감추어져 있다고 보았다. 아도르노는 예술을 위한 예술이라는 입장에 내포된 미학적 차원의 문제로 ① 사회와의 대립의 추상성과 안이함, ② 형식의 이상과 미의 규칙에 어긋난 예술의 배제, ③ 소재 집착, ④ 미적 커뮤니케이션의 거부로 인한 사회에 쉽사리 통합되는 경향을 지적한다.

예술을 위한 예술의 범주에는 의고주의, 유미주의, 넓은 의미의 자연주의를 포함한다. 그렇다면 그는 예술을 위한 예술이라는 구호 속에 내재한 어떤 모순을 비판하는가? 의고주의에서 나타나는 이 구호에는 물화(reification)의 안티 테제로서 예술의 저항이 드러나지 않는다. 또한 이 테제는 물화에 추상적으로 대립함으로써 그것에 쉽게 굴복할 뿐만 아니라 정치적 반동과의 결탁이 은폐되어 있다. 아도르노가 보기에 의고주의에서 예술의 고결함은 흔들리지 않고 저항력 있는 예술의 형식과 내용에서 구현되어야 하며 그것이 드러나지 않는 의고주의에서 말하는 고결함은 허위일 뿐이다.

작가에 의해서 계획된 유미주의 예술작품은 사회적인 문제를 시끄러운 잡음으로 간주함으로써 유미주의 자체가 스스로 허위임을 드러낸다. 아도르노의 관점에서 자연주의는 유미주의보다는 좀 더 나은 사회성을 확보하지만, 자연주의자들의 작품에 형상화된 "사회의 비판적 사상 내용은 거의 피상적이며 그들 자신이 진지하게 받아들인 적은 없어도 이미 그 당시에 완전히 형성된 사회이론의 수준"에 도달할 수 없다. 결국 예술을 위한 예술은 "예술 자체가 순수한 내재성을 지닌다는 허위"에 토대를 둔 것이며 "사회적으로 무관하고 궁극적으로는 모독적인 반동적 작품이라는 판결"을 피할 수 없다.

3. 예술은 사회적이며 동시에 자율적이다?

1) 아놀드 하우저

마르크스주의 예술사회학자인 아놀드 하우저(Anold Hauser)는 "모든 예술이 그 시대에 의해 결정된다. 그와 동시에 예술은 그 한계를 극복하고, 역사적 계기 안에서 인간성의 한 모습을 창조하여 변함없는 발전을 약속한다"라고 주장한다. 이런 시각에서 호머, 단테, 다 빈치, 루벤스, 렘브란트, 고야, 고흐 등과 같은 대가들의 작품은 현실과 단절된 작품들이 아니라 현실을 반영하며 현실의 내용을 포함한다고 보는 것은 너무 자명한 이

야기다. 또한 하우저는 비단 예술과 사
회의 관계만이 아니라 예술과 삶, 예술
과 현실, 예술과 종교, 예술과 과학 등 예
술을 둘러싼 총체적 관계망이 하나의 상
호작용 관계에 있다고 보았다.

하우저는 예술이 얼마만큼 사회와 깊
은 관계를 갖는가를 『문학과 예술의 사
회사』에서 고대부터 현대까지 다루고 있

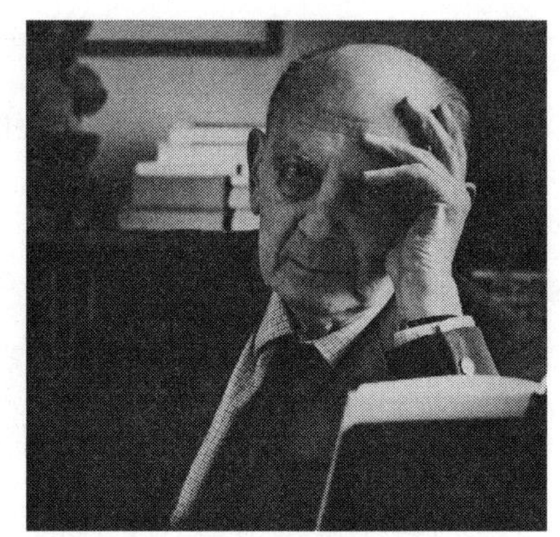

아놀드 하우저 1892~1978

다. 〈작가의 사회적 지위〉에 대한 하우저의 짧은 글은 17~18세기 영국의
예술가와 문필가들의 사회적 지위변화를 체제의 변화에서 찾고 있다. 그
에 따르면 17세기부터 18세기 초까지 영국의 예술가들처럼 역사상 높은
지위를 가진 적은 없었다. 하우저가 제시한 예시들을 살펴보자. 그랜빌 –
국방장관 및 왕실회계국 장관, 존 로크 – 항소법원과 상업회의소 의원, 애
디슨 – 국무장관, 프라이어 – 대사 등이다. 그렇다면 왜 문필가나 예술가
들이 그 어느 때보다도 높은 정치적 지위를 구가했을까?

하우저에 따르면 정치적 선전에 봉사한 대가로 받은 보상이다. 그것은
결코 예술을 통한 사회적 기여에 대한 보상이 아니다. 그러나 1721년을 기
점으로 휘그당이 정권을 잡으면서 예술가들의 정치사회적 위상은 급격히
추락하게 된다. 체제의 공고화로 인해 더 이상 예술가들의 선전활동이 필
요 없게 되었기 때문이다. 그에 따르면 1721년 이후 애디슨이나 프라이어
등 많은 예술가들이 공직에 물러나 전원에서 집필 활동을 하게 되며 젊은
예술가들의 생활고는 시 한 편과 구두 한 켤레를 바꾸는 지경에 이르렀다.

하우저는 18세기 소위 전원예술의 탄생 역시 사회적인 요인에서 발생
했다고 보았다. 전원적 삶을 이상화하는 근본적인 이유는 ① 고급사교계

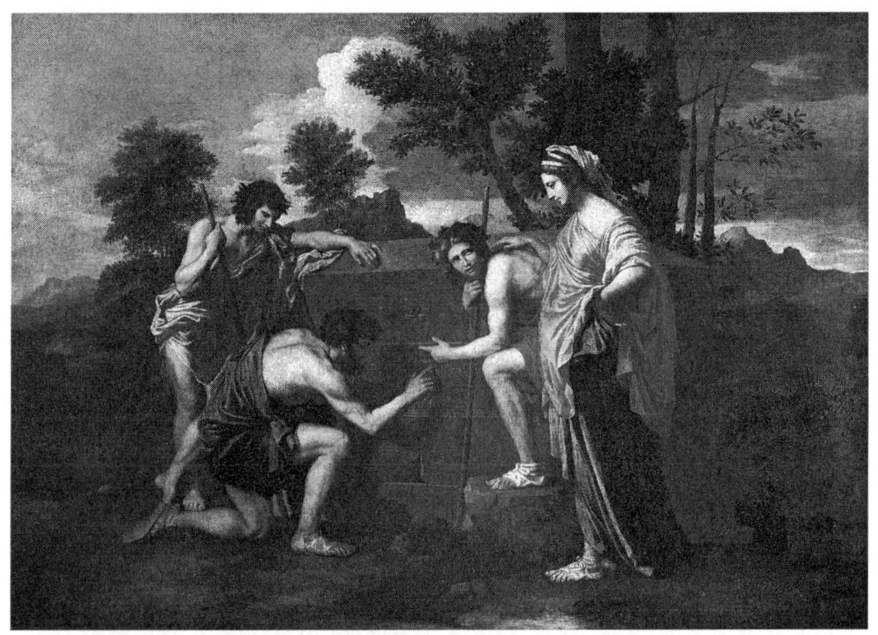

아르카디아에 있는 나　니콜라 푸생 | 1638년 | 캔버스에 유채 | 120×87cm | 루브르 박물관

로부터의 도피와 사교계의 관습에 대한 경멸, ② 과도한 문명적 삶에 대한 권태감, ③ 멀고 낯설고 이국적인 것에 대한 동경, ④ 인위적이고 규칙화·위계화된 도시생활에 대한 회의 때문이다.

따라서 18세기에 전원이란 "소망의 상상적 표현"이자 "일상적 현실과 하루하루의 자기 존재로부터 빠져나가게 해주는 하나의 가면무도회 이외의 아무것도 아닌 것이다." 18세기의 전원문학과 달리 17세기에 회화에 등장하는 전원적 소재는 "그림의 진정한 주제"가 되지 못했다. 가령 푸생의 〈아르카디아에 있는 나〉와 같은 그림은 전원을 배경에 두고 있지만, 전원생활과 아무런 관련이 없는 그림이다. 17세기에 전원예술이 주류를 형성할 수 없었던 이유는 웅대한 예술을 지향하는 17세기의 바로크 예술의 성격과 어울리지 않았기 때문이다.

하우저가 '예술은 사회적인 것이다'라는 입장에서 예술사 전반을 서술하고 있지만, 그러한 입장이 예술의 자율성 자체를 부정하는 것은 결코 아니다. 예술은 자율적이어야 하며 동시에 사회적이라는 것을 하우저는 말하고 싶은 것이다. 동시에 그는 예술의 자율성의 획득도 사회적 변화의 관점에서 파악하려 한 것이다.

2) 아도르노

아도르노는 예술이 지극히 사회적인 것이며 사회의 산물이라고 생각한다. 그에게 예술은 '예술이 아닌 예술과 관계하는 것과의 관계 속에서' 그것이 형성되는 과정과 그 요인과의 과정 안에서 규정된다. 가령 특정 예술의 예술성 인정 여부, 소재, 재료, 기술, 노동 분업의 변화, 예술을 둘러싼 특정한 시기의 사회정치적 의식 모두가 사회적으로 규정된다는 것이다.

아도르노는 예술을 사회와의 관계 속에서 파악해야만 하는 이유로 ① 사회적 생산물로서 예술작품, ② 예술작품의 내적 관계와 사회의 법칙과의 유사성, ③ 사회적 생산관계의 예술작품에의 반영, ④ 예술가의 사회적 위상의 변화를 들고 있다. ①의 경우 아도르노는 예술작품과 사회적 생산물과의 본질적인 차이가 없다고 간주한다. 예술작품의 재료 선정과 생산력은 과학과 사회 발전에 따라 직간접적인 영향을 받는다. 아도르노는 게오르크의 장식적 언어 배열과 60년 후 그의 언어재료 선정의 낙후성과 올림바장조를 즐겨 사용한 쇼팽과 1900년경 현대음악에서 그러한 음악적 재료가 배척당한 경우의 사례를 통해 예술적 재료 선정과 사회와의 관련을 해명한다.

예술의 제작방식에 있어서도 사정은 마찬가지이다. 특정한 시대의 생산력과 생산관계가 제작방식에 일정하게 투영된다. 예술작품의 소재 선정에 있어서도 사회적 상황의 수용 여부나 예술작품이 지향하는 바가 무엇인가와 관련 없이, 사회와 창작자와의 상호작용의 결과가 예술작품이라는 점에서 예술은 사회적 생산물이라 말할 수 있다. 아도르노는 19세기와 20세기 초의 소설에서 중요 소재였던 간통의 문제가 현대에 와서 주류 문학이 아닌 통속문학에서 주로 등장하는 소재상의 변화를 그 사례로 제시한다. 그는 이러한 변화가 소가족의 해체와 일부일처제의 이완현상이라는 사회적 현실의 문학적 투영이라고 보았다.

②의 경우는 예술이 구체적으로 사회(사회의 원리, 계급관계, 모순)를 어떻게 작품 속에 매개시키는가와 관련된 주장이다. 이와 관련해 그는 '작품 내의 내적 긴장과 사회의 내적 긴장의 상호 연관성', '예술 발생의 체험과 사회적 체험 층위의 유사성'을 주장한다. 이것은 그가 선정한 '매개에 성공한 작품분석'을 통해 확인되어야 할 것이다.

③과 관련해서 아도르노는 예술작품이 "사회적 생산관계의 침전물이거나 복사품"이라고 말한다. 왜냐하면 "제반 사회적 투쟁이나 계급관계는 예술작품의 구조에 그 흔적"을 남기기 때문이다. 여기서 '흔적'이란 반영의 다양한 내용을 말한다. 생산관계를 특징짓는 것으로 아도르노가 지적하는 것이 예술의 상품 형식이다. 예술의 상품 형식이란 예술에서 사용 가치적 측면이 사라지고 교환가치, 상품화, 물화가 보편적으로 일어나는 현상을 말한다. 예술이 상품 형식으로 변화하면서 소비재, 오락물로 전락하며 탈예술화(Entkunstung)된다.

아도르노는 예술의 사회적 관계방식의 또 다른 측면을 예술의 정신과 이념에 입각해 사회의 안티 테제로서 예술이 사회에 관계하는 독특한 성격을 규명한다. 예술을 사회의 안티 테제로 규정하는 것은 예술이 사회의 대립 개념이라는 의미가 아니라, 예술이 사회에 대한 비판적 기능을 수행하는 차원에서 사회와 관계한다는 것을 의미한다.

예술이 사회적인 것은 그때그때의 생산력과 생산관계의 변증법이 집약되는 예술의 산출방법에 의해서도 아니고 예술의 제재 내용의 사회적 유래에 의해서도 아니다. 오히려 반대 입장에 의해 예술은 사회적인 것이 되며 예술은 자율적인 것으로서만 그러한 입장을 취할 수 있다.

예술의 자율성은 '예술을 위한 예술'이나 관념미학과 유미주의가 말하는 사회와 완전히 분리된 자족적인 예술을 말하는 것이 아니라 사회와 관계하면서 사회의 논리에 종속되지 않고 사회를 비판하는 예술의 성격을 말한다. 아도르노가 말하는 "무의식적 역사서술", "역사철학적 해시계"로서의 예술이란 예술의 자율성이 가장 잘 구현된 상태를 의미한다. 사회의 안티 테제로서 예술의 자율성은 예술이 비판적인 것으로부터 벗어날 수 없고 기존의 사회에 대한 비판과 저항이 예술 자신의 생명과 존재의미를 확보할 수 있다는 입장에 기초한다. 다시 말하면 예술의 자율성은 그 "자체가 사회적인 근원을 가진 자율성"인 것이다. 아도르노에게 비판으로서의 자율성은 사회와의 거리 두기, 저항, 부정, 치유, 유토피아 등 다양한 형식을 취한다. 그럼에도 불구하고 사회와 비판적으로 관계하는 형식의 다양성이 궁극적으로 들추어내고자 하는 것은 사회에 의해 발생하는 고통과 그것의 비진리성이다.

예술작품이 가하는 사회 비판의 영역은 고통이다. 즉 작품의 표현을 통해 역사적으로 규정된 가운데 사회적 상황의 비진리가 드러나게 되는 영역이다.

4. 음악이 사회에 반응하는 양식의 유형들

아도르노는 카프카, 베케트, 프루스트, 아이헨도르프, 조이스, 베토벤, 바흐, 쇤베르크, 말러, 스트라빈스키, 피카소 등의 예술이 사회에 어떻게 구체적으로 반응하는지를 일관되게 탐구한 사회미학자이다. 여기서는 아도르노의 음악철학에서 논의한 음악이 사회에 어떻게 반응하는가의 문제를 다뤄보자. 예술과 마찬가지로 음악은 곧 '인식'을 말한다. 인식이란 음악이 예술처럼 역사의 해시계이고 사회의 침전물이기 때문에 음악에서 사회를 비판적으로 읽어낼 수 있다는 것을 의미한다.

그는 음악을 포함한 모든 예술은 부정적인 방식으로 사회를 비판해야 하며 그런 차원에서만 예술은 자신의 진리성을 갖는다고 말한다. 또한 아도르노는 예술이 부정적 사회현실, 권력과 폭력이 작동하는 사회에 대한 비판의 논리를 선동이나 직접적인 정치행위를 통하는 방법이 아니라 예술의 내재적 고유문법을 통해 보여주어야 한다고 굳게 믿었다. 그래서 그의 예술철학은 '부정적'일 수밖에 없고 예술은 '사회의 안티 테제'가 되어야만 한다. 이런 차원에서 아도르노는 음악을 진지한 음악(die ernste Musik)과 가벼운 음악(die leichte Musik)으로 구분한다.

이 구분은 고급과 저급 음악의 위계적 구도나 클래식과 대중음악을 구분하는 개념이 아니라 인식으로서 음악의 역할과 그것이 진리 내용을 담고 있는가를 기준으로 한 구분이다. 진지한 음악은 음악적 재료의 형식화와 기술 및 처리기법을 통해 사회의 내적 모순과 고통을 지각하고 체험하게 만들며 사회를 총체성의 관점에서 성찰하는 음악이다. 진지한 음악은 사회의 안티 테제를 자처하는 음악인 것이다. 또한 진지한 음악은 이데올로기적 기능과 물신성을 거부하는 음악이다. 그러나 진지한 음악의 사회적 효과와 권위가 항상 청중에게 이해되는 것은 아니며, 진지한 음악 속에 '가벼운 요소'도 있고 가벼운 음악적 요소를 흡수하기도 한다. 아도르노는 이에 대해 바흐의 〈골든베르크 변주곡〉, 모차르트의 〈마적〉뿐만 아니라 베토벤, 차이코프스키, 라흐마니노프 등의 많은 사례를 지적한다.

진지한 음악과 달리 가벼운 음악은 진정한 '인식'으로서의 기능을 수행하지 못하고 오히려 거짓 화해(die falsche Versöhnung), 거짓 자유와 사이비 개성화와 같은 이데올로기적 기능을 수행하며 동시에 문화산업의 지배하에 있는 물신화된 음악을 말한다. 영화나 드라마의 효과를 증폭시키기 위해 인위적으로 만든 효과음악이나 각종 광고음악 등과 같은 것이 가벼운 음악이다. 상품화를 극대화하기 위해 중독성 있는 멜로디와 춤을 반복하는 음악 등이 모두 가벼운 음악에 속한다고 볼 수 있다. 아도르노가 보기에 선정성 논란이 많은 가사와 뮤직비디오들은 가벼운 음악의 전형적인 경우라고 말할 수 있다.

그런데 이 문제와 관련해 아도르노가 주목하는 것은 진지한 음악과 가벼운 음악의 사회적 기능이다. 진지한 음악은 부정적 방식으로 사회를 인식하고 반영하는 데 반해서, 가벼운 음악은 사회를 긍정적인 방식으로 인식하고 수용한다. 사회에 대한 반응양식이 완전히 다른 것이다. 아도르노는 「음악의 사회적 상황에 관하여」라는 논문에서 음악의 사회적 반응양식을 긍정적 음악과 부정적 음악으로 크게 분류하고, 다시금 전자를 세 가지 유형으로, 후자를 네 가지 유형으로 나누었다. 다음의 표를 살펴보자.

구 분	긍정의 음악	부정의 음악
음악의 목적	순수음악적 관심과 향유	음악을 통한 사회인식
상품성에 대한 입장	적극 수용	부정
이데올로기적 기능	명시적 수행/암묵적 수행	이데올로기 비판
사회와의 관계	수용적 관계	긴장, 대립, 사회적 유토피아 제시
사회 심리적 기능	기분전환, 망각, 가상	의식화, 진정성 요구
작곡 주체	주체의 망각, 상실	주체–객체의 해방 지향

　일단 아도르노의 긍정의 음악과 부정의 음악에 대한 구분은 지나치게 이념 지향적이며 놀라울 만큼 단순화되어 있다. 작곡 주체의 역할에 대해 긍정의 음악이 반드시 주체의 망각과 상실을 동반하는지에 대하여 따져 볼 일이다. 음악적 도취를 통해 일시적인 탈자적 경험이 반드시 주체의 망각이라고 부정적인 평가를 내릴 수 없다. 소위 반전음악이나 명상음악은 일시적 주체 망각 속에 해방적 잠재력을 경험한다고 볼 수 있지 않을까? 이제 음악의 반응 유형에 대해 살펴보자.

구 분	진지한 음악 일부 및 가벼운 음악	아방가르드 음악, 신음악
유형	❶ '가벼운 음악' = 재즈 및 대중 음악	❶ 음악 내적 방법에 기초한 음악 – 사회적 대안 제시 ex. 쇤베르크, 제2 빈악파
	❷ 상품성을 획득한 과거의 진지한 음악	❷ 사회인식 결여, 내재적 지양 추구, 객관주의 음악 ex. 스트라빈스키
	❸ 상품성을 갖기 위해 타협하는 음악	❸ ❶과 ❷ 유형의 혼합형 ex. 쿠르트 바일 ❹ 음악 내적 형식 희생, 사회문제 해결 시 ex. 공동체 음악 – 힌데미트, 아이슬러
유행과의 관계	유행 창조 및 추구	유행에 반기
수용에 대한 입장	수용자 관점 존중	수용자 관점 무시, 생산자 관점
수용의 청취 유형	교양적 청취, 감성적 청취	구조적 청취

사회의 반응 유형에 관한 아도르노의 설명의 문제점은 첫째, 주로 클래식 음악에 한정되어 있다는 점이다. 둘째, 부정의 음악 유형 각각에 해당되는 작곡가가 적절하게 분류되어 있는지 여부를 객관적으로 검증하기 어렵다. 이것은 오직 아도르노의 음악철학 내에서 그 정당성을 인정받을 수 있다. 셋째, 긍정의 음악의 세 가지 유형에 해당되는 음악을 설득력 있게 제시하지 않고 있다.

그러나 진지한 음악, 사회의 안티 테제를 자임하는 부정의 음악이 음악적 유행에 반기를 들고, 대중의 취향을 따르기보다 음악적 진리를 추구하며 '이해'를 전제로 음악을 감상한다는 것은 충분히 공감할 만한 주장이다. 또한 부정의 음악은 음악의 지나친 상업화, 다시 말해 음악의 물화에 저항한다. 물론 상업화로부터 완전히 자유로운 음악은 그 어느 것도 찾아볼 수 없다.

이 점에 관한 한 아도르노가 최고의 부정적 음악이라고 소리 높여 주장한 쉔베르크의 신음악(neue Musik)이나 진지한 대중음악도 예외일 수 없다. 그와 같은 생각을 아도르노는 "자본주의 시장에서 벗어났다고 생각되는 음악 생활 자체도 여전히 그 속에 구속되어 있으며 그것을 지지해주는 사회구조와 결합"되어 있다고 표현한다. 인디 음악, 뉴에이지 음악, 명상음악, 종교음악, 제3세계 음악, 저항음악 역시 일정한 소비를

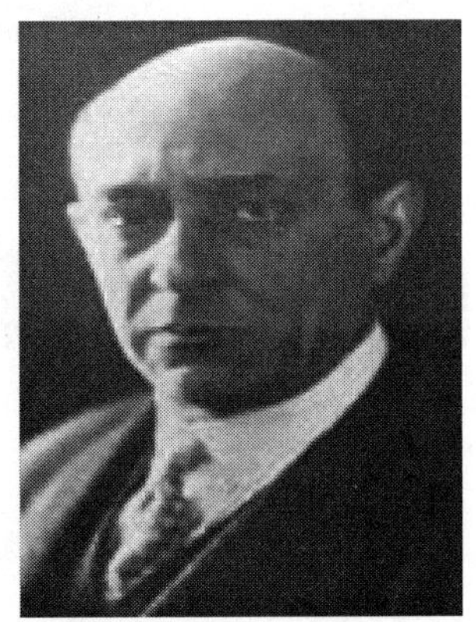

아놀드 쉔베르크 1874~1951 |
위키백과

견인하는 마니아층이 있고, 그러한 소비자 계층을 위한 취향의 정치경제학과 함께 수요와 공급의 일반적인 자본주의 메커니즘을 작동시킨다. 이제 미술의 경우는 어떤지 살펴보자.

5. 미술이 사회에 반응하는 유형들

첫 번째 장면을 상상해보자. 과거 군수공장이었던 곳이 세계 최대의 예술특구가 되었다는 것을……. 북경의 따산즈 798 예술특구 얘기다. 북경의 이 예술집단 창작특구는 뉴욕의 소호(Soho)와 같은 전례를 거쳐 소호와 경쟁할 만한 창작촌이자 갤러리 집적지가 되었다. 그런데 현재 이곳은 연간 15만 명의 관광객이 찾아드는 관광명소가 되었고 상업화되어버렸다. 그래서 그곳에서 창작활동을 하는 많은 예술가들이 북경의 또 다른 예술특구인 쑹좡 예술특구로 몰려들게 되었다. 팡리쥔, 장샤오강, 웨민쥔 같은 주목받는 작가들뿐만 아니라 약 1만 명의 젊은 작가들이 그곳에 둥지

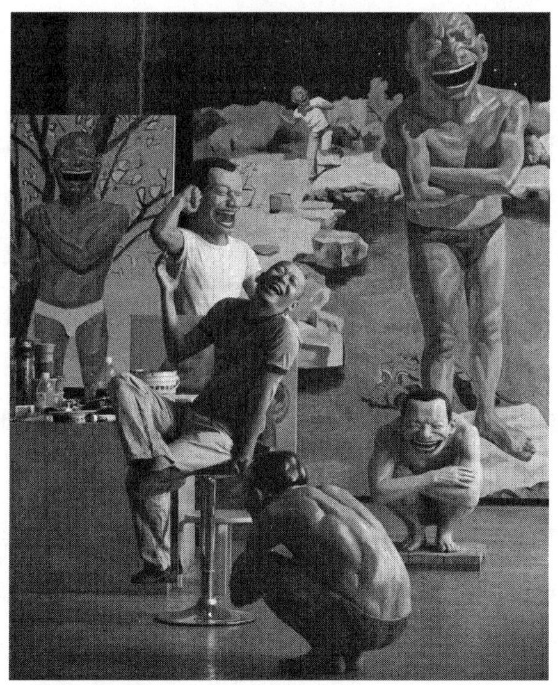

쑹좡 예술특구의 한 예술가의 작업실   www.beijingfeeling.com

를 틀고 있다.

가히 중국 현대미술의 메카가 아니라 세계의 최대 예술창작소라고 해도 과언이 아니다. 창작자들은 자신들이 창작에 가장 좋은 환경을 제공할 수 있는 곳, 예술 창작열을 가장 잘 표현할 수 있는 곳을 찾아가기 마련이다. 상업화된 장소와 전원마을의 창작촌을 비교해보라. 이것은 오늘날 예술창작자들이 자본주의화된 사회 환경에 어떻게 반응하는지를 잘 보여주는 사례이다. 이곳의 예술가들의 선택은 예술 스스로 상업화에 반기를 들면서 예술의 자율성을 확보하기 위해 '예술 창작 공간'에 대해 스스로 문제를 삼는 것이라 하겠다.

다음의 장면을 보자. 예술이 오늘날 어떻게 상업화되는지를 보여주는 대표적인 사례이다. 중국 광둥(廣東)성 선전시 북동쪽에 위치한 다펀춘(大芬村)이란 곳은 인구 300명이던 작은 농촌마을이었다. 이곳에 명작 모사품 생산기지가 한 사업가에 의해 조성되었다. 현재 모사품 생산 공장은 700여 개로 세계 모사품 시장의 60% 점유율을 자랑한다. 모사품을 전시하는 전시관만도 300여 개에 이른다. 소위 짝퉁 예술과 상업이 완벽하게 결합된 최적의 사례이다. 우리 주제와 관련해서 우리는 예술을 물화시키는 예술문화산업과, 예술문화산업에 예술적 혼을 팔아 '직업 모사품 제작자'로 살아가는 짝퉁 화가, 그리고 제조공장과 문화공간, 관관장소의 개념을 결합해 복합 문화산업 단지로 조정하려는 당국의 산업 경제정책에 주목해야 한다.

짝퉁 화가들은 자신들이 그린 짝퉁 명화가 세계의 대형 마트와 개인들의 안방을 채우고 있다며 의기양양하게 말을 한다. 벤야민(Walter Benjamin)이 말하는 아우라의 일회성과 유일성이라는 예술의 근본조건이 이 모사품 전문공장 마을에서 조직적으로 파괴되고 있다. 벤야민이 말하는 기술복제 시대의 아우라 상실 테제가 워홀에 의해서가 아니라 이곳에서 사망 인증되는 셈이다. '예술이 무엇인가'에 대해 짝퉁 화가들은 예술을 인테리어, 소비재 이상으로 보지 못한다. 예술의 죽음이 예술정신이 없는 예술 밖의 논리와 예술논리에 의해 자행되고 있다. 먹다가 싫증나면 버리고 마는 피자와 같은 것이 예술인가? 상업화와 결탁한 아방가르드에 대해서 아방가르드의 실종된 정신을 비판했던 아도르노나 예술의 지나친 상업화에 대해 비판하는 논자들이 볼 때 다펀춘은 예술의 무덤 그 이상이 아니다.

예술촌과 예술 관계의 대립적인 반응의 차원과 달리 사회적 폭력의 다양한 양상을 고발하는 주디 시카고(Judy Chicago)의 경우를 보자. 여성주의 작가로 많이 알려진 그녀지만 그녀는 여성문제에 국한하지 않고 광범위한 사회적 폭력을 주제로 작업을 계속해왔다. 그녀는 유대인계로 태어났고 집안에서 벌어지는 사회문제들에 대한 토론들을 듣고 자랐다. 유대계 후손이지만, 그녀의 그림에서 그러한 점은 제기된 적이 없었다. 그러나 시카고가 인종차별과 반유대주의에 관심을 갖게 된 것은 1984년 하베이 머드(Harvey Mudd)의 책과 대화를 통해 홀로코스트에 대한 자세한 이야기를 들으면서부터이다.

이것이 계기가 되어 그녀는 유대인 집단수용소의 흔적들을 취재했으며 〈홀로코스트 프로젝트〉를 가동하였다. 이 프로젝트의 첫 작품이 〈몰락(the fall)〉이다. 나치를 나타내는 상징과 주먹을 쥔 강한 힘의 팔과 공포로 인해 마치 자진하여 화구로 들어가는 듯한 모습 위로 인간과 돼지가 거꾸로 쇠고리에 매달려 있는 모습이 보인다. 돼지처럼 취급받는 유대인을 상징화한 것이다. 독일어권에서 돼지는 전통적으로 유대인을 비하할 때 쓰던 상징이다. 그림 상단에는 다윗의 별을 상징하는 유대인 여성이 화염 속에서 소리치는 모습이 그려져 있다. 두 유대인 여성의 하반신을 생략

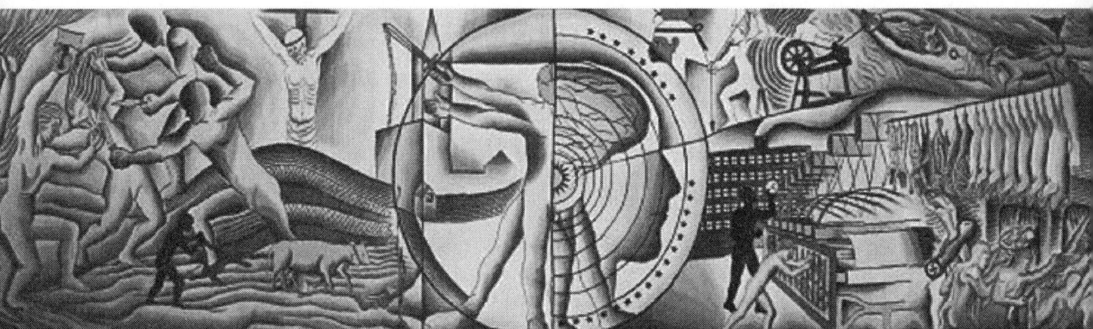

몰락 주디 시카고 | 1987년 | 아크릴 스프레이와 캔버스에 유채 | 548.64×137.16cm | 뉴욕 ACA 갤러리

함으로써 이미 타죽어 가고 있다는 것을 암시하고 있다. 시카고는 〈몰락〉 시리즈와 〈트레블링카의 유골들〉 시리즈, 〈나는/힘의 균형〉 등 반유대주의를 다룬 여러 작품을 그렸다.

반유대주의와 관련해 주목해야 할 만한 그림은 〈무관심의 벽〉이다. 1988년 작품인 〈무관심의 벽〉은 나무가 있는 푸른 초원 위에 유대인을 가득 태운 기차의 모습을 대조적으로 보여주고 있다. 이 그림에서 과장되게 크게 그린 기차 창문 밖으로 몸을 던지는 여인과 기차 밖으로 떨어진 아이를 다시 끌어올리려고 존재의 모든 힘을 발휘하려는 여인의 몸짓이 잘 표현되어 있다. 무관심과 방조는 범죄와 불의를 확대 재생산하는 더할 나위 없는 심리적 환경을 제공한다.

이 작품은 유대인 학살에 침묵했던 국제기구와 세계시민에게 '그대들의 침묵이 역사 이래 최대의 인종 학살을 가져오는 데 기여했다는 것을 기억하라'고 말하는 것이 아닐까? 침묵은 겸손이 되고 미덕이 될 때도 있지만, 이런 경우의 침묵은 악의 번성을 부채질하는 불쏘시개나 다름이 없다. 나치의 선전예술을 제작했던 사람들과 나치의 만행에 침묵했던 자들의 차이는 적극적 동조자와 수동적 동조자의 차이일 것이다. 동조행위가 발

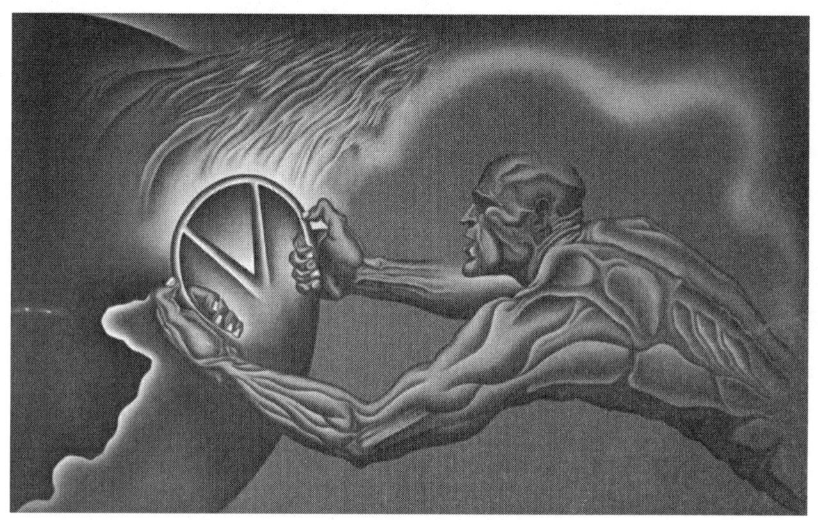

세상의 파괴를 향한 운전　주디 시카고 | 1985년 | 아크릴에 유채 | 35.56×22.86cm | 주디 시카고 갤러리

생하지 않았어도, 동조효과를 발휘했다는 것은 분명한 사실이다.

　이 밖에도 그녀는 인간에게 내재한 폭력성과 그 폭력성이 성적 관계에서 성적 폭력으로 나타나는 것을 작품화해 '폭력'에 대한 저항적이고 비판적인 태도를 여실히 보여준다. 1985년에 제작한 〈세상의 파괴를 향한 운전〉은 〈홀로코스트 프로젝트〉가 진행되던 시기의 작품이기 때문에 근육질의 운전하는 남성이 히틀러라고 추정할 수도 있지만, 그 추정의 단서가 그림 내에서는 명확하게 들어나지 않는다. 이 작품은 인간이 가지고 있는 원초적 폭력성을 표현한 작품이라고 평가할 수 있다.

　1983년도 작품인 〈지배 욕구에 의해 불구가 된〉 역시 인간에 내재한 근원적 폭력성을 문제 삼고 있는 작품이다. 같은 해의 작품 〈그 안에 있는 여성을 죽이고자 하는 시도〉는 남성들에 의해 가해지는 성적 폭력을 비판하기 위한 작품이다. 이 작품은 남성의 몸속에 여성을 그려놓고 남성이 여성의 목을 조르고 있는 모습이다. 그녀의 인간 폭력성에 대한 탐구는 〈권력놀이〉 시리즈를 탄생시켰다. 또한 시카고의 사회적 폭력에 대한 고발과 비판의식은 아동폭력에 대한 작품을 제작하게 만들었다.

1991년 작품인 〈왜 몇몇 사람들이 모든 행운을 가지는가?〉는 나치의 유대인 아동에 가하는 폭력을 모티브로 하고 있지만, 오늘날 세계 도처에서 행해지는 아동학대와 아동폭력의 비인간성을 환기시키기에 충분한 작품이다. 시카고는 아동학대와 폭력이 세대에 대물림되고 사회적 폭력을 확대재생산 하는 부메랑이 될 것이라고 다음과 같이 경고한다.

우리는 지금도 수천만 달러를 전쟁을 위한 무기와 국방비에 쏟고 있다. 이에 반해 건강하고 독립적이며 바른 아동들을 보듬고 돌보는 인류의 진정한 과제에는 소름 끼칠 만큼 관심을 두고 있지 않다. 나는 우리의 이러한 행동이 결국 학대받은 아동들로 인해 훗날 더 많은 테러와 폭력이 자행되고 우리 사회에 대물림될 것이라고 확신한다.

그런데 시카고가 단지 사회적 폭력에 대한 비판만을 제기한 것은 아니다. 그녀는 '화해'의 메시지를 전한다. 그것이 소위 〈새천년을 위한 해결 (Resolution forthe Millennium)〉 프로젝트이다. 이 프로젝트 작품명만 보아도 그녀가 얼마만큼 화해와 공동체를 강조하는지를 알 수 있다. 〈무기를 거두다〉는 가톨릭, 유대교, 이슬람교의 성직자들이 피가 묻은 손도끼 모양을 땅에 묻는 듯한 자세를 취하고 있다.

이 그림은 종교적 갈등으로 인한 전쟁의 금지를 촉구하고 있다. 〈즐거운 나의 집〉은 중앙에 지구를 배치하고 지구 표면에 각각의 문화를 상징하는 13개의 집들을 동그랗게 배치해 지구촌이 즐거운 한가족으로 살아야 함을 역설한다. 〈백지장도 맞들면 낫다〉는 작품은 흑인 남성과 황인 여

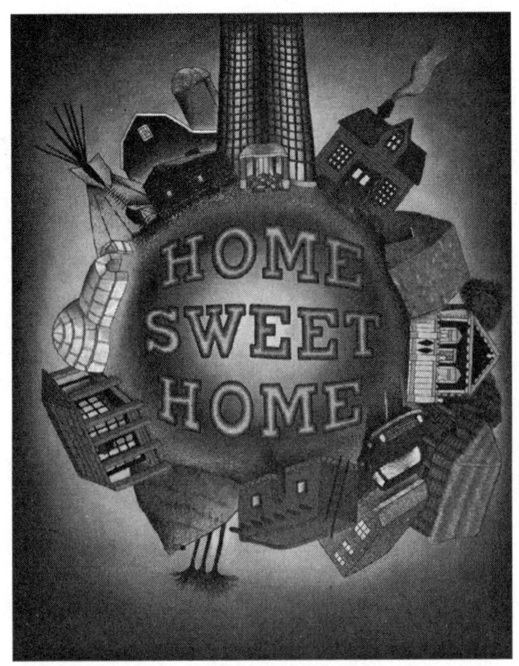

즐거운 나의 집　주디 시카고 ｜ 2000년 ｜ 스프레이 아크릴, 오일 페인트, 린넨에 자수 ｜ 45.7×61cm ｜ judychicago.com

성이 지구를 내려다보며 어떻게 지구를 살릴까 고심하는 모습을 형상화하였다.

　　시카고는 인간 폭력성의 근원과 다양한 사회적 폭력을 비판하고 전지구적 차원에서 전쟁, 폭력, 갈등이 해결되어야 하며 이를 위해 지구 생명 공동체의 이념을 작품으로 일관되게 보였다는 점에서 단순히 여성화가라기보다 '그림으로 철학하는 사람'이라고 해도 과언이 아니다. 주디 시카고의 그림은 '예술이 어떻게 사회에 대하여 반응하고, 사회에 대하여 자신의 언어를 어떻게 쏟아내야만 하는가'에 대하여 하나의 확실한 대답을 주지 않는가?

예술과 정치는 어떻게 만나는가? 14

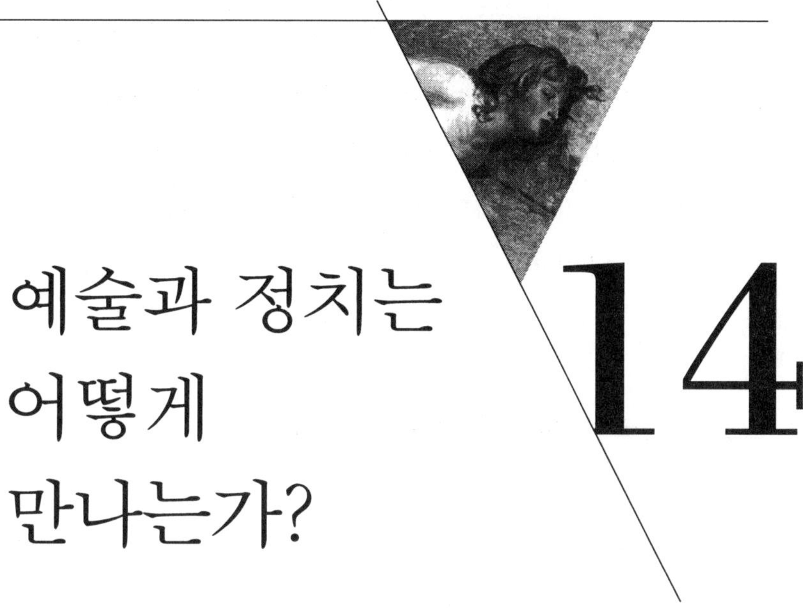

영국의 사회학자 자네트 월프(Janet Wolff)
는 『미학과 예술 사회학』에서 '예술은 명시적으로 그리고 의도적으로 정
치적'일 수 있다고 말한다. 그의 주장을 언급하지 않아도 우리는 예술이
얼마나 정치적이었나를 잘 알 수 있다. 예술이 자율성을 확보하기 이전 시
대에 예술은 황제와 왕, 귀족들에 의해 자신의 치적과 위엄을 드러내는 장
식물로 이용되어왔다. 회화나 조각이 그러했고, 건축물이 그러했다. 예술
의 자율성, 자유 예술가의 등장 이후에도 예술과 정치는 분리된 적이 없다
고 해야 할 것이다.

정치와 예술의 관계를 살펴보면 한편에는 정치가 예술을 정치를 위한
장식과 도구로 철저하게 이용한 역사와 함께 다른 한편에는 예술가 스스

로 자신의 정치적 신념을 예술의 형식을 빌려 표현한 역사가 있다. 이와 관련해 예술가 스스로 자신의 정치적 신념을 예술로 표현한 대표적인 사례인 다비드와 바그너의 경우를 살펴볼 것이다. 위의 두 경우와 달리 사회에 대한 저항으로서 집단적 차원의 광범위한 정치적 예술 활동을 보여주었던 68혁명 당시의 예술과 정치의 관계를 살펴보고자 한다.

1. 혁명의 열렬한 숭배자인 다비드의 정치예술

자크 루이 다비드(Jacques-Louis David)는 흔히 '프랑스 혁명기의 시대증인' 이자 '공포정치의 투사나 전사'로 알려져 있다. 그만큼 그는 역동적인 당시의 정치 상황에 직간접적으로 관여한 화가였다. 다비드는 역사화, 그리스 로마 신화 등을 수업하는 구체제의 미술 아카데미에서 공부하면서 세 차례나 〈로마상〉 공모전에 실패한 후 당선되는 기쁨을 맞보았다. 그러나 그는 로마로 그림 여행을 다녀온 후 아카데미 정식 회원이 되며 루브르 궁에서 자신만의 화실을 얻게 된다. 1785년 〈오라스의 맹세〉가 왕실에 의한 주문 제작이 완료되면서부터 그는 프랑스와 유럽 전역에서 주목받는 작가가 되었다.

프랑스 혁명이 발발한 후 다비드

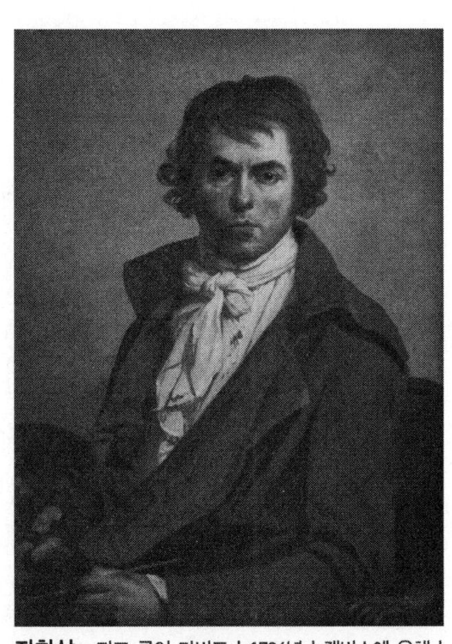

자화상 자크 루이 다비드 | 1794년 | 캔버스에 유채 | 64.1×80.5cm | 루브르 박물관

철학이 말하는 예술의 모든 것

는 혁명의 이념에 열광한다. 다음해인 1790년 다비드는 시민 세력에 동
조해 제헌의회의 권위를 내세우기 위한 〈주 드 폼의 서약〉을 제작한다. 다
비드는 국왕폐위에 대한 서명이나 입법의회 의원에 출마하는 정치행위를
직접 하면서 동시에 미술 아카데미의 폐지를 위한 투쟁을 전개했다. 그의
노력은 1795년 '귀족계급의 마지막 은신처'인 아카데미의 폐지를 가져왔
다. 프랑스 혁명기에 다비드는 애국주의를 부추기는 그림들을 그리면서,
프랑스 혁명의 축제를 기획하는 중심인물로서 미술 권력의 중심에 서게
되며, 동시에 국민의회의 의원이 되면서 권력의 중심에 다가선다. 1793년
그는 희생자가 약 3만~4만 명으로 추정되는 잔혹한 공포정치 시대의 치
안위원으로 일하면서 공포정치의 전사로 살아가기도 한다.

혁명기에 다비드의 그림과 정치활동의 키워드는 애국주의와 평등주
의였다. 그는 예술이 모든 계급에게 평등하게 향유되고 평등의 이념을 보
급하는 통로이자 프랑스 애국주의의 촉매자가 돼야 한다는 생각에 사로
잡혀 있었다. 정치와 예술이 그에게는 하나였던 것이다. 다비드에게 어떻
게 정치와 미술이 하나였을까?

1793년 공포의 단두대형을 수없이 집행한 권력자 마라(Marat)가 한 여
인에 의해 자신의 욕조에서 암살당한 사건이 발생한다. 다비드는 그의 장
례식의 감독이 되었으며 그의 죽음을 추모하는 그림 〈마라의 죽음〉을 그
렸다. 마라의 죽음을 보자. 피부병을 고치기 위해 욕조에서 일과를 보내
는 권력자의 약한 모습이 아니다. 권력자의 강한 이미지도 찾아볼 수 없
다. 숭고하고 성스러운 분위기가 그림 전체를 지배하고 있다. 욕조에서까
지 프랑스 민중을 위해 일하는 마라라는 순교자의 평화로운 죽음이 그려
져 있지 않은가? 다비드는 왜 당시 최고의 권력자 마라가 프랑스 시골 여
자에 의한 어이없는 죽음을 이렇게 그렸어야만 했는가? 단지 사적으로 가

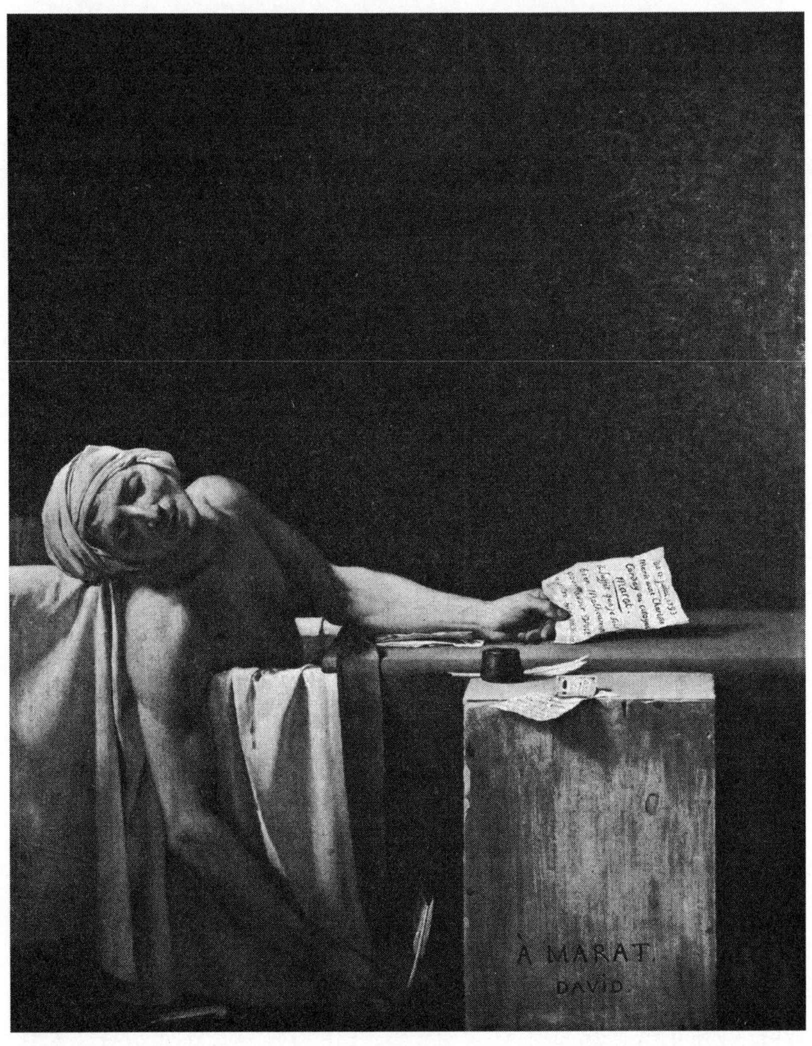

마라의 죽음 자크 루이 다비드 | 1793년 | 캔버스에 유채 | 128.3×165cm | 벨기에 브뤼셀 왕립미술관

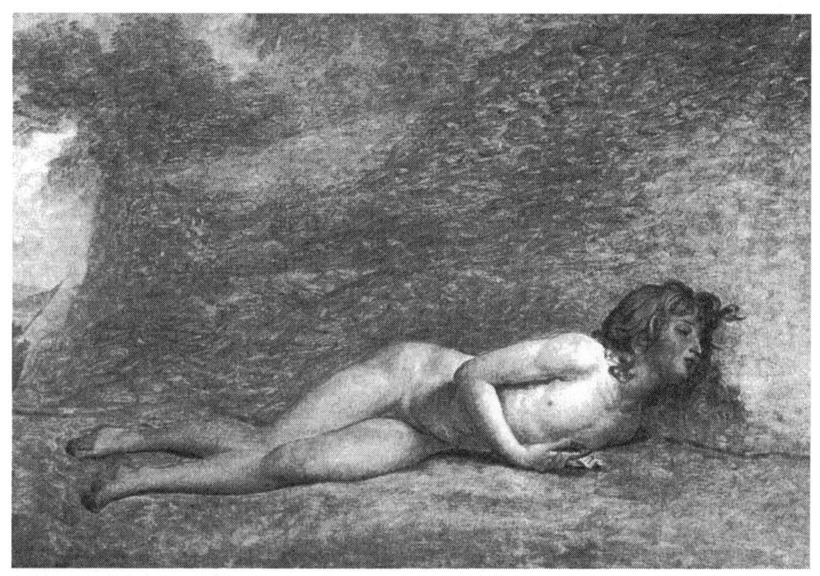

바라의 죽음 자크 루이 다비드 | 1794년 | 캔버스에 유채 | 119×156cm | 프랑스 아비뇽 칼벳미술관

까운 사이라서? 아니다.

다비드를 숭배, 찬양하기 위해서이다. 마라식의 프랑스 혁명이념의 실천을 열렬히 지지한다는 의사 표현이자 자신의 그림을 혁명의 선전미술로 쓰고자 했기 때문 아닐까? 이 작품을 조바니 벨리니(Bellini)의 〈그리스도를 십자가에서 내림〉과 비교 감상해 보자. 혁명의 이념을 표현한 또 다른 작품으로 〈바라의 죽음〉을 보자. 왕정주의자들에 의해 죽임을 당한 13세 소년의 나체를 그린 이 작품은 간결함의 극치와 함께 혁명의 삼색 휘장을 손에 쥐고 순교 당한 모습을 통해 혁명의 이념에 열정적으로 동조하는 다비드 자신의 사상이 잘 표현되어 있다. 다비드가 허름한 옷차림의 소녀가 아니라 나체의 중성적 소년을 형상화함으로써 혁명의 순수함을 더욱 더 잘 표현하고 싶었던 것은 아닐까?

나폴레옹의 등장과 프랑스 혁명이 끝을 고하자 다비드는 자신이 그토록 열렬히 찬양했던 공화주의를 내던지고 나폴레옹의 초상화를 그렸으며 훗날 그의 궁정화가가 되었다. 다비드가 그린 〈알프스를 넘는 보나파르트〉를 보자. 생동감 넘치면서도 고지를 향해서 단호하게 말을 호령하는 영웅적인 나폴레옹의 모습을 그리려고 한 것이 아닌가? 불굴의 의지를 상징하는 초인적 나폴레옹의 모습이 화면을 지배하지 않는가? 이후에도 다비드는 〈나폴레옹 황제의 대관식〉을 그렸다.

다비드의 정치욕과 욕망은 다시금 나폴레옹 시대의 '예술장관', '예술권력'이기를 바란 것이다. 나폴레옹의 입장에서는 충실한 정치예술(선전미술)의 예술가가 필요했던 만큼 다비드와 나폴레옹의 서로의 필요에 의해 서로를 이용한 셈이다. 비록 다비드가 자신이 원하는 예술권력을 과거처럼 가질 수 없는 스스로를 자인하듯이 '지극히 평범한 궁정작가' 대접을 받았지만 말이다. 워털루 전투의 패배로 나폴레옹 시대가 종막을 고하고 왕정복고가 이러난 후에 다비드는 예술권력의 세계로부터 추방되며 브뤼셀에서 죽음을 맞이한다.

2. 바그너의 경우: 반유대주의 예술의 실천

바그너(Wanger)는 반유대주의자(Anti-Semitism)였다. 그의 예술은 반유대주의의 예술적 실천이라고 해도 과언이 아니다. 바그너가 그토록 싫어했던 사유재산 제도, 고리대금업자들, 부의 집중의 문제들 그 한가운데 유대인이 있다고 그는 생각했다. 유대인 예술가들과의 불화도 그의 반유대주의를 부추기는 한 원인이었지만 말이다.

1841년 창작소설 〈파리에서의 최후〉에서에서 고리대금업을 통해 부자가 되는 유대인을 신랄하게 비판했다. 바그너는 그 소설에서 유대인들의 감각적이고 향락적인 욕망이 예술을 모욕하고 예술의 명예를 빼앗는다고 비난한다. 바그너의 반유대주의는 저술에서도 그의 오페라 작품들인 〈로엔그린〉, 〈뉘른베르크의 명가수〉, 〈지그프리트〉, 〈트리스탄과 이졸데〉, 〈니벨룽겐의 반지〉 등에서도 나타난다.

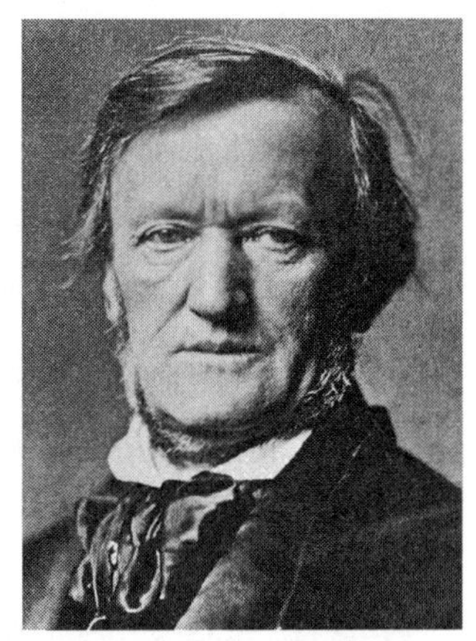

바그너 1813~1883 | 위키백과

바그너의 반유대주의는 유대인의 상업주의에 대한 비판에서 시작해 '진정한 예술창작 능력'의 결여론까지 나아간다. 유대인들은 유럽의 언어, 문화, 예술에 진정으로 녹아들지 못하기 때문에 그들이 어떠한 시도, 예술도 자연스럽지 않으며, 학습된 언어·문화·예술의 가공적인 거짓 예술이나 모방만 할 수 있다고 보았다. 바그너는 유대인의 발음으로 감정을 예술적으로 표현하는 것은 불가능에 가깝다고 보았다.

바그너는 리스트의 딸 코지마와 결혼하면서 반유대주의 사상을 더 강화시켰는데 유대인을 페스트에 비유하거나 사마귀처럼 대했다. 그는 유대인들 때문에 독일인이 몰락했다는 주장까지 일삼게 되었으며 인류와 독일인의 '원수'로 간주했다. 실제로 바그너는 자신의 오페라를 상연하기 위한 바이로이트 극장의 개관 페스티벌에 그 어떤 유대인도 들어오지 못하게 했다.

바그너의 반유대주의 사상은 그의 오페라에도 그대로 투영되었다. 바그너는 독일적인 것을 찾았고 그의 오페라 소재는 게르만 신화에서 차용·각색한 것이다. 게르만 신화에 대한 수집과 연구는 독일 낭만주의 시대에 시작되었는데 바그너는 게르만 신화가 주는 명료한 구도에 매료되었다. 게르만 신화는 선악의 구별, 적과 아군의 대립과 전쟁, 보물을 둘러싼 기사들의 싸움이 자주 등장하는 것이 특징이다.

바그너의 반유대주의가 독일 우월주의로 나타나는 작품은 〈탄호이저〉이다. 〈탄호이저〉의 배경을 이루는 바르크부르크 성은 종교개혁의 기수 루터(Luther)가 성경을 번역한 역사적 장소이며 작품에 등장하는 영주나 시인들, 탄호이저 자신은 과거의 위대한 독일 문화를 상징한다. 〈로엔그린〉에서 바그너는 하인리히(Heinrich der Vogler)라는 독일 왕을 등장시켜 독일 애국주의를 부추긴다. 하인리히는 "독일 땅이라 불리는 모든 곳은 전쟁에 합세하라, 그러면 누구도 독일 제국을 함부로 비방하지 못할 것이다"라고 주장한다.

백조의 기사인 로엔그린 역시 유사한 주장을 설파한다. 〈뉘른베르크의 명가수〉는 제화공이자 수많은 민중극과 시를 남긴 한스 작스(Hans Sachs)라는 실제 인물을 각색시킨다. 오페라 마지막 장면에서 바그너는 '진정으로 독일적인 것, 독일 예술의 위대함과 승리'를 노래하게 만든다. 『음악에서의 유대적인 것』에서 바그너는 반유대주의를 넘어 노골적인 인종주의를 드러낸다.

유대인들은 외적 용모에서 충격을 준다. …… 우리는 그런 용모를 한 사람들과 아무런 공통점이 없다는 것을 본능적으로 느낀다. …… 우리는 이런 용모를 가진 인물들을 그림의 모델로 쓸 수 없다. …… 또 유대인은 무대에 절대 설 수 없다. …… 역사물이건 현대물이건 주인공이든 연인이든 유대인이 연기하는 구상을 할 수 없다. 그러한 생각을 하는 것 자체가 터무니없다는 것을 본능적으로 알기 때문이다. …… 같은 이유에서 유대인은 자신의

철학이 말하는 예술의 모든 것

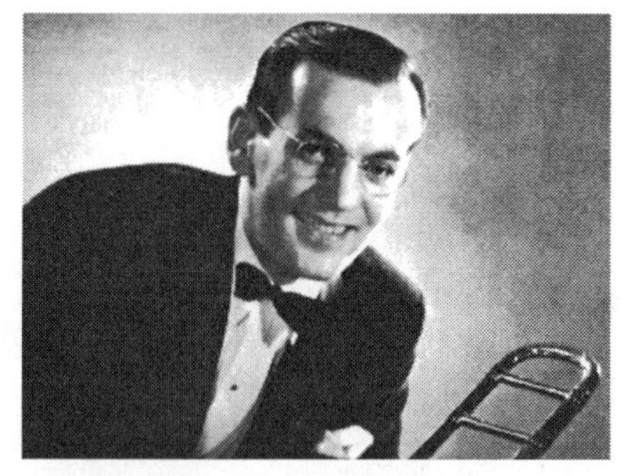
글렌 밀러 1904~1944 | 위키백과

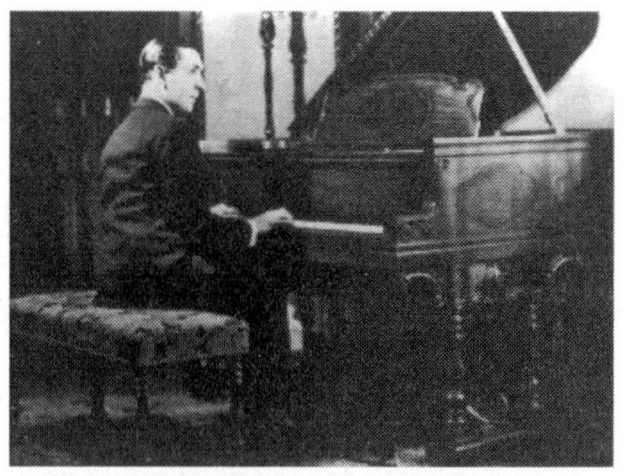
블라디미르 호로비츠 1903~1989 | 위키백과

본성을 표현하는 예술적 능력을 갖고 있지 않다.

생각해보라. 오늘날 수많은 유대계 출신의 작곡가, 연주자가 현대음악에서 차지하는 비중과 무게를……. 멘델스존, 말러, 바렌보임, 아이작 스턴, 번스타인, 펄먼, 호로비츠, 솔티, 알반 베르크, 쇤베르크, 주커만, 하스킬, 예브게니 키신, 폴 클레츠키, 클렘페러, 요제프 크립스, 야샤 호렌슈타인, 헤르만 셰르헨, 윌리엄 스타인버그, 잔데를링 등 유대계 지휘자, 연주자, 작곡자들은 현대음악의 마피아라고 과언이 아니다.

이를 보면 바그너의 주장이 얼마나 터무니없는 것임을 증명할 수 있다. 그가 얼마나 지독한 편견과 혐오의 소유자인지를……. 예술이 잘못된 정치관과 민족관에 빠지면, 그 어떤 정치행위보다 정치적일 수 있음을 예술가인 바그너 스스로 잘 보여주지 않는가?

3. 68운동기의 예술과 정치

68운동(May 1968)은 1968년을 기점으
로 미국과 유럽의 서구사회에서 일어난
사회적 억압과 기성사회의 권위에 저항
한 사회문화 운동을 통칭한다. 68운동은
1960년대 초중반의 흑인인권 운동, 베
트남 반전운동, 자유언론운동, 각국의 학
생운동 등의 일련의 사회문화 운동이 축
적된 결과이다. 그 기폭제는 1968년 5월
프랑스 낭트대학의 학생들이 대학총장
집무실을 점거하면서 시작되었다. 경찰
의 강압진압과 노조의 동맹파업으로 프

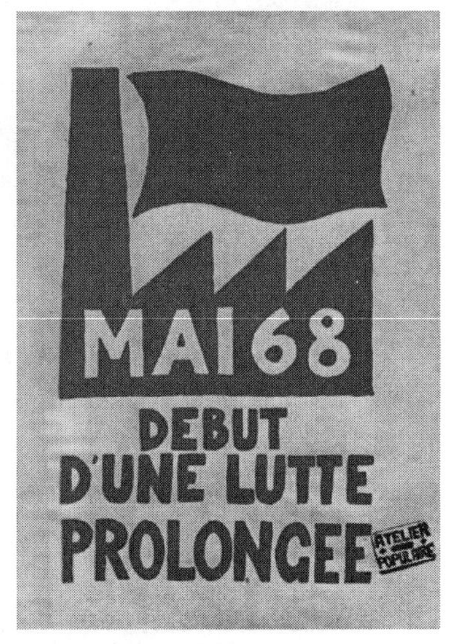

프랑스 68운동　위키백과

랑스 사회가 마비되는 상황에 이르렀다. 유럽의 다른 나라와 미국에서도
학생 주도의 저항운동과 유혈충돌이 발생하면서 서구사회 전체로 기존
체제 억압에 저항하고 새로운 사회를 지향하는 사회문화적 저항운동이
확산되기에 이른다.

학생운동으로 촉발된 68운동은 기존의 자본주의 체제를 비판하고 동
시에 관료화되고 전제주의 국가로 변해버린 사회주의 국가를 비판하면서
새로운 대안사회, 대안공동체적 가치를 추구했다. 68운동의 중요한 가치
는 권위적인 사회체제를 대체하기 위해 직접 민주주의와 자본주의의 폐
해를 극복하기 위한 자율적인 공동체적 삶의 실현이었다. '상상력이 권력
을 장악한다', '창조, 자발성, 삶', '금지하는 것을 금지한다', '혁명을 생각
하면 섹스를 하고 싶어진다'와 같은 68운동의 슬로건들은 자유롭게 유토

철학이 말하는 예술의 모든 것

피아적인 새로운 사회를 지향하고자 하는 68운동의 이념과 방향이 함축
적으로 녹아들어 있다고 볼 수 있다.

이 운동은 기존의 사회정치 운동이 계급, 자본주의의 청산을 문제 삼
은 것과 달리 서구사회에서의 기존 체제의 권위와 억압에 대한 전면적인
거부의 성격이 강한 운동이다. 68운동은 한두 달의 짧은 기간에 발생하고
진압되었지만, 여성운동, 제3세계의 문제, 성의 해방, 인종차별, 동성애와
같은 소수자의 권리운동과 문화적 · 사회적 평등 및 소외의 문제를 새롭
게 인식하는 전기를 제공했다.

기존의 권위적인 사회와 다른 새로운 사회를 지향하는 68운동의 이념
과 가치는 예술 영역에도 많은 영향을 미쳤다. 68운동이 발생하기 이전의
1960년대 예술은 소위 기존의 예술 개념을 송두리째 거부하는 '예술을
거부하는 예술'이 득세하던 시기이다. 이 시기에 보이스, 플린트, 매퀴너
스 등으로 대변되는 플럭서스(fluxus) 그룹은 고상한 소수의 향유자와 작가
자신을 위한 예술을 거부하고 '누구나'를 위한 예술, '장르 융합적인 혹은
탈장르적인 예술'을 지향했다. 특히 요셉 보이스(Joseph Beuys)는 '모든 사람
은 예술가다(everyone is an artist)'라고 강변한다. 이 말은 모든 사람이 예술가
가 될 수 있다는 말이 아니라 누구나 창조성을 가지고 태어나며 그것을 개
발시켜야 한다는 의미이다.

이들에게는 뒤샹 식의 기존의 예술에 대한 부정마저도 상업화되어버
리고 부르주아의 지적 취향으로 전락해버렸다는 당대 예술에 대한 문제
의식이 있었다. 이들은 예술의 아우라(Aura)와 권위를 거부하는 데 공감했
으며 예술이 사회개혁적인 방향으로 나아가는 데 기여해야 한다는 의식
이 있었다. 보이스는 1967년 독일학생당을 조직하고 1971년에는 직접 민
주주의를 위한 조직을 결성하는 정치적 실천을 계속했으며 마침내 무소

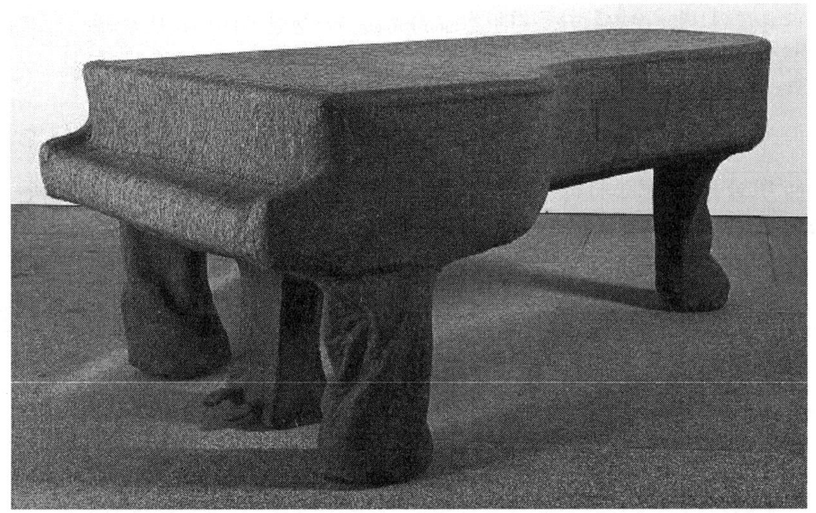

피아노를 위한 균질의 침투　　요셉 보이스 | 1977년 | 조르주 퐁피두 센터

속으로 독일 의회에 진출했다. 그 이후에도 그는 녹색당으로 유럽의회에서 활발한 정치활동과 예술활동을 전개했다. 보이스의 이러한 정치적 실천은 예술과 정치가 분리될 수 없다는 그의 신념에서 비롯되었다. 사회적 참여가 배제되고 금기시하는 예술은 소수의 향유자를 위한 예술이거나 권위적인 사회의 재생산을 위한 도구에 불과하다고 그는 생각했다.

플럭서스와 함께 이 시기 미술을 지배하던 사조는 미니멀리즘(minimalism)이다. 미니멀리즘은 최소한의 예술적 인위성만을 가지고 표현하며 대상의 본질을 파해치려는 미술 사조이다. 이 사조에서는 사물과 작품의 차이가 최소화된다. 여기서 파생된 개념미술은 생각이나 관념을 중요시하고 그것이 곧 작품의 전부라고 생각했으며 당대의 미술을 지배했다.

68운동의 직접적인 영향하에 있다고 볼 수 없지만, 미술사적 측면에서 60년대를 지배한 사조들은 기존의 지배적인 미술과 예술을 전복시키는 안티 모더니즘(anti modernism)에 기초하고 있다. 안티 모더니즘에 대한 극렬한 대항사례는 1966년 존 래섬(John Latham)이 행한 이벤트이다. 그는 모더니즘을 대변하는 그린버그의 평론집 『미술과 문화』를 씹어서 발효시킨 뒤 그 찌꺼기를 미술학교 도서관에 반납하려고 했다. 이 이벤트는 모더니즘의 예술 이념을 조롱하는 것임과 동시에 그것이 더 이상 유효하지 않다는 것을 선언하는 이벤트였다.

1960년대는 예술 내적인 전복적 미술사조와 함께 68운동의 이념과 궤를 같이하는 저항의 예술운동이 발생한다. 1966년 미국의 〈예술가 저항위원회〉에서는 250여 명의 예술가들이 참여한 〈평화의 탑〉을 제작하였다. 1968년 5월에 파리의 학생 데모와 총파업이 발생하자 예술가들은 미술학교를 점거하고 그곳에 소위 '민중 공방'을 설치해 시민과 함께 정치상황에 대해 토론하고 혁명 포스터를 집단 창작하는 방식을 채택하였으며 제작된 포스터를 무료로 나누어주었다.

알렉산더 칼더(Alexander Calder)와 같은 많은 작가들이 파업 장소나 파업 노동자들을 찾아가 작품을 전시하며 노동자와의 연대를 강화하는 노력들을 하였다. 전시공간 역시 기존의 권위적 냄새가 나는 미술관에서의 전시 형태를 버리고, 거리나 지방과 이동인구가 많은 공공장소 등에서 열리는 기획들이 나타났다. 또한 창작의 중요한 흐름 중 하나는 예술 창작자와 감상자의 소통을 중시해 감상자를 작품에 참여시키려는 노력들이 전개되었다. 프랑스 신구상주의를 대표하는 작가 중의 하나인 제라드 프로망제(Gerard Fromanger)는 〈공기를 넣은 조작〉 연작을 발표해 거리를 지나가는 시민들이 작품에 참여하도록 하였다. 이러한 사실은 당시의 예술활동이 부르주아 예술을 부정하고 민중의 예술을 지향했다는 점을 말해준다.

저항예술로서의 성격은 사회참여적 예술행위로서만 나타난 것이 아니라 예술의 상업화에 저항하는 운동으로 전개되었다. 대표적인 사례로 파리 Suppots 그룹의 예술가들은 자신의 작품을 예술시장에 유통시키는 것을 거부하였다. 아울러서 게릴라 예술행동 그룹(GAAG)나 예술 노동자 조합(AWC) 등 저항적 예술을 지향하는 자발적 예술단체들이 속속 결성되기도 하였다.

68운동의 영향하에 있는 저항적 예술은 기존의 사회참여적 예술과 다른 양상을 보인다. 68운동 전후의 저항예술은 사회 전복적 예술로서 혁명예술을 지향하기보다는 주어진 사회의 개혁에 치중했다. 즉 기성사회의 권위를 부정하고 새로운 사회, 새로운 예술 조직, 새로운 예술 공동체, 예술의 민주주의, 그리고 예술적 창조성이 자유롭게 분출되는 정치사회적 환경을 위해 노력했다. 당시의 예술운동은 협의의 정치예술, 협의의 프로파간다 예술을 뛰어넘어 예술행위와 정치적 행위의 선차성을 의도적으로 배제했으며 "예술의 창조성의 자유"를 위해 "정치적 행위"를 자연스러운 것으로 여겼다. 결국 저항예술은 정치의 예술화와 예술의 정치화를 동시에 추구했다고 봐야 한다.

예술이 여성주의의 옷을 입는다면? 15

1. 페미니즘과 페미니즘 미학

페미니즘(feminism)은 성적 지배, 성적 억압, 성차별에 대항해 성적 억압의 원인을 다양한 측면에서 진단하고 성적 평등을 지향하며 성적 차이의 인정과 성차에 관계없는 주체적 삶의 실현을 추구한다. 페미니즘은 다양한 갈래들이 있다. 자유주의 페미니즘은 자유주의, 인본주의에 영향을 받은 초기 페미니즘 운동으로 여성참정권, 노동권의 보장, 기회와 권리의 평등을 주장해왔다.

마르크스주의적 페미니즘은 여성 억압의 원인이 가부장적 사회문화에 있는 것이 아니라 자본주의 체제의 산물로 간주한다. 그래서 여성 억압의 원인인 사유재산과 계급의 폐지와 함께 여성 노동 권리의 보장 및 가사노동의 사회화, 경제적 생산단위로서 일부일처제의 폐지 등을 제안했다. 사회주의 페미니즘은 마르크스주의적 페미니즘의 한계를 넘어서고자 한 것으로 성적 불평등의 원인을 자본주의 계급체제뿐만 아니라 가부장제에 있음을 지적한다. 사회주의 페미니즘은 성적 차별이 여성에게 만이 아니라 남성에게도 나타나며 이를 해결하기 위해서는 사회적 범주로서 작동하는 남성과 여성의 성적 불평등 자체를 허무는 것이 중요하다는 입장이다.

급진적 페미니즘은 근본적인 인간 억압의 최초의 형식이 여성 억압이고 이것이 생물학적 성차에서 오는 성 역할이 정당화되었다고 본다. 급진적 페미니즘은 남성에 의해 규정된 여성성과 여성적 가치를 다 부정하고 여성의 문화, 여성적 관점에서 모든 것을 재구성해야 하며 이를 위해 사회의 전복을 요구한다. 포스트모던 페미니즘은 본질주의적 입장과 해체주의적 입장으로 구분된다.

본질주의적 포스트모던 페미니즘은 여성성의 본질적 특성을 긍정하고 강조하면서 그것이 오늘날 사회적 대안가치가 될 수 있음을 주장한다. 차이의 인정과 여성성의 가치에 의미를 부여하는 입장이다. 해체주의적 포스트모던 페미니즘은 여성과 남성, 이성과 감성, 주체와 타자와 같은 성의 이분법을 해체시키고자 한다. 해체주의적 포스트모던 페미니즘은 궁극적으로 성차의 무력화를 통해 가부장제 폐지, 남성적 권력구조를 해체하는 것을 목표로 한다.

페미니즘의 영향으로 미학에서도 페미니즘 미학이 등장했다. 페미니즘 미학은 예술과 예술교육에서 여성의 역할과 여성 이미지, 남성적 관점에서 전개되고 이해된 예술과 예술사에 대한 비판적 다시 읽기를 시도한다. 이제 페미니즘에서 말하는 여성 억압의 현실과 여성 해방의 이념들이 예술과 무슨 관련이 있는지 살펴보자. 먼저 우리가 알고 있는 여성 예술가들을 떠올려보자. 18세기 이전의 여성 예술가를 찾기는 쉽지 않다. 르네상스 시대 교황 알렉산드르 6세를 소재로 한 픽션 드라마 〈보르지아〉에서 남장을 한 여성 화가 지망생이 등장한다. 왜 이런 일이 벌어지는가? 실제로 여성은 18세기 후반까지 미술 아카데미에 입학이 금지되어 있었다. 그 이후에도 오랫동안 누드화 수업에서 여성은 배제되어왔다.

2. 예술작품 속의 여성 이미지

이것을 알아보기 위해서는 예술작품 속에 투영된 '여성 이미지'를 살펴봐야 한다. 가부장적 질서 안에서 남성 예술가들에 의해 표현된 여성들은 어떤 모습일까? 그들에 의해 표현된 여성성은 어떤 것인가? 페미니즘 미술의 관점에서 보면 회화 속에 등장하는 여성 이미지는 크게 두 가지이다. 성녀 vs 음탕녀, 착한 여성 vs 악마, 현숙한 여성 vs 요부, 아름다운 여성 vs 추녀이다. 왜 이런 대립구도가 성립할까? 그것은 긍정적이고 부정적인 효과, 규범적 강제력과 금지의 원칙을 예술을 통해 드러내려는 의도가 암묵적으로 투영되었기 때문이다. 성모 마리아와 이브에 대한 미술 속 이미지가 대표적이다. 이브는 원죄, 요부, 유혹을 상징하며 성모 마리아는 성녀, 원죄 없는 순결한 여성을 상징한다. 이브의 이미지는 유디트, 메두사와 같은 매혹적인 요부이자 악녀 이미지로 수용되었다. 모로, 뭉크, 클림트 그림에서 보듯이 이브의 이미지는 팜므파탈(femme fatale)적 이미지로 재현되고 있다.

18세기에 등장하는 회화에서 여성 이미지의 특징은 행복한 어머니들의 표현이다. 폴 프뤼동(Pierre-Paul Prud'hon)의 〈행복한 어머니〉는 행복한 표정과 풍만한 가슴, 사랑스럽게 아이를 안고 있는 웃음 짓는 어머니이다. 이 시기에 여성이 풍만한 가슴으로 표현되는 것은, 단순히 어머니의 역할뿐만 아니라 성적 매력을 가져야 한다는 당시 남성적 시각의 반영이라고 봐야 한다.

페미니즘 예술이라는 관점에서 누드화를 어떻게 봐야 할까? 르네상스 이후 역사화나 신화화에서 자주 등장하는 누드화를 어떻게 봐야 하는가? 아담과 이브의 누드화에서 시작해 누드화의 대상은 여신과 여성 일반으로 확대되어간다. 그런데 누드화는 남성 화가들에 의해 남성적 관점에서 그려졌을 뿐 여성 화가는 누드화 수업이나 누드화를 그리는 것 자체가 금기시 되었었다. 쿠르베(Gustave Courbet)의 〈비너스의 탄생〉, 〈잠〉은 신화적 요소를 담고 있지만 남성적 관점에서 에로틱한 요소를 적나라하게 보여주지 않는가? 이러한 누드화가 역사나 신화를 소재로 하지만, 근대적 남성의 여성을 성적 대상으로 보는 시각이 드러나 있다고 하지 않을 수 없다.

이것을 역사화를 빙자한 에로티시즘(eroticism)이라 왜 말을 못 하겠는가? 누드화에 표현된 여성들은 무방비 상태의 벗겨진 여성, 요염한 성적 자태를 보여주는 자세, 자신의 벗은 모습을 거울을 통해 보는 모습 등 보이는 대상으로 표현되어 있다. 주체적인 여성의식과 여성 자신을 드러낸 누드화를 찾기란 쉽지 않다. 소유하고 관음하고 지배하는 성적 대상이거나 그 반대로 신성하고 순결한 그러나 에로틱한 여성 이미지가 누드화에 나타나는 것이다.

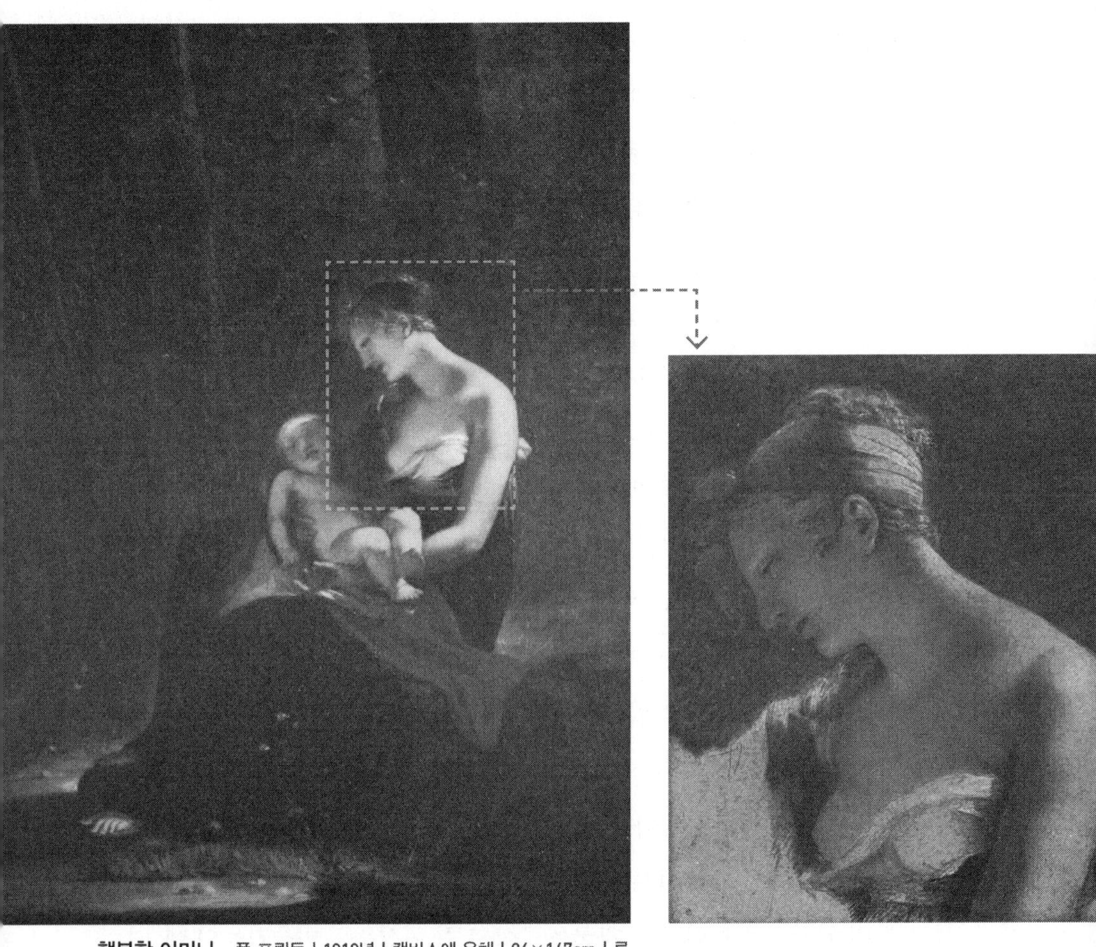

행복한 어머니　폴 프뤼동 | 1810년 | 캔버스에 유채 | 94×147cm | 루브르 박물관

3. 페미니즘 미술의 등장

페미니즘의 영향을 받은 페미니즘 미술(feminism art)이 본격 등장하기 시작한 것은 1960년대 후반이다. 이들은 왜 위대한 여성 미술가가 등장하지 않았는지에 대하여 비판적 질문을 던지며 미술계에서 여성 작가의 양성교육, 미술계 내의 여성 작가 권익을 위한 각종 위원회 등을 만들기 시작했다. '애드혹 여성 미술가 위원회', '여성 미술 간부위원회' 등이 그 사례이다. 1970년대 초반에는 캘리포니아 미술대학을 필두로 페미니즘 미술교육 프로그램이 대학 내 운영되기 시작한다. 동시에 페미니즘 미술에 대한 이론적인 정립이 본격화되기 시작한다. 페미니즘 미술은 기존의 미술에 대한 여성주의적 재해석과 미술 속의 새로운 여성 주체를 형성하는 데 자극을 주었다.

페미니즘 미술은 성적 억압과 남성적 미술에 대한 저항이다. 여성주의자들은 여성이 된다는 것이 곧 경멸의 대상이 된다는 것을 의미하고 그 경멸의 중심에는 여성을 상징하는 자궁(cunt)에 대한 경멸이 있다고 생각한다. 이러한 생각의 바탕에서 여성주의 작가들은 역으로 자궁을 생명과 재생, 기쁨의 원천으로 표현한다. 자궁을 주제로 한 여성주의 미술가들의 예술을 흔히 자궁예술(cunt art)이라고 할 만큼 자궁은 여성주의 미술에서 중요한 작품의 모티브이다. 주디 시카고의 〈디너 파티〉, 한나 윌케의 〈장미 봉우리〉, 〈나의 감각의 기억 안에서〉, 〈S.O.S 유명해지기 시리즈〉, 낸시 스페로의 〈코러스 라인 Ⅰ〉은 자궁예술이 무엇인가를 잘 보여주다.

여성주의 작가들은 자궁만이 아니라 월경도 중요한 예술적 모티브로 삼았다. 월경은 남성적 사고에서는 지저분하고 조용히 처리되어야 하는 것으로 여겨졌지만 여성주의자들은 역으로 월경이야말로 여성성과 모계

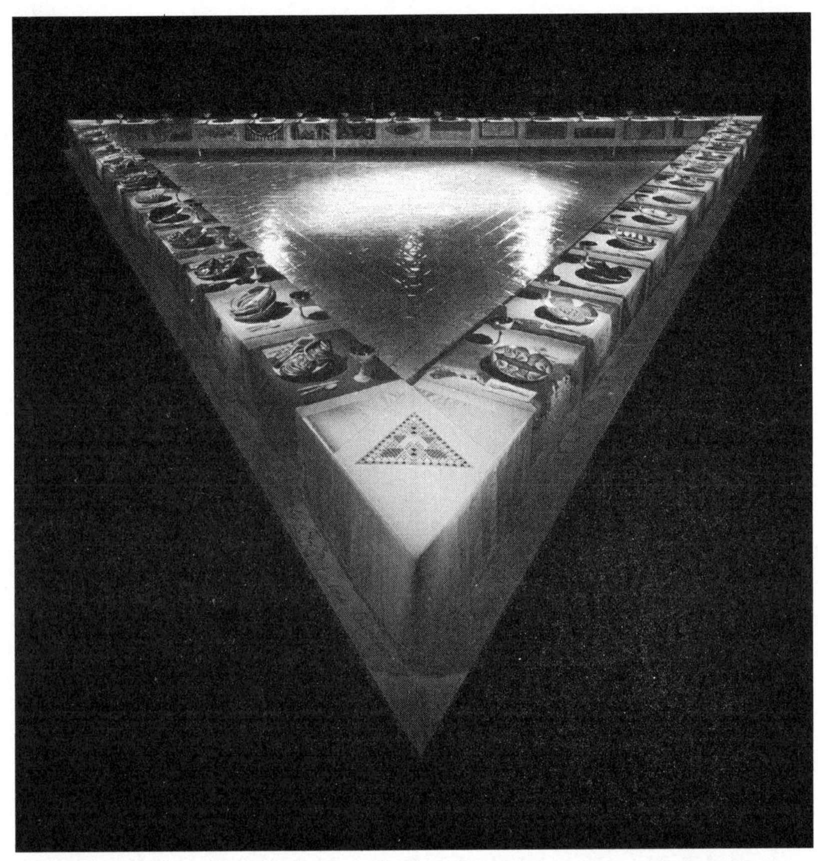

디너 파티 주디 시카고 | 1974~1979년 | 도기, 자기, 섬유 | 106.68×121.92×7.62cm | 뉴욕 브루클린 미술관

사회의 부활을 상징하는 것으로 이해한다. 케이트 엘위스의 〈월경 Ⅱ〉는 작가 스스로 생리기간인 3일 동안 투명한 아크릴 박스 안에서 자신의 출혈을 관찰하고 박스의 창과 벽에 월경과 관련된 글들을 적는 퍼포먼스 예술이다. 이렇듯 페미니즘 미술은 남성적 의식과 사고, 여성에 대한 편견의 대상을 적나라하게 전복시키고 경멸의 대상에 새로운 의미를 적극 부여하는 창작품을 통해 남성 미술에 대항한다. 페미니즘 미술은 유방, 생식기 등 여성의 신체에 새로운 가치를 부여하는 방식의 작품이 많다. 바바라 크

루거(Barbara Kruger), 신디 셔먼(Cindy Sherman), 낸 골딘(Nan Goldin) 등도 여성 신체의 일부에 의미를 부여하는 방식을 선호하는 페미니즘 작가들이다.

4. 한국 현대미술에서 페미니즘 작품들

이제 한국의 현대미술에서 여성 이미지의 변화 양상을 보자. 한국의 전통적 여성 이미지를 재현한 대표적 작가로는 박수근과 윤석남을 들 수 있다. 박수근의 〈빨래터〉, 〈나들이〉, 〈나무와 두 여인〉 등의 작품에 등장하는 어머니는 머리에 무엇을 이고 있거나, 아이를 업고 있거나, 양육과 노동을 운명처럼 받아들이는 전통적인 어머니상이다. 박수근의 유년기적 경험의 재현이라는 차원에서 볼 수도 있지만 페미니즘 미술의 관점에서 보면, 박수근의 그림에는 긍정적이며 소박한 어머니의 신화가 재현되고 있다. 윤석남의 작품 〈어머니 2: 딸과 아들〉 역시 아들과 딸을 양육하고 생계도 책임지는 강인하고 자기희생적인 한국의 어머니상이 잘 그려져 있다.

페미니즘 미술의 시각에서 이 작품은 여성의 헌신을 미화함으로써 한국적인 '어머니의 신화'를 만들어내는 데 일조한다고 볼 수 있다. 한국 최초의 여성 서양화가이자 자유주의 여성 해방론자였던 나혜석의 그림은 남성적 질서에 차별받는 여성 이미지를 묘사했다. 〈섣달대목〉 시리즈나 〈초하룻날〉 등에는 가사노동에 시달리며 근심하는 여성 이미지, 남성적 공간과 여성적 공간의 분리와 역할 구분이 잘 드러난 삽화들이다. 나혜석의 작품 중에서 많이 등장하는 신여성은 가사노동과 사회활동을 완벽하게 하는 여성으로 그려져 있다. 삽화 〈김일엽의 하루〉는 김일엽으로 대표되는 서구 학문을 익힌 신여성이자 가사 일도 완벽하게 해내는 슈퍼우먼으로 표현되

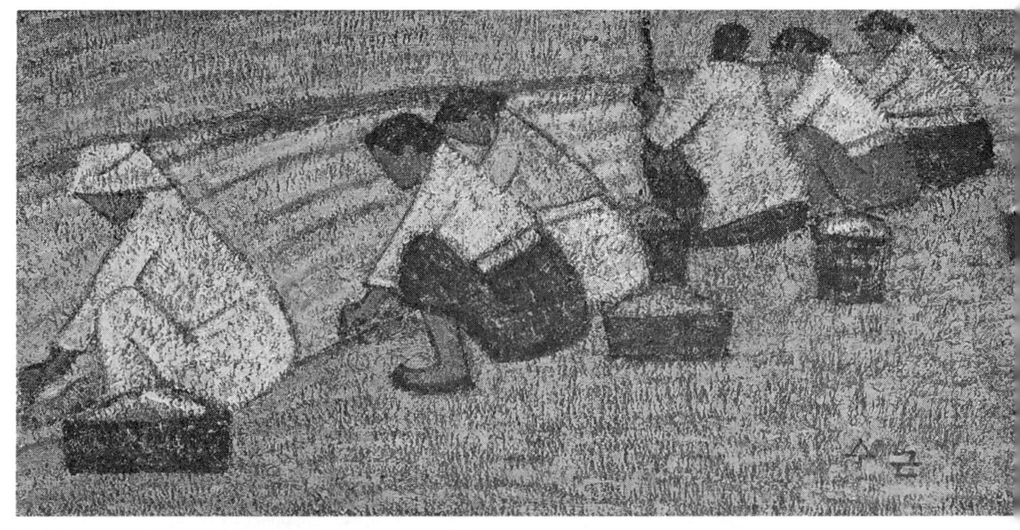

빨래터 박수근 | 1950년 | 캔버스에 유채 | 31×15cm | 개인 소장

어 있다. 이 밖에도 나혜석은 당대의 시대 분위기에서 상상하기 어려운 여성 화가의 누드화라는 새로운 장을 열었다.

해방 후 대표적인 여성 작가 중에 한 사람인 천경자의 그림 속에 등장하는 여성 이미지는 이중적이다. 그녀는 현실에 존재하지 않는 환상적 공간을 만들어내며 현실적이지 않은 환상적인 여인, 4차원적 세계에서 나타난 여성을 그린다. 이러한 모티브는 남성적 질서에서 억압받는 현실의 도피이며 동시에 그러한 질서를 부정하고 저항하려는 작가적 의도가 숨어 있다.

〈황금의 비〉나 〈사월도〉에 나타나는 여성 이미지는 천경자가 말하는 바와 같이 현실을 초월한 '우주인'의 모습이다. 환상과 우주인적 여성은 현실 극복과 저항을 위한 재현의 방식인 셈이다. 다른 한편으로 천경자는 꽃, 꽃무리, 꽃구름, 꽃 속의 여성을 그림으로써 꽃=여성이라는 전통적 상징 질서를 그대로 수용한다. 〈꽃과 나비〉, 〈꽃무리〉, 〈원〉, 〈미모사 향기〉를 보

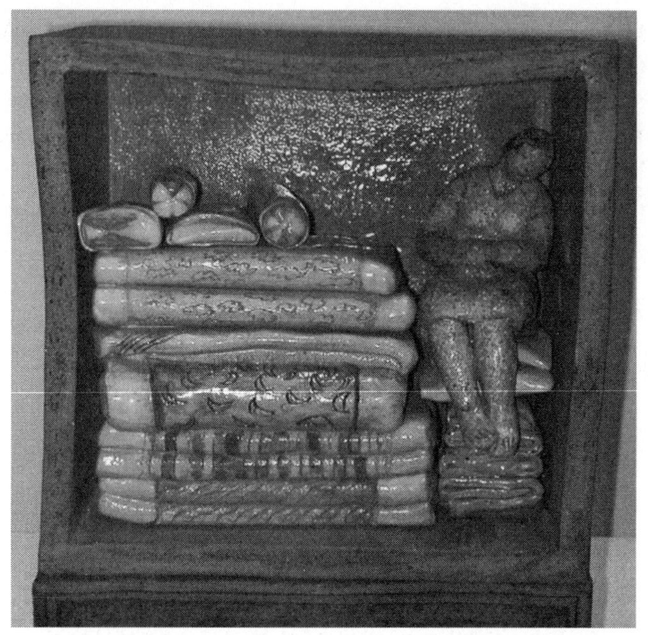

장롱 속의 여인 한애규 | 1989년 | 조각 | 22×12.5×33cm | 서울 시립미술관

면 작가 천경자가 전통적 여성 이미지를 재현하고 있다는 것을 알 수 있다.

전통적인 한국 여성상에 대한 미술적 비판들 중에서 한애규의 〈장롱 속의 여인〉을 살펴보자. 장롱 속에 잠들어버린 여인의 모습은 한국 여성의 세계가 가정과 가사노동에 한정되어 있으며, 장롱 속에 갇히듯이 그 세계로부터 빠져나갈 수 없음을 암시한다. 김종례의 작품 〈남편이 바라는 영원한 아내의 상〉이라는 작품은 한국 남성이 여성에게 요구하는 것이 여전히 절제되고 순종적이며 온순한 여성임을 보여준다. 눈을 감은 여성의 모습은 남성 권력에 주체임을 포기하고 체념 속에 평화를 찾는 여성을 상징적으로 나타낸다.

매체의 발달과 함께 여성의 이미지는 여성 육체미의 강조, 성적 대상, 눈요깃거리로 자주 등장한다. 한국의 여성주의 작가들 중 대중매체가 제시하는 여성상의 재현과 수정을 통해 남성 사회의 여성 이미지에 담긴 남성적 여성 인식을 비판하는 작가들이 있다. 서숙진은 〈그-그녀〉 연작에 텍스트를 넣는 방식을 통해 '야망'을 이해할 수 없는 여성, 역사와 사회에 대한 몰이해로 가득 찬 여성이라는 남성 사회의 오도된 여성에 대한 편견을 비판한다. 조경숙의 〈관리되는 육체〉는 광고 사진의 여성 이미지를 콜라주 기법으로 처리하고 남성적 관점에서 여성의 신체가 갖는 성애적 시각을 보여줌으로써 성적 대상으로서 여성을 보는 남성적 시각을 비판한다.

페미니즘 미술이 우리에게 의미하는 것은 무엇인가? 페미니즘 미술은 왜 중요한가? 이러한 질문은 어떻게 페미니즘 미술을 이해해야만 하는가와 같은 질문보다 더 중요하고 본질적인 질문이다. 페미니즘 미술은 사회의 변화가 예술의 변화를 견인하고 예술을 통해 창작자나 감상자에게 새로운 정신과 가치를 부여하려고 시도하려는 미술운동이다. 페미니즘 미술은 그러한 가치부여 작업 속에서 스스로 주체되기와 주체로 사는 여성을 추구하는 회화적 언어라고 말할 수 있다.

예술과 도덕은 대립하는가? 16

1. 예술과 도덕의 관계

　　예술과 도덕은 관련이 있는가? 있다면 어떤 관련이 있을까? 우리가 어떤 예술작품을 보고 감상하면서 그 예술작품에 공감하여 도덕적 환기나 도덕감이 고양되는 느낌을 받는가? 가령 전쟁의 참상을 다룬 피카소의 〈게르니카〉를 보면서 반전의식이나 전쟁의 참혹성에 대한 강한 느낌을 받고 평화와 전쟁세력에 대한 새로운 인식을 하게 되는가? 위인들을 다룬 다큐멘터리 영화를 보면서 경외심과 함께 그와 같은 삶을 추구하고 싶다는 윤리적 환기나 도덕적 결단을 한 경험이 있는가? 만약 있다면 우리는 특정 예술작품의 예술적 가치와 함께 그것이 갖는 도덕성 함축성에 반응한 것이라고 볼 수 있다. 이렇듯이 예술과 도덕의 관련성에 대한 질문은 예술이 인간의 도덕성을 고양하는 역할을 할 수 있는가, 없는가의 문제로 수렴된다.

예술이 도덕적 가치를 갖는다는 말은 구체적으로 무슨 뜻인가? 우리는 어떤 음악을 들으면서 '이 음악은 참 우울하게 만든다', '참 슬프네', 혹은 '이 음악을 들으니 뭔가 머리가 맑아지는 것 같아', '참 편안한 음악이구나'라는 말을 하게 된다. 그림을 보면서도 '왠지 저 그림은 섬뜩하고 불길한 느낌이 들어', '이 그림을 보고 있으면 왠지 모르게 에너지를 받는 듯하다'는 생각을 한다. 베토벤의 9번 교향곡 〈합창〉에서 환희의 송가를 듣노라면 온갖 고통과 시련을 이겨내고 마침내 화해와 평화의 경지에 이른 선한 영혼을 떠올릴 수 있다.

미켈란젤로의 〈피에타〉를 보면 우리는 죽은 예수를 안고 있는 성모 마리아의 모습에서 엄숙한 종교적 비장미를 느낀다. 예술이 도덕적 가치를 갖는다는 것은 특정 작품을 보고 음미하면서 도덕적인 감정을 일으킨다는 것을 의미한다. 그러한 도덕적 감정이 인간성을 고양시키고 도덕성을 개발하도록 영향을 갖는 것, 그것이 바로 예술이 갖는 도덕적 가치라고 말하는 것이다. 예술과 도덕의 관계에 대한 대답들은 '모든 예술은 도덕적 가치를 지녀야만 한다'는 강한 도덕주의적 입장과 '예술은 도덕적 가치를 가질 수 있다'는 중립주의적 입장, '예술적 가치와 도덕적 가치는 아무런 관련이 없다'는 심미주의 혹은 예술 자율주의 입장으로 나눌 수 있다. 여기서는 각각의 입장을 대변하는 논자들의 주장을 같이 생각해보도록 하자.

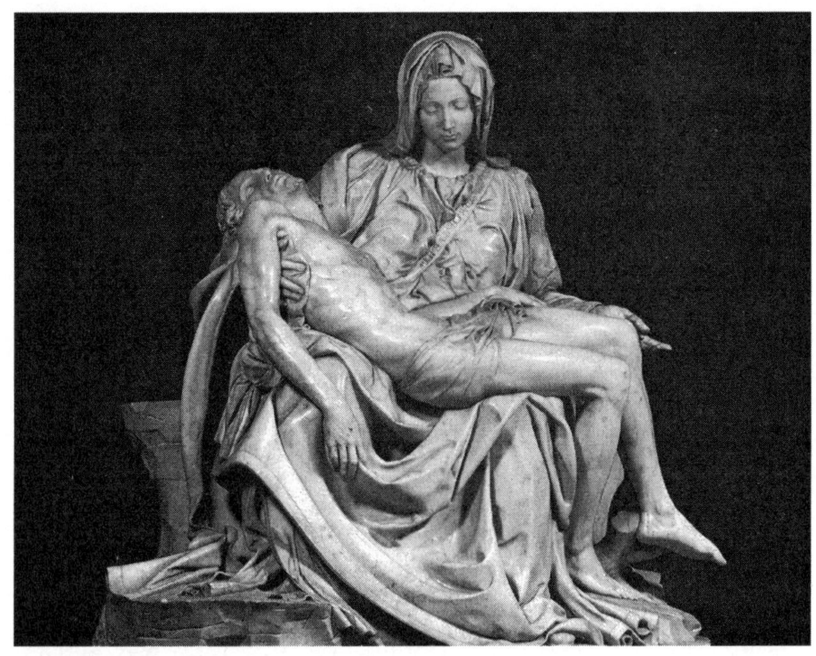

피에타　미켈란젤로 | 1499년 | 높이 175cm | 로마 산피에트로대성당 입구

2. 플라톤의 경우

　　플라톤(Platon)은 '모든 예술은 도덕적 가치를 반드시 가져야 하며 그렇지 않으면 예술이라 말할 수 없다'는 입장이다. 바로 강한 도덕주의적 입장이다. 그런데 왜 그는 그러한 생각을 대변하게 되었을까? 플라톤의 가장 잘 알려진 저작인 『국가론』은 어떻게 하면 누구나 행복하게 가장 좋은 사회를 만들 것인가를 고민한 일종의 사회개혁 프로그램이다. 이 저작에서 가장 중요한 것은 '이성적 삶'이다. 이를 위해 이 책은 국가가 어떻게 구성되고 개인이 어떻게 활동해야 하는지를 집중적으로 탐구한다. 우리의 주제인 예술과 도덕의 문제에도 플라톤은 같은 시각으로 접근한다. 그

는 예술이 이성적 활동과 이성적 삶을 구현하는 데 도움이 되지 않는다면 마땅히 추방되어야 한다고 강조한다. 흔히 '시인추방론'으로 지칭되는 그의 조롱 섞인 말을 들어보자.

> 우리는 국가에서 그러한 예술가가 필요하지 않다는 것을 그에게 말한 것이다. 우리는 그에게 나무 띠로 왕관을 씌우고 머리에 향유를 뿌려 다른 나라로 보내야 한다.

이것이 시인으로 대변되는 예술가 추방론이다. 왜 예술가는 이성국가로부터 추방되어야 하는가? 그에 따르면 예술은 감각적 쾌락을 추구한다. 그 결과 감각적 쾌락은 도취와 방종, 천박함과 무절제를 낳는다. 플라톤이 생각하는 예술의 종착역은 이성적 사고능력을 퇴화시키고 좋은 삶을 촉진시키는 것이 아니라 삶을 파괴한다. 예술이 영혼의 질서와 균형을 가져와야 하는데 그렇지 못하기 때문이다. 질서와 균형을 파괴하는 예술은 영혼의 건강 지킴이가 될 수 없고 인간성을 타락시킨다. 이러한 플라톤의 입장은 미적 가치와 도덕적 가치를 동일한 것으로 간주하는 데 기인한다.

플라톤의 예술추방론은 다분히 영향미학, 효과미학적 관점에서 도출된 주장이다. 악마주의 예술이나 불륜과 선정성만을 강조하는 막장 드라마, 억지 감동을 불러일으키기 위해 수많은 눈물 장치를 코드화하는 휴먼 드라마나 아이돌 걸그룹, 그리고 동방신기와 빅뱅 등을 플라톤이 본다면, 그는 단호히 예술 심의를 강화해야 하고 그러한 예술은 금지시켜야 한다고 말할 것이다. 실제로 그는 좋은 예술과 나쁜 예술을 심의해서 아동에게 교육시켜야 한다는 주장을 했던 인물이다.

'예술은 도덕성을 함양시켜야 한다'는 플라톤의 생각은 순수예술, 고전음악만을 배우고 듣게 할 것이다. 플라톤의 눈에 워홀이나 비트겐슈타인과 같은 팝 아트 계열의 작가들은 그가 호머를 비난한 것처럼 '사기꾼'으로 평가받을 것이다. 이런 점에서 보면 플라톤의 입장은 미적 가치에 대한 결과주의적 입장이자 극단적 도덕주의인 셈이다.

이제 과연 모든 예술은 추방되어야 하는지, 미적 가치가 높고 도덕적 가치가 높은 예술은 존재하지 않는지에 대하여 생각해보자. 이것이 우리가 플라톤에게 물어야 할 질문이다. 그가 좋은 예술이 "신과 위인을 찬미"하는 예술이라고 주장하는 한, 그러한 예술은 도덕적 가치가 있는 예술이고 영혼의 질서와 조화 그리고 균형을 줄 수 있지 않을까? 플라톤은 예술=도덕적 기능이라는 도식적 사고에 사로잡혀서 도덕으로부터 자유로운 예술이라는 개념을 생각하지 않았다. 그는 예술의 자율성 개념을 고려하지 않는 것이다. 예술행위 그 자체의 순수 미적 쾌에 대하여, 그리고 기존 도덕에 대한 비판으로서의 예술 개념에 대하여 생각하지 못한 것이다. 그는 좋은 예술의 존재와 좋은 예술이 되기 위한 조건들에 대하여도 생각하지 않았다.

또한 플라톤의 영향미학적 예술도덕론의 문제는 그것을 과연 경험적으로 증명해낼 수 있는가이다. 문제는 이 질문에 대하여 경험적으로 증명하기 어려울 뿐만 아니라 일반화하기도 어렵다는 데에 있다. 예를 들어 악마주의 음악을 많이 듣는 사람들이 상대적으로 공격적인 경향을 더 보인다는 경험적 연구결과를 가지고 악마주의 음악은 인간의 공격성향을 촉발시키기 때문에 나쁘다거나 추방되어야 한다는 주장을 하는 것은 단순하고 성급한 결론이다. 공격 성향을 구성하는 다양한 요인들의 함수관계가 먼저 해명되어야 하며 그러한 음악 향유자 그룹 내에서도 음악효과에 대한 차이들이 존재하기 때문이다. 또한 그들이 수많은 음악 향유자들 중

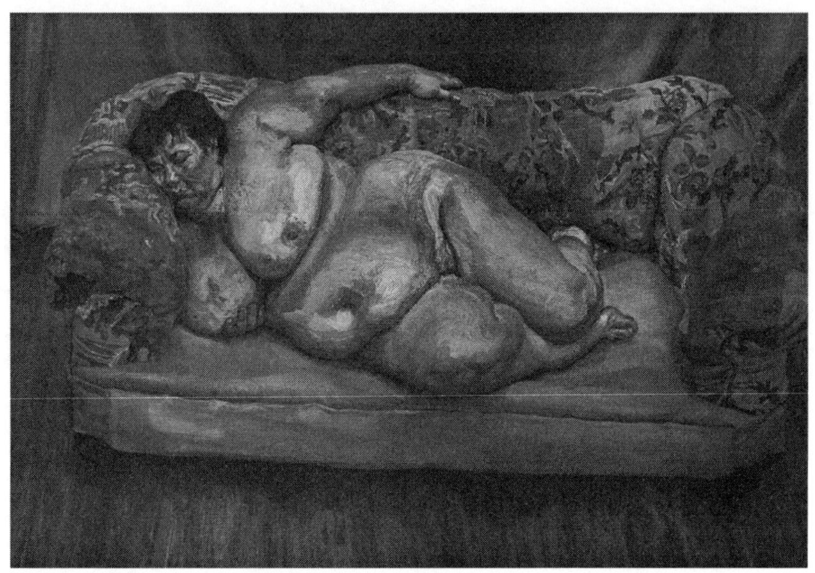

잠자는 사회복지사　루시앙 프로이트 | 1995년 | 캔버스에 유채 | 219×151.3cm | 개인 소장

극히 일부에 지나지 않는다는 점을 생각해봐야 한다.

　다음으로 예술작품을 이해하고 감상하는 데 도덕적 가치가 미적 가치를 압도하는지, 작품의 도덕적 가치가 미적 가치를 결정하는 유일한 것인지를 생각해봐야 한다. 합리적으로 생각하면, 도덕적 가치가 예술작품의 성격과 미적 가치와 본질적인 관련성을 갖지 않으며 부수적인 효과라고 생각봐야 하지 않을까? 실제로 도덕적 가치를 유발하지 않아도 미적으로 완성도 있고 미적 가치를 높이 평가하는 작품들은 얼마든지 찾을 수 있다.

　가령 루시앙 프로이트(Lucian Freud)의 〈잠자는 사회복지사(Benefits Supervisor Sleeping)〉란 작품을 보자. 이 누드화의 모델인 사회복지 감독관의 여체에서 어떤 아름다움을 볼 수 있는가? 우리는 대부분 이 그림을 보면서 '세상에 저런 뚱보도 있구나' 하는 부정적인 도덕적 감정을 갖게 된다. 그럼에도 불구하고 이 작품은 누드화의 걸작으로 인정받지 않는가? 역으로 도덕적

철학이 말하는 예술의 모든 것

가치도 없고 미적 가치도 없는 작품 역시 수없이 많이 찾아볼 수 있다.

다른 차원에서 보자. 예술은 도덕적 가치와 도덕성 함양의 기능을 가져야 한다는 플라톤의 강령은 당시에 얼마만큼 통했을까? 플라톤이 사기꾼으로 취급한 호머의 서사시가 당대의 핵심적인 교육 텍스트였다는 점이 하나의 대답이다. 또한 그 역시 좋은 예술과 나쁜 예술이라는 개념을 전제하고 논의를 전개했다는 것이 위 질문에 대한 대답이 될 것이다.

3. 실러의 경우

플라톤이 대부분의 예술은 도덕적 가치를 갖고 있지 않기 때문에 추방해야 하며 예술과 도덕이 본질적인 관계가 없다고 봤다면, 실러(Friedrich Schiller)는 이에 맞서 예술＝도덕이라고 생각한 인물이다. 예술의 본질은 바로 도덕이며 인간은 예술을 통해서 인간으로 성숙할 수 있다고 믿었다. 그가 생각한 이상적인 인간은 미적 인간이다.

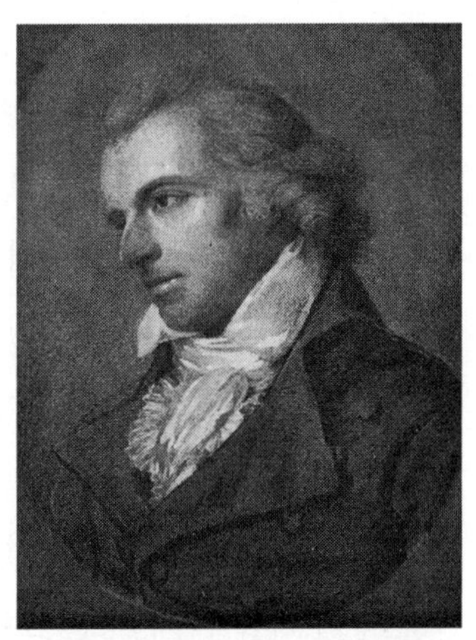

프리드리히 실러　1759~1805 | 위키백과

그는 인간이 감각적 상태에서 사유하는 상태로 발전하려면, 예술을 매개로 한 미적 교육을 통해야만 한다고 주장한다. 그렇다면 왜 실러는 이상적인 인간을 미적 인간으로 설정했을까? 그는 당대의 인간이 이성과 감성의 부조화, 사회와 인간의 분리, 자연과 인간이 분리된 상태로 있다고 가정하며 이것을 극복하는 것이 시대의 요청이자 자신의 과제라 생각했다. 이러한 관점에서 실러는 문제의 해결책을 새로운 인간상에서 찾았다.

그에 따르면 인간은 "불변하는 자아"로서의 인격(Persönlichkeit)과 지속적으로 변화하는 시간 속에서 생성하는 "상태(Zustand)" 속에 존재한다. 이 양자는 대립적이지 않고 인간의 총체성을 구성하도록 상호작용적으로 관계한다. 그가 말하는 인간은 개성 그 자체일 수 없고 특정한 상태에서의 개성이다. 따라서 실러는 인격과 상태의 조화와 통일이 한 인간의 총체성을 구현할 수 있다고 보았다.

또한 그는 인간이 이성적 충동과 감성적 충동을 동시에 가지고 있는 것으로 보았다. 그는 이성적 충동을 형식충동(Formtrieb)이라 하고 감성적 충동(Stofftrieb)을 소재충동이라 명명했다. 형식충동은 이성으로부터 유래하며 사고, 판단, 추상성, 객관성 그리고 목표지향적 성향을, 소재충동은 감성적 욕구를 추구하는 것으로 직관, 감각, 감정, 주관적 성향, 즉흥성과 자발성을 대변한다. 형식충동이 진리와 정의를 추구하며 필연성과 절대성을 지향한다면, 소재충동은 상상력, 현재성, 삶의 활력과 생기를 추구한다. 이 인간의 근본 두 충동은 상호대립적인 것이 아니라 조화와 균형을 이루어야 한다. 각각의 충동이 잘 구현된 인간을 각각 문화인 vs 거친 인간, 이념으로서의 인간 vs 경험적 인간으로 보았다.

어떻게 대립적인 경향을 조화시킬 수 있는가? 실러는 유희충동이 양자의 균형과 조화를 추구하는 성향이라고 말한다. 유희충동은 순수하게 미를 추구하는 충동이다. 물질에 대한 욕구나 어떤 정신적인 강박으로부터 자유로운 상태에서만이 유희충동이 작동한다. 유희충동은 "가장 고요하면서도 가장 움직임이 활발한 상태"나 "자연적 필연성과 도덕적 필연성이 합치되어 자유를 향유하는 상태"이다.

이러한 유희충동을 가진 인간은 이성과 감성, 자연과 인간, 목적과 수단, 현실과 원칙의 균형, 질서와 변화의 조화를 이루는 인간상을 말한다. 실러는 문화인과 거친 인간(자연인)의 대안으로 유희인, 예술가, 교양인, 자연적 인간, 미적 인간, 그리스적 인간 등으로 다양하게 불리는 제3의 대안적 인간상을 제시한다. 제3의 인간상을 도덕의 측면에서 보면, 실러가 최고의 도덕으로 간주하는 '자율적 도덕성'을 성취한 인간이다. 자율적 도덕성은 소재충동을 추구하는 인간의 자연적 도덕성이나 형식충동에 의해 이성적 삶을 추구하는 인간의 사변적 도덕성보다 높은 도덕성이다.

실러는 제3의 인간상으로서 미적 인간의 원형을 그리스인에게서 찾는다. 그리스인은 철학적이면서도 동시에 예술적이고, 이성적이면서도 창조적 상상력이 넘치는 존재이며 도덕과 욕구의 균형 감각이 있는 우아한 존재이다. 또한 실러는 그들이 순수하고 소박하면서도 천재적이라고 말한다. 예술활동을 하는 미적 인간으로서 그리스인을 고찰하는 경우에도 실러는 그리스인들이 자연을 모방하면서도 자연을 넘어서지 않은 채 이상적인 미를 실현하려고 시도했다고 높게 평가한다. 실러가 말하는 이상화된 그리스인과 실제 역사 속의 그리스인은 많이 다르다고 볼 수 있다. 그러나 여기서 중요한 것은 당대의 인간상을 비판하기 위한 준거로 그가 미적 인간을 제시하고 그 원형으로 그리스인을 언급한다는 점이다. 이것을 우리는 당대 인간상을 비판하기 위한 그의 이론적 전략으로 생각하면 된다.

유희적 충동에 따라 사는 미적 인간을 이상적인 인간상으로 설정한 실러는 당대의 인간상을 비판한다. 그는 자기 시대의 인간이 형식충동에 의해 지배되고 있다고 보았다. 개념적이고 분석적인 이성의 시대, 이성적 인간상에 대한 그의 비판은 신랄하다. 그에 따르면 이성은 개념을 가지고

"아름다운 몸"을 난도질하고 "살아 있는 정신"을 언어 속에 가두어버린다. 그 결과 이성 중심의 사유와 이성적 삶의 질서는 인간의 감성을 메마르게 만들며 종국에는 말살시킨다. 이것을 극복하기 위한 방법은 무엇인가? 앞서 언급한 것처럼 형식충동과 소재충동의 조화와 통일을 이루는 유희적 존재로서 미적 인간을 만들어내는 것이다.

실러는 미적 인간의 육성이라는 차원을 넘어서 종국에는 '미적 국가'의 실현을 최종목적으로 삼았다. 미적 국가는 미적 개인들에 의해 구성된 국가로 개인의 자유와 사회적 자유가 갈등 없이 통합된 국가 상태를 의미한다. 실러는 이것을 '개인이 국가가 되고 국가가 개인이 되는' 사회라고 표현했다. 이상국가로서 미적 국가의 통치자는 예술가이면서 철학자인 인물에 의해 통치되어야 한다. 미적 국가는 특권이 존재하지 않고 누구나 자유를 주장하지 않을 만큼 자유로우며 아름다운 본성과 취향에 따라 사는 국가이다. 이러한 미적 국가는 건설이 가능한가? 실러 자신은 그런 세계가 가능은 하지만 쉽지 않다는 것 또한 잘 알고 있다. 실현 가능성에 대한 비판 이전에 우리가 봐야 하는 것은 '미적 가상의 국가'를 왜 얘기해야만 하는가에 대한 실러의 문제제기이며 실현을 위한 그의 미적 교육의 내용들이다.

미적 교육의 목적은 앞서 지적한 바와 같이 미적 인간의 육성이다. 미란 형식충동과 소재충동을 서로 제약하고 제약받게 만듦으로써 균형을 찾아가는 활동과 그 결과를 의미한다. 실러가 말하는 미를 구체적으로 살펴보면 ① 삶의 조야함을 진정시키는 것, ② 감각에 집착하지 말고 사색으로 이끄는 것, ③ 살아 있는 그림의 형식 안에서 추상적인 것을 감각적인 것으로 변형시키는 것, ④ 개념을 직관으로, 법칙을 감정으로 전환시키는 것이다.

  철학이 말하는 예술의 모든 것

①과 ②는 자연인에게 가하는 제약이며 ③과 ④는 문화인에게 가하는 제약이다. 이러한 제약을 통해 균형과 조화를 갖는 미가 발생한다. 미의 범주라는 차원에서 고찰하면 실러는 ①과 ②를 숭고로 ③과 ④를 우미로 보았다. 숭고(sublime)란 감각에서 사유로 나아가는 것을 우미(elegant)는 사유에서 감각으로 나아가는 것을 말한다. 실러에게 숭고와 우미의 미적 범주는 미적 자유의 상태를 의미한다. 그에게 숭고와 우미는 결국 인격미 혹은 도덕미의 두 구성요소이다. 이 차원에서 보면 미적 인간은 아름다운 영혼이며 달리 말하면 숭고와 우미를 갖는 도덕미를 갖는 인간인 셈이다.

미적 교육은 '미적인 예술충동'을 촉진시키도록 해야 한다. 왜냐하면 예술충동이 작동하는 것이 진정한 미적 상태이기 때문이다. 미적인 예술충동은 가상의 즐거움을 즐기려 할 때 발동한다. 가상은 현실이 반영된 어떤 상상의 세계가 아니라 현실과 무관한 것으로 그 자체가 독자적인 성격을 갖는다. 가상의 세계는 물질세계가 아닌 비물질적 세계로서 상상력의 세계이다. 가상의 즐거움을 느끼기 위해서는 현실에 대한 자유로운 관찰과 현실과 다른 세계에 대한 관심이 필요하다. 실러에 따르면 가상의 즐거움을 느끼는 유희충동은 곧 무엇인가를 만들려는 형성충동으로 변화한다.

구체적으로 미적 교육과 관련해 실러는 미적 교육의 영역을 미적 체험, 미적 표현, 미적 감상의 영역으로 구분한다. 미적 체험은 자연미와 인공미를 느끼도록 하는 교육을 말한다. 그래서 자연의 소리와 인간의 음악을 체험하도록 교육한다. 그는 이를 통해 미적 상상력을 키울 수 있다고 생각했다. 미적 표현은 음악이나 미술활동과 같은 창작활동을 의미한다. 가창이나 기악 그리고 직접 창작이 주 내용이다. 이러한 활동은 상상력, 이해력, 격렬한 감정을 기르는 데 도움이 된다. 다음으로 실러는 예술 감상 교육이 공동체 의식과 주체적 사고능력을 기르는 데 도움이 된다고 믿었다. 예술 감상은 특정한 예술을 이해하기 위해 역사적 · 사회적 · 문화적 선이해가 필요하다. 이러한 선이해에 기초해 예술비평을 포함하는 개념이 실러의 예술 감상 교육이다.

지금까지 실러의 예술론의 대략을 살펴보았다. 그가 말하는 미적 교육의 목적은 미적 인간=교양인=아름다운 인간=이성과 감성이 통합된 인간=도덕적인 인간의 육성이다. 미적 인간은 도덕미가 넘치는 인간이다. 이러한 인간은 규칙을 잘 지키거나 사회규범을 잘 따른다는 의미의 도덕적인 인간이 아니라 이성과 감성의 조화의 균형이 실현된 진정한 인간이 갖는 아름다움이 있다는 측면에서이다.

4. 하이데거의 경우

하이데거(Martin Heidegger)의 경우는 예술과 도덕의 뿌리가 다른 것이 아니라 그 자체가 하나의 뿌리를 이룬다. 다시 말해 예술과 도덕은 동근원적이라는 것이 그의 생각이다. 왜 이런 생각을 했는지 알아보자. 이를 위해 먼저 그의 예술론을 간단히 스케치할 필요가 있다.

하이데거는 예술이 모방이나 재현으로 정의될 수 없다고 보았다. 이것은 전통적인 예술관에 대한 거부를 의미한다. 그렇다면 전통적 예술관

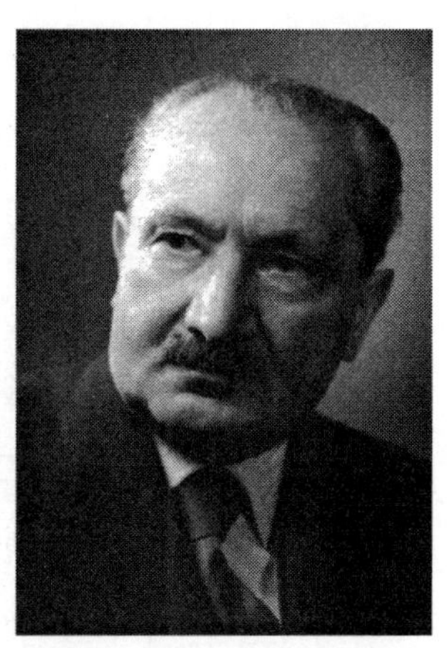

하이데거 1889~1976 | 위키백과

에 대한 비판으로서 예술적 정서의 표현이라는 낭만주의적 예술 개념을 그가 수용했는가? 그렇지도 않다. 하이데거는 예술이 한 작가의 감정의 표현

철학이 말하는 예술의 모든 것

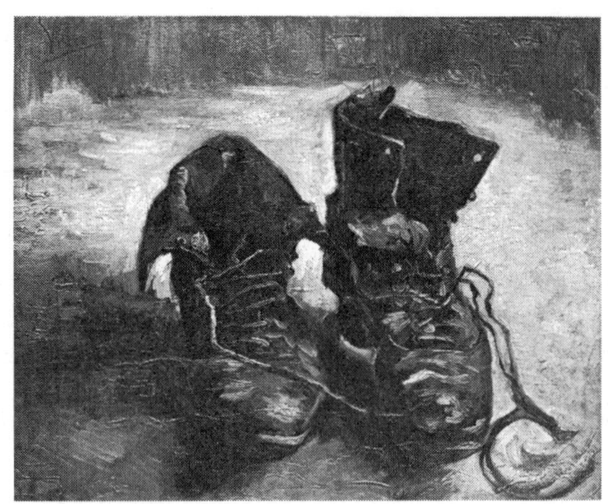

낡은 구두 빈센트 반 고흐 | 1886년 | 캔버스에 유채 | 45×37.5cm |
암스테르담 반 고흐 박물관

이거나 예술작품이 작가에 의해 창조되는 특별한 것이라는 생각 역시 거부한 인물이다. 결국 그는 자연주의적 예술 개념, 낭만주의적 예술 개념, 그리고 심미주의 예술 개념을 모두 거부한 셈이다.

그렇다면 그는 예술을 도대체 무엇이라고 생각했을까? 그는 예술이야말로 '은폐되어 있는 것을 들추어내는 탈은폐적 사건'이라고 말한다. 그런데 은폐되어 있는 것을 들추어내는 탈은폐의 주체가 작가라고는 생각하지 않았다. 오히려 예술작품 자체가 탈은폐의 주체라고 말한다. 예술작품이 스스로를 드러내는 것이 탈은폐이다. 스스로의 드러냄은 기존에 익숙해졌던 것을 벗겨버리고 다른 것을 보여주는 것을 의미하며, 이때 예술작품-작가-감상자 관계에서 경이라는 독특한 기분상태가 지배한다. 경이의 기분은 익숙한 것에 벗어나 낯선 것을 대하는 데서 오는 충격을 전제로 한다. 이 충격은 부정적인 것이 아니라 마력과 같이 끌어당기는 힘으로서의 충격이며 그래서 감상자는 작품에 빠지게 된다.

탈은폐를 통해 예술이 궁극적으로 드러내고자 하는 것이 바로 존재의 의미이다. 그래서 예술은 감추어진 존재의 의미를 알리는 탈은폐적 사건이라고 말하는 것이다. 하이데거 미학의 중심에 예술작품이 있다. 그는 근대미학의 천재 개념을 거부한다. 그러나 작가에게 새로운 의미를 부여한다. 하이데거에게 작가는 존재의 사실과 의미를 기록하는 사람이며 동시에 존재의 목소리를 듣는 사람이다. 작가는 신적 존재로서 존재 자체의 목소리를 듣는 사람이면서 동시에 인간의 본래적 목소리를 듣는 사람이다. 예술 감상자는 그러한 의미를 나누고 보존하는 사람으로 규정된다.

탈은폐를 통해 드러내는 존재의 의무를 밝혀는 예술작품은 '존재의 진리를 수립하는 행위이다. 하이데거 미학에서 예술작품은 "진리의 자기 수립"과 동의어이다. 미의 의미는 비은폐적 밝힘이며 예술은 그 수단이다. 이런 측면에서 봤을 때 하이데거의 미학은 기존의 미학과 전혀 다른 존재론적 미학, 진리사건으로서의 미학이며 이는 자기 철학의 근본 화두인 존재 물음을 미학에 투사한 것이라고 보인다. 바로 이 지점에서 그의 미학과 현존재의 존재 물음에서 제기되는 도덕의 문제가 만나게 된다.

하이데거가 도덕적인 문제를 건드렸다고 해서 그가 기존의 도덕철학자들과 같은 차원의 도덕이론을 전개한 것은 아니다. 그는 예술과 도덕의 관계를 직접적으로 다룬 적도 없다. 예술과 도덕의 관계가 제기되는 구석은 존재의 문제를 언급할 때이며 그가 기존의 도덕 이론과 자신의 '근원적 윤리학'을 구분할 때뿐이다. 하이데거가 말하는 근원적 윤리학이란 '존재 사유의 다른 이름'이다.

인간의 문제를 다루기 위해 존재의 물음을 시작하는데 그는 존재의 방식부터 구분한다. 도구적 존재, 사물적 존재, 생명과 살아 있는 자연, 이념적 존재 그리고 현존재 또는 실존으로 구분한다. 실존이 인간의 존재방식이며 실존만이 존재자와 존재에 대한 물음을 던진다. 실존은 자신의 존재 가능성을 스스로 문제 삼고 선택한다. 바로 비본래적 존재와 본래적 존재의 존재방식이 그것이다. 인간이 인간으로 산다는 것, 다시 말해 실존한다는 것은 그 자신의 '본래적 존재'가 된다는 말이며 동시에 타자의 본래적 존재되기를 응원하고 도와주는 것을 의미한다.

하이데거는 그것이 인간으로서 사는 것이며 동시에 인간 스스로의 존엄성을 갖는 것이라고 믿었다. 그렇다면 하이데거가 말하는 본래적 존재는 무엇인가? 본래적 존재는 참다운 자기 자신을 말한다. 세계 안의 사물과 물건에 귀 기울이고 소유하는 데 관심을 갖는 것이 아니라 자기 자신으로 살아가는 존재가 바로 본래적 존재이다. 그런데 자기 자신으로 사는 것이 쉬운 일일까? 대부분의 사람들은 비본래적으로 산다. 평균적인 가치와 평균적인 라이프스타일을 추구할 뿐이다. 평균적인 인간으로서 일상에 매몰되어 본래의 자기 됨에 대하여 생각하지 못하는 일상적 인간의 삶이 비본래적 존재이다.

그렇다면 본래적으로 살기 위해서 가장 중요한 것이 무엇인가? 그것은 양심의 부름에 귀 기울이는 것이다. 흔히 양심은 도덕적 판단의 준거를 제공하는 내면의 소리로 간주한다. 그러나 하이데거의 철학에서 양심은 도덕적인 것이 아니라 "본래적인 실존의 가능성을 증명"하는 척도이다. 양심은 '하라'와 '하지 마라'와 같은 행위의 원칙을 제시하지 않는다. 단지 양심은 일상에 함몰된 삶을 살아가는 비본래적 존재를 부르는 기능을 한다. 양심의 부름은 나에 의해 계획적으로 의도를 가진 행위거나 타자에 의한 것도 또는 초월적인 존재에 의해 행해지는 것이 아니다.

그것은 어느 순간 "나에게로 와서 나의 위를 덮치는" 것이다. 시와 때도 모르는 사이에 자신도 모르게 들려오는 양심의 부름은 "현존재가 양심

속에서 자신을 부르는 것"이다. 그럼 양심은 왜 부르는가? 양심은 비본래적 존재에서 본래적 존재에로 나아가게 하기 위해 부르는 것이다. 결국 양심은 현존재의 자기 됨을 위한 책임을 자각시키고 양심을 갖게 하기 위해서이다. 이러한 양심의 부름은 염려(Sorge) 속에서 부르는 것이며, 그 염려는 잃어버린 자기 자신으로 되돌아옴을 전제로 한다. 일상성에 빠지기 전의 되돌아옴은 자기 자신이 되는 전제조건이다.

양심이 부르면 현존재는 양심의 목소리(Stimme des Gewissens)에 귀 기울여야 한다. 이 목소리에 귀 기울일 때 마치 술에서 깨어나듯이 일상에 빠진 나를 스스로 뒤흔들고 깨우게 되는 것이다. 양심의 부름에 귀 기울여야 비로소 본래적 존재로의 가능성이 열린다. 그러면 도대체 양심은 누구인가? 양심을 부르는 주체는 누구인가? 양심을 부르고, 양심의 목소리를 내는 자는 세계 속에 던져진 존재이며 불안과 염려 속에 살아가는 현존재 자신이다. 양심은 하이데거에게 내 속의 나를 염려하는 또 다른 숨겨진 나인 셈이다. 본래적인 나로 살기 위해 양심의 부름에 호응하고 그의 목소리에 귀 기울인다는 것은 '지금의 나'의 비본래적 실존을 '아니오'라고 말하는 것이다. 이 '아니오'만이 지금과 다른 자기 자신이 되어가는 가능성의 길을 열어 놓게 만든다. '아니오'에 바탕을 둔 현존재의 실존적 결단과 선택 속에서 현존재의 본래성이 회복된다.

우리의 주제와 관련해서 하이데거가 예술과 도덕의 관계를 같은 뿌리, 동근원적이라고 생각했다는 점은 분명하다. 그의 예술에 대한 탐구와 근원적 윤리학의 문제 설정은 존재 물음의 차원에서 제기된 것이다. 비은폐적 사건으로서 예술(작품)은 존재의 의미를 감추지 않는다는 것과 존재의 목소리와 현존재인 인간의 본래적 목소리를 듣고 내는 사람이라는 점이나 근원적 윤리학이 현존재가 양심의 목소리에 귀 기울이고 자신의 본래적 존재의 의미를 추구한다는 점에서 예술과 도덕은 동근원적인 것이다. 예술과 근원적 윤리학이라고 불리는 도덕은 존재의 물음에 답한다는 점에서 한 뿌리의 두 갈래인 셈이다.

5. 예술과 도덕의 생산적 관계를 위하여

지금까지 예술과 도덕에 대한 세 가지 입장을 살펴보았다. 대부분의 예술은 인간의 도덕성을 약화시킨다는 플라톤의 입장, 오직 예술을 통해서만이 교양 있는 인간이 될 수 있다는 실러의 입장, 그리고 예술과 도덕은 존재의 의미를 탐구하고 본래의 자기 됨에 이르는 길이라는 하이데거의 입장이 그것이다. 여러분은 어떤 입장인가? 예술을 통해 숭고미와 우아미를 느낄 수 있을 뿐만 아니라 예술을 통해 웃고, 울고 감동을 받지 않는가? 예술은 인간의 원초적 공격성을 승화시키며 우리의 삶의 질을 풍부하게 만들기도 한다.

오늘날 예술은 심리치료의 핵심적 수단이기도 하다는 점을 고려한다면, 플라톤의 생각에 쉽게 동의하기 어려울 것이다. 그러나 예술의 탈을 쓴 외설, 돈벌이로 전락한 예술치료, 투자의 대상이 되어버린 예술시장의 메커니즘을 본다면 플라톤의 생각에 동의할 만한 측면들도 있다. 플라톤의 생각은 루소의 예술비판이나 톨스토이의 예술론에서도 그 흔적들을 발견할 수 있다. 모든 예술에 대하여 단정적인 판결을 내리는 것은 큰 의미가 없다. 중요한 것은 예술 창작자의 동기와 예술 소비자의 태도이다. 어떻게 예술을 이해하고 향유하는가가 더 중요한 것이다. 또한 플라톤적 입장은 예술 검열이 가져온 부정적인 측면과 그것의 예술 내적 및 사회적 영향에 대하여 대답해야 할 것이다.

실러의 예술과 도덕에 대한 입장은 기본적으로 당대의 문화비판과 인간비판에 근거했다고 보인다. 그 점을 고려하더라도 실러의 입장은 일종의 환원주의적 위험성을 내포하고 있다. 최고의 자율적 도덕성이 반드시 예술과 미적 교육을 통해서만 이루어질 수 있는 것은 아니다. 그의 주장과 달리 오히려 예술을 통한 도덕성의 함양과 다른 일반교육을 통한 도덕성 교육이 유기적으로 결합되어야 할 것이다. 그가 미적 교육 개념을 인간교육 일반의 차원까지 확장한 측면을 고려하더라도 그러한 개념적 확장은 협의의 미적 교육 개념과 충돌할 수밖에 없다.

하이데거의 예술과 도덕의 동근원적 테제는 적어도 그의 기초존재론의 체계에서는 유효하다. 그러나 예술과 도덕이 항상 존재의 물음과 존재의 의미를 탐구하는 것이 아님을 알 필요가 있다. 예술과 관련된 수많은 문제들이 존재의 의미로 환원되지도 않으며 도덕의 문제 역시 그러하다. 실존적 차원에서 예술과 도덕이 의미를 갖는 것은 틀림없지만, 예술의 사회적·정치적 측면과 예술의 내적 문제를 풀어나가는 데는 예술 영역 고유의 그 무엇에 의해 해결되어야 한다. 도덕의 경우에도 도덕의 판단과 행위, 도덕적 정당성 및 도덕적 갈등의 다양한 차원들에 대하여 풀어야 할 이론적 숙제와 실천적 과제에 대하여 하이데거는 많은 말들을 하고 있지 못하다.

끝으로 예술과 도덕의 생산적 관계에 대한 논의는 예술적 주장과 도덕적 주장이 충돌하는 상황을 어떻게 화해시킬지에 대하여, 그리고 도덕성을 함양하는 데 예술이 무엇을 어떻게 기여해왔고 기여할 수 있는지에 대하여 더 많이 생각해야 한다. 쇼펜하우어의 주장처럼 여성에게 소설을 읽지 못하게 권고하는 것이 과연 어떤 도덕적 영향 때문인지, 그것이 경험적으로 증명 가능한 것인지에 대하여 도덕의 이름으로 예술 향유를 제한하는 근거들을 좀 더 면밀히 따져볼 필요가 있다.

동일한 소설, 영화를 보고도 수용자의 가치와 수용태도에 따라 전혀 다른 도덕적 영향을 미친다는 점도 고려되어야 할 것이다. 도덕은 예술과의 관계에서 예술 창작과 수용의 과정에서 도덕성의 문제를 심도 있게 고찰하는 작업이 필요하다. 결국 예술과 도덕의 생산적 관계는 예술의 도덕적 역할에 대한 전통적인 관점과 입장들 보다 더 포괄적인 문제 영역을 담고 있다고 볼 수 있다. 또한 위의 철학자들이 주장한 바와 같이 단순히 규범적인 차원의 접근만으로 충분하지 않다는 점을 이해해야 한다.

예술과 외설의 경계는 어디인가?

1. 예술의 역사는 곧 외설 논쟁의 역사

기행으로 유명한 고대의 철학자 디오게네스(Diogenes)의 알렉산더 대왕과의 일화는 잘 알려져 있다. 그런데 그가 공공의 장소에서 종종 마스터베이션을 했으나 그것이 풍기문란과 음행으로 처벌이나 도덕적 비난을 받았다는 이야기는 찾아보기 힘들다. 디오게네스의 행동은 오늘날 우리 사회에서 음란경범죄로 처벌받는 '바바리 맨'보다 더 높은 수위의 처벌을 받을 행동이 아닐까?

인간이 예술 창작물을 생산하면서 외설 시비는 줄기차게 제기되어왔다. 예술의 역사는 곧 외설 논쟁의 역사라고 해도 과언이 아니다. 오늘날도 정부기구로서 각종 심의제도와 검열제도가 합법적으로 활동하고 있으며 이러한 기구들이 존재하는 한 외설 논쟁은 끝나지 않을 것이다. 심의기구들이 문제 삼지 않아도 일반 시민들이 외설 문제를 제기하는 경우도 흔히 있다. 2013년 4월 국립무용단 단장 윤성주는 신작 '단(壇)'을 발표했는데 선정적인 공연 장면으로 외설 논란에 휩싸였다.

이 연극은 2막 3장 가운데 붉은 치마를 입은 9명의 여성 무용수들이 상반신을 노출한 채 2분가량 춤을 추는 장면이 있다. 그는 "단순히 살빛과 곡선을 표현하고 싶어서"라고 주장했지만, 이 연극 소식이 방송을 타 일부 시민들에 의해 외설적이라는 비판을 받았다. 시민들의 주장은 불필요하게 선정적이라는 이유였다. 이렇듯이 외설 논란의 핵심에는 성의 선정성 문제가 있다. 창작자와 공연자의 표현의 자유와 선정성 간의 논쟁이 쟁점이다.

그렇다면 예술과 외설의 기준은 무엇일까? 보편적으로 인정되는 외설의 기준이 있을까? 있다면 그 경계 설정의 구체적인 잣대는 무엇인가? 외설에 대한 객관적 기준이 있다면 외설 시비 자체가 발생하지 않을 것이다. 결론부터 말하면 시대와 문화권에 따라 외설의 기준은 사뭇 다르다.

그리스 시대의 도자기에는 성교 장면을 묘사한 것들이 자주 눈에 띈다. 로마인들의 거실이나 그들이 사랑했던 목욕탕에도 성행위를 묘사한 벽화들이 종종 발견된다. 그와 같은 성적 노출을 묘사한 작품들이 외설 논란에 빠졌다는 기록은 없다. 그것은 생활의 일부였기 때문이다.

공공재적 성격을 벗어나 사적인 창작물인 경우에, 그리고 보다 엄격한 도덕적 잣대가 적용된 경우에 예술작품들은 외설 논란을 피해갈 수 없었다. 14세기 보카치오(Boccaccio)의 『데카메론』은 흑사병을 피하기 위해 모여든 7명의 여자와 3명의 남자들이 성과 사랑에 대한 적극적인 대화를 다루고 있다는 이유로 금기시된 작품이었지만 오늘날 외설이 아닌 고전의 지위를 차

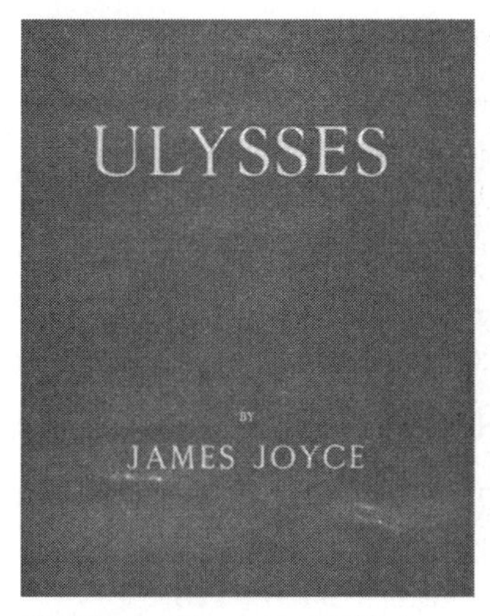

율리시즈 제임스 조이스 | 위키백과

지하고 있다. 이 밖에도 셰익스피어의 『로미오와 줄리엣』, 세르반테스의 『돈키호테』, 제임스 조이스의 『율리시즈』와 『젊은 예술가의 초상』, 그리고 로렌스의 『채털리 부인의 사랑』이나 헨리 밀러의 『북회귀선』 등은 외설 논쟁에 휩싸였지만, 오늘날 고전의 반열에 올라서 있다.

외설 시비에 휩싸인 작품들에 대한 전문가 집단의 평가, 예술 향유자들의 평가, 그리고 외설에 대한 법적인 평가에 있어서도 판단하는 사람의 개인적 취향, 예술에 대한 관념, 도덕의식의 정도에 따라 매우 다르다는 것이 수많은 외설 논쟁과 법정판결의 사례에서 알 수 있다.

2. 외설 논란의 사례들

1) 사드

새디즘(sadism)이라는 가학성 성행위의 이름을 만들어낸 마르키 드 사드(Marquis de Sade) 후작은 극단의 평가가 양립하는 작가이다. 19세기 말 이후 그는 브르통, 발자크, 보들레르와 같은 문학자와 실존주의자의 노력에 의하여 재발견되어 '전대미문의 자유로운 정신의 소유자'이며 자유, 성, 인간 본능을 일관되게 탐구한 작가로 평가받는가 하면, 변태성욕자, 악마적 존재로 평가받기도 한다. 사드 자신은 창녀 4명과의 집단성교, 최음제

를 복용시킨 후의 성교, 채찍 등 기구를 사
용한 각종 가학적 음란행위를 일삼았다.

사드의 그러한 성적 탐욕은 동성애, 가
학적 여성학대, 신성모독이라는 죄목으
로 총 세 차례에 걸쳐 27년을 감옥에서 보
냈다. 성적 쾌락을 극단까지 밀고 간 것이
사드 후작이지만, 사실 사드가 살던 시대
(1740-1814)의 프랑스 귀족의 삶이란 성적으
로 문란하기 그지없던 삶이었다.

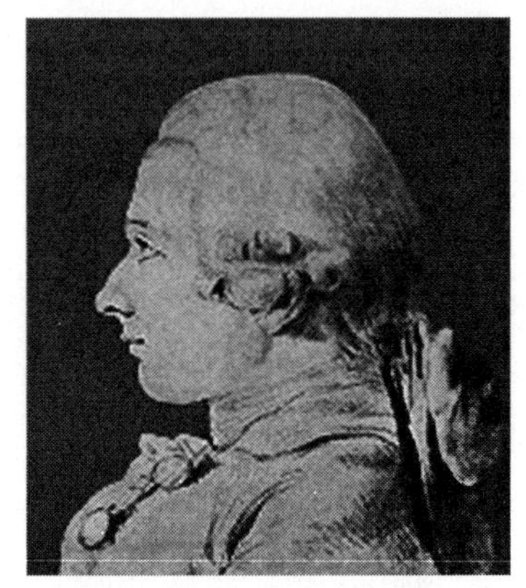
사드 후작　1767~1772 | 위키백과

18세기 베르사유 궁전과 귀족의 성에서는 파티, 술, 섹스, 퇴폐 행위가
일상적으로 벌어졌다. 성직자였던 사드의 삼촌 역시 여성의 육체적 늪에
서 살았으며 사드는 그것을 목격하며 자란 인물이었다. 사드가 활동하던
시기에도 여전히 금서가 된 성을 다룬 외설적 소설들이 광범위하게 읽히
고 있었다. 당시 사드가 특별히 '공공의 적'이 되어버린 것은 그의 성적 탐
욕의 행적이 아니라 그의 저서들 때문이다. 그의 소설들은 다른 외설적 소
설보다 좀 더 극단적이었다. 사드는 감옥에서 『철학자 테레즈』, 『샤르트르
수도원의 문지기』와 같은 외설 소설과 각종 역사서와 사상서를 탐독했으
며 동시에 소설과 희곡 창작에 열을 올렸다.

그가 바스티유 감옥에 투옥되어 있었을 때 그는 수백 번의 성도착 장
면을 생생히 묘사한 소설 『소돔의 120일』을 썼다. 이 소설에는 성의 주인
들과 딸들의 근친상간, 사위와 딸 그리고 아버지와의 집단성교, 주교와 공
작의 딸, 주교와 형수의 성교 등 오직 위험하고 절대적 성적 쾌락을 추구
하는 장면들로 가득하다. 소설은 성적 만족을 위해 방귀, 소변, 대변 먹는
장면들이 등장하며 채찍질을 당해 피를 흘려야만 흥분이 되는 인물, 면도

날과 불에 달군 쇠로 체벌을 가해 흥분을 유발하는 장면들이 등장하기도 한다. 이 소설은 오늘날의 성의식의 관점에서 보아도 상상을 초월하는 성적 상상력이 작동하고 있다. 또한 이 소설은 미사가 집정되는 시간에 예배당에서 성교하는 장면, 신부를 흥분시킬 목적으로 한 고해성서, 십자가 등에 똥 싸기 등 신성모독의 장면들로 가득하다. 성을 통한 종교 모독적 비판이 넘쳐난다.

그런데 이 소설에 등장하는 실링 성의 4명의 인물들은 귀족, 법률 계급, 성직자 계급, 부르주아 계급을 대표하는 상징적인 사람들이라는 것에 주목할 필요가 있다. 사드는 극단적 성적 쾌락을 밀고 나가면서도 소위 타락한 지배계급을 비판하고 있다고 봐야 할 것이다. 지배체제, 종교에 대한 그의 저항심 속의 자유를 추구하는 사상과 인간의 성적 탐욕을 밑바닥까지 끌고 가는 성적 본능에 대한 탐구가 얽혀 있는 소설이 『소돔의 120일』이라 볼 수 있다. 이 밖에도 사드는 소설 『저스틴*Justine*』과 『줄리엣 *Juliette*』을 통해 외설 시비를 넘어서는 형벌의 대상이 된다. 사드가 쓴 소설들은 당대는 물론 20세기 중반까지도 공식적 출판이 금지되어 있었다.

사드의 소설들은 단지 음란성이란 이유로 금서가 됐다고만 할 수 없다. 혼란한 프랑스 혁명기에 도덕적 질서를 새롭게 하려는 구체제의 사회 정책의 일환으로 '사회 정화'의 대상이 되었다는 주장이 타당성이 있다고 봐야 할 것이다. 한국의 작가 마광수나 장정일이 한참 수위가 낮은 소설로 법정 구속된 것을 근거로 사드에 대한 법정 처벌이 당연한 것으로 볼 수는 없다. 변태 성욕자가 아니라 '변태 포르노 소설'로 당시에 낙인찍힌 그의 소설에 대한 검열과 처벌이 정당한가가 여전히 문제이다. 외설, 포르노 소설의 창작 및 배포 금지를 '사회통제'의 수단으로 활용하는 국가의 행정 행위가 옳은 것인가의 문제이다.

2) 염재만, 장정일, 마광수의 사례

1969년 작가 염재만은 『반노』를 발표한다. 이 작품은 음란문서 제조죄 혐의로 유죄 판결을 받았다. 작가 염재만은 7년 동안 송사를 통해 끝내 무죄판결을 이끌어내었다. 대법원 최종판결은 "과도하게 성욕을 자극시키거나 정상적인 성적 정서를 크게 해칠 정도로 노골적이고 구체적인 묘사는 아니다"라고 무죄를 선고했다. 사실 소설 『반노』의 스토리라인은 단순하다. 두 남녀(윤진두와 홍아)가

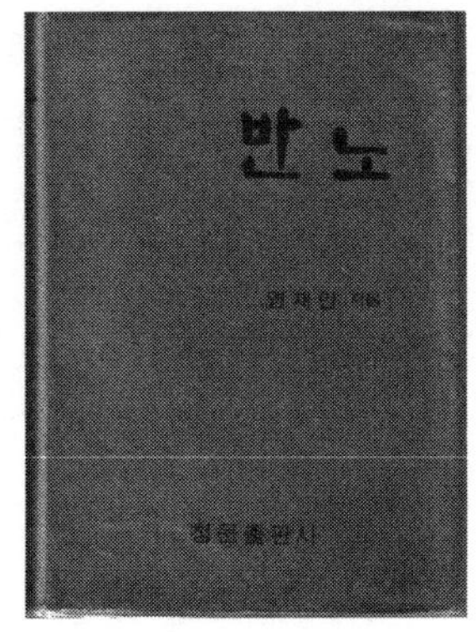

『반노』 1969년 | 청운출판사

우연히 만나 동거를 시작하며 성을 탐닉하는 내용이다. 소설은 두 사람의 갈등과 싸움을 격렬한 섹스를 통해 해소한다는 내용이 반복적으로 서술되어 있다. 이야기의 끝은 섹스를 탐닉하던 남성이 후에 자신이 성의 노예가 되었다는 사실을 깨닫고 성에 염증을 느끼며 고향으로 돌아간다는 내용이다.

이 작품은 작품이 가지는 예술적 가치보다 문학작품의 성적 묘사에 가이드 라인을 제시하는 사법 권력의 첫 사례라는 점에서 주목해야 한다. 이것을 통해 당대의 문학에 대한 사람들의 인식, 권력이 문학이라는 예술을 바라보는 시각을 읽어낼 수 있다. 1심 판결문은 이 작품이 "통상인으로 하여금 성욕을 자극 흥분시키기에 족한" 내용으로 간주한다. 이 판결문은 통상인으로 지칭되는 시민의 성적 권리를 국가가 관리해야 한다는 전제를 깔고 있다.

무죄판결의 논거로는 음란성에 대한 판단이 "문학작품 전체" 차원에서 판단해야 한다는 것이었다. 이 사건은 윤리와 도덕의 이름으로 '음란

성' 판단의 주체가 예술계나 시민이 아니라 유일한 유권해석의 권리가 사법 권력으로 대변되는 국가에 있음을 말해준다. 또한 예술작품을 도덕성, 교훈성 그리고 사회적 유용성의 차원에서만 이해하는 협조한 사법 권력의 예술 이해를 보여주는 사건이다.

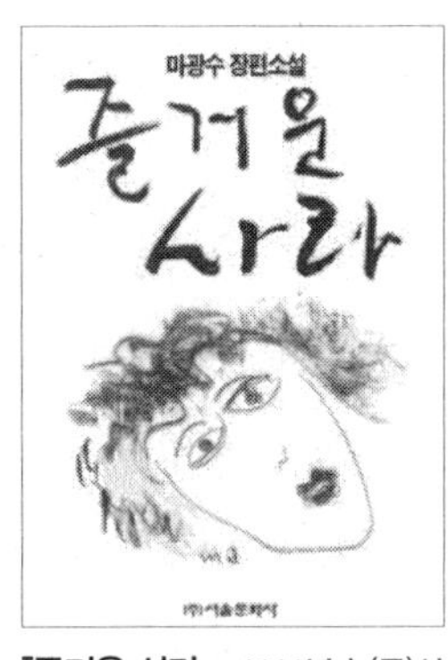

『즐거운 사라』 1991년 | (주)서울문화사

작가이자 교수인 마광수의 소설『즐거운 사라』는 1991년 출간된지 한 달도 안 돼 출판금지 되었고, 그 다음해에 개정판이 나오자마자 마 교수는 구속되었다. 1심에서 징역 1년 집행유예 2년을 선고받은 후 마 교수는 연세대에서도 직위해제 되었다. 마 교수의 『즐거운 사라』는 1995년 6월 대법원 최종판결에서 유죄로 확정되었다. 그는 1998년 사면 복권되어 대학에 복직할 수 있었다. 『즐거운 사라』는 한국 사법당국의 유죄 판결에도 불구하고 1994년 일본어로 번역 출간되어 베스트셀러가 된 작품이다.

소설의 내용은 미대생 '사라'의 낯선 남자와의 즉흥적 성행위, 자위, 동성애를 구체적으로 다루고 있다. 흥미로운 것은 검찰의 기소에 앞서 한국간행물윤리위원회가 "사회의 건전한 도덕성을 파괴하고 미풍양속을 저해할 뿐만 아니라 나아가서는 가치판단의 능력뿐만 아니라 건전한 비판력 등 확고한 자아 정체성을 채 갖추지 못한 청소년층에게 성적 충동의 자극을 일으켜 성범죄 등을 유발할 우려가 있다"는 이유로 제재조치를 취했다는 점이다. 어찌 보면 과다노출이 경범죄에 해당되는 사회에서 당연한 판결이라 생각할 수도 있지만, 마광수 교수의 에로티시즘 미학에 대한 지독한 작가정신은 높이 평가되어야 할 것이다.

그는 『즐거운 사라』를 출간하기 이전에 1989년 시집『가자 장미여관

으로』를 필두로『나는 야한 여자가 좋다』,
소설『광마일기』 등에서 일관성 있게 에로
티시즘의 미학을 보여준 작가이다. 그만큼
일관성 있게 에로티시즘 문학을 추구한 작
가도 한국에서는 드물다. 마 교수 사건의 판
결문과 그 이전 염재만 사건의 판결문은 크
게 다르지 않다. 문제는 성에 대한 인식이
성차, 나이, 학력, 계급, 문화, 시대, 환경, 개
인에 따라 엄연한 차이가 있음에도 불구하
고 '사회적 통념'과 '미풍양속', '건강한 도

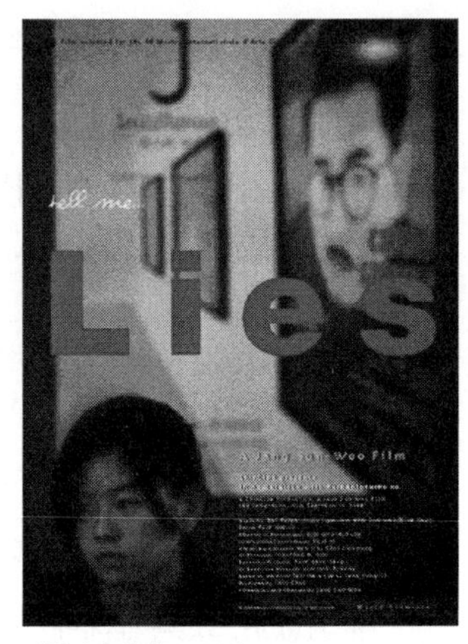

영화 〈거짓말〉 포스터　2000년 | 네이버 영화

덕성'이라는 사법당국의 임의의 잣대로 예술을 다시금 법정 심판의 대상
으로 삼았다는 점이다.

　　영화 〈거짓말〉의 원작소설인 1996년 10월 발표된 소설『내게 거짓말
을 해봐』는 출간된지 일주일도 안 되어 판매금지 되었다. 이 소설을 문제
삼은 최초의 집단은 준정부 단체 성격의 '음란폭력성 조장매체 대책위원
회'였다. 이 소설은 38세의 조각가와 18세 여고생의 변태적 성행위를 작
품의 상당 부분에 서술하고 있다는 이유로 간행물윤리위원회로부터 음
란물 판정을 받았다. 장정일 작가는 끝내 구속되었으며 소설은 출판금
지 처분을 받았다. 소설 속 주인공 제이와 와이의 만남은 전화로 시작된
다. 그들의 만남은 성행위로 이어지고 성행위의 횟수와 강도가 점점 커
진다.

　　이 소설에는 항문섹스, 수학여행 도중의 동성애 행각, 그리고 가학적
이고 피학적인 성행위 장면들이 상세하게 묘사되어 있다. 마광수 교수의
표현대로 자신의『즐거운 사라』보다 좀 더 야하다고 할 수 있다. 장정일은

철학이 말하는 예술의 모든 것

4년 후에 내려진 대법원 최종판결에 대해 "작가에게 사법적인 판단은 중요하지 않다. 대법원이 유죄 판결을 내렸지만 유죄라고 생각하지 않으며, 무죄 판결이 내려졌다 해도 전혀 기쁘지 않았을 것이다"라고 소감을 밝혔다.

3) 마네의 〈풀밭 위의 점심식사〉, 〈올랭피아〉 그리고 외설

약간의 과장을 한다면 서양미술사에서 누드화는 압도적인 주제라 할 만큼 오래된 것이다. 구석기 시대에 여성의 특정한 신체부위를 과장되게 조각한 〈빌렌도르프의 비너스〉에서부터 B.C 350년경으로 추정되는 〈크니도스의 비너스〉, 헬레니즘 시대의 〈밀로의 비너스〉, 〈키레네의 비너스〉, 르네상스 시대에는 화가 보티첼리의 〈비너스의 탄생〉, 티치아노의 〈간청하는 마리아〉와 〈거울 앞의 비너스〉, 신고전주의 작가인 장 오귀스트 도미니크 앵그르의 〈샘〉과 〈그랑 오달리스크〉 그리고 〈터키 목욕탕〉까지……. 마네(Edouard Manet)가 충격적인 누드화를 그리기 전까지 그야말로 누드화는 신화, 요정, 여성숭배의 이름으로 빠지지 않은 그림의 주제였다. 여성 누드화가 주류를 형성한 것은 17세기 들어와서이다. 미학자 빙켈만(Winckelmann)은 여성 신체의 선과 율동미만이 미를 동경하게 한다고 말한다. 이상적인 육체미에서 관능미로의 변화가 이 시기에 나타난다고 봐도 무방하다.

1863년 작품 〈풀밭 위의 점심식사〉는 700여 점의 살롱전 낙선작 중의 하나로 전시된 작품이다. 이 작품이 전시되자 경악과 비난의 반응이 줄을 이었다. 낙선작 전시를 지시했던 나폴레옹 3세의 반응도 마찬가지였다. 오직 그의 그림의 옹호자 졸라와 몇몇의 비평가와 젊은 화가들만이 〈풀밭 위의 점심식사〉를 받아들였다.

이 작품의 앉아 있는 구도는 16세기 마르칸토니오 라이몬디(Marcantonio Raimonde)의 동판화인 〈파리스의 심판〉에서 차용했다. 여성이 벗고 있고 남성이 옷을 입고 있는 모습은 티치아노(Vecelli Tiziano)의 〈전원 교향곡〉에서 차용한 것이다. 이 작품에서 두 여자는 나체이며 두 남자는 옷을 입고 있다. 티치아노의 작품에는 마네처럼 나체의 여인이 아닌 곡선미와 풍만함이 넘치는 나체의 여신이 등장한다.

마네의 〈풀밭 위의 점심식사〉가 외설로 낙인찍힌 이유는 그가 '보이는 것'을 그렸기 때문이다. 고전적 누드화처럼 보이는 것이 아닌 신비하고 이상화된 관능미 넘치는 누드화를 그렸다면, 그는 '환영받는 존재'가 되었을 것이다. 그의 예술적 전복이 외설 파문을 일으킨 것이다. 바타유는 마네가 외설 파문에 휩싸이는 또 다른 이유로 그가 작품의 제목을 통해 기대되는 이미지를 파괴하고 다른 작용을 일으키는 데 있다고 보았다.

〈풀밭 위의 점심식사〉 이후 1865년 〈올랭피아〉는 파리 미술계를 또 다시 외설과 충격 속에 몰아넣는다. 기존의 누드화에 등장하는 여성은 신화 속의 여신이거나 요정들이었다. 19세기 여성 누드화의 모델이 대부분 매춘부였음에도 불구하고 그녀들이 화폭에서 그려질 때는 여전히 신화 속의 여신이거나 신비로운 존재로 그려졌다. 이것은 19세기 파리 사회의 이중적인 성도덕을 반영하고 있다. 현실은 문란한 성생활이 넘쳐나는데 표면적으로는 보수적인 도덕주의가 숨겨진 현실을 억누르고 있었다. 그러나 올랭피아라는 이름은 당시 매춘부들이 주로 사용하는 이름이었는데 〈올랭피아(Olympia)〉의 실제 모델인 빅토린 뫼랑은 직업 매춘부이자 여류 화가이기도 한 인물이다. 〈올랭피아〉를 그린 마네 자신도 말년에 매독으로 다리 한쪽을 절단한 후 후유증으로 사망한 인물이다. 마네의 〈올랭피

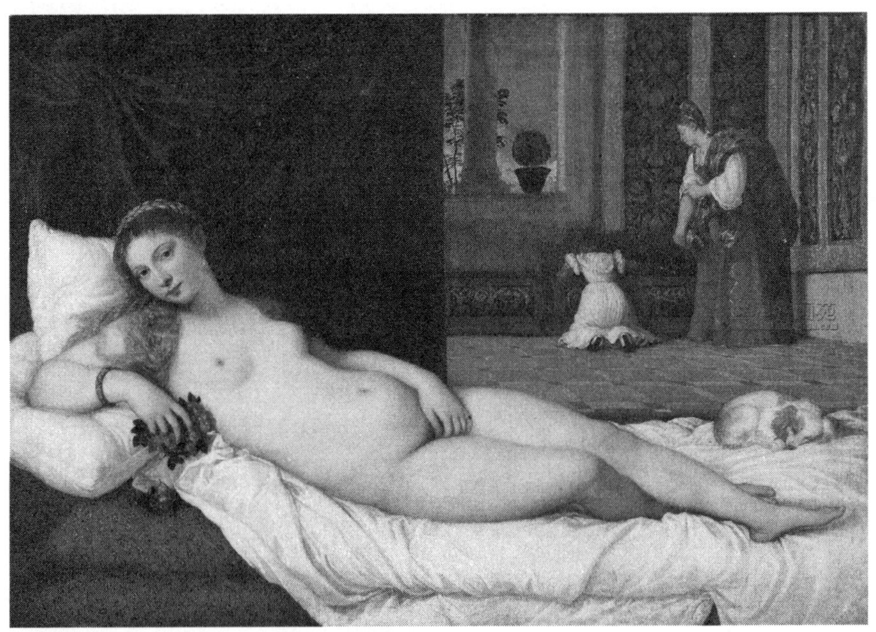

우르비노의 비너스　티치아노 | 1538년 | 캔버스에 유채 | 165×119cm | 우피치 미술관

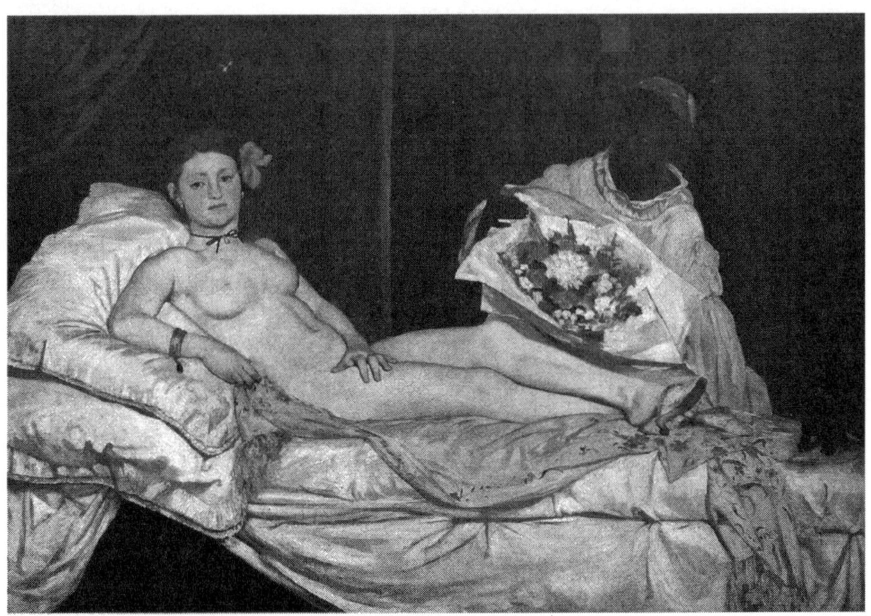

올랭피아　에두아르 마네 | 1863년 | 캔버스에 유채 | 190×130.5cm | 오르세 미술관

아〉는 티치아노의 〈우르비노의 비너스〉를 참고했다. 이 작품은 명함을 세분하는 기존의 누드화 전통을 전혀 따르지 않았으며 대담한 생략기법과 너무 사실적인 매춘부 그림이라는 점에서 아카데미 미술계나 파리 미술 애호가들을 당황하게 만들고 분노와 조롱을 자아내게 만들었다.

〈올랭피아〉는 그러한 이유로 '어찌 누드화를 저렇게 그릴 수 있나' 하는 외설 시비에 걸려든 것이다. 그의 작품의 옹호자 에밀 졸라(Emile Zola)나 보들레르(Charles Baudelaire)에게 새로운 근대미술의 지평을 연 작품으로 평가받았지만, 마네의 〈올랭피아〉는 "너무 외설스러워 보였기 때문에 우산으로 그림에 구멍을 내려는 부르주아들도 있었다"고 알려진다. 〈올랭피아〉를 자세히 보면, 이 그림은 기호들로 가득 차 있다. 차갑고 무표정한 매춘부 올랭피아의 주변의 것들은 사물기호들의 집합체이다. 흑인 하녀의 꽃다발은 손님의 왔다는 기호이다. 올랭피아 목의 검은 리본과 팔의 팔찌는 그녀가 창녀임을 말해주는 기호이며, 꼬리가 올라간 고양이의 꼬리는 발기된 성기를 기호화한 것으로 해석되어왔다.

검은색은 〈올랭피아〉의 '그늘의 깊이'의 기호이다. 조르주 바타유(Georges Bataille)는 이 그림이 기존의 전통적 회화와 다른 의미작용을 하는 이유로 '숄, 꽃다발, 분홍색 옷의 눈에 거슬리는 색조의 파열과 선명한 색조들이 올랭피아를 정물의 성격으로 옮겨놓는다고 말한다. 전통적 누드화처럼 인물에 집중적인 포커스가 맞추어지지 않았다는 말이다. 이것은 전통적 관점에서는 외설이지만, 마네 식의 근대적 누드화의 출발인 셈이다.

3. 외설 논란의 쟁점들

먼저 외설의 규제를 문제 삼는 반외설론자들의 주장을 살펴보자.

1) 성의 상품화와 그 영향에 대한 문제

선정적인 성적 묘사에 대한 외설 시비의 가장 흔한 문제제기는 성의 상품화 문제이다. 이들은 예술이라는 이름으로 포장을 하면서 성을 상품화하는 예술은 예술이 아니라는 입장이다. 이러한 문제제기와 관련해 논의의 여지가 있는 예술 장르가 소위 알몸연극이다. 최근 몇 년 사이에 충무로 연극계에는 〈교수와 여제자 1, 2, 3〉, 〈여선생은 수업 중〉, 〈개인교수〉, 〈나는 야한 교수가 좋다〉, 〈외설〉 등 소위 성인 알몸연극이 대

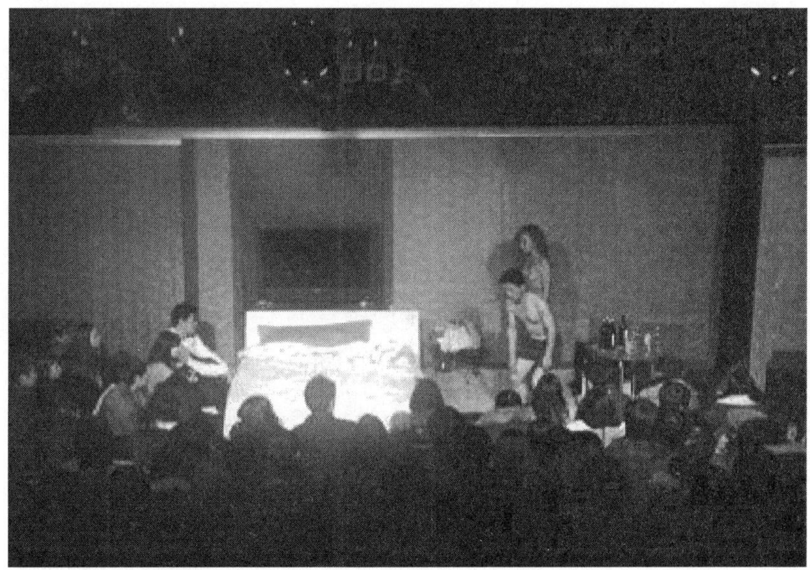

교수와 여제자 공연장면　예술집단 참

세이다. 성인연극, 노출연극, 알몸연극이라는 이름으로 알려지다가 근자에 와서 성인연극이라는 이름이 일반적으로 통용되고 있다. 성인연극에 불을 붙인 연극은 무엇보다도 〈교수와 여제자〉 시리즈라고 할 수 있다.

이 시리즈는 여성 연기자의 전신노출로 센세이션을 일으켰으며 성인연극의 대표 격이되었다. 특히 〈교수와 여제자 2〉는 연극 사상 최초로 동영상 다운로드 서비스를 실시했다. 이 동영상 웹하드 송사리의 영화 다운로드 차트에서 최고의 다운로드 기록을 유지하고 있다. 이 성인연극의 주인공으로 출연한 배우 이유린은 공연 중 실제 성행위 파문을 일으키기도 하였다. 이제 성인연극은 관람객 예매율, 관심도, 시장점유율 등에서 연극계의 중심을 차지하고 있다.

성인연극 〈외설〉에서 보듯이 연극인, 연극계의 생존을 위해 선정적 요소를 채택하며 활로 모색의 차원에서 시작한 성인연극이 충무로 연극계의 중추역할을 하고 새로운 연극 생태계를 형성하는 역할을 하게 된 셈이다. 성의 상품화라는 차원에서 성인연극을 어떻게 봐야 할 것인가는 논란의 여지가 있다. 외설반대론자의 입장에서 육체적 쾌락과 정신적 가치 사이에서의 기로 찾기라는 성인연극의 논리를 흔쾌히 받아들이기 어려울 것이다. 영상 다운로드 서비스는 성의 상품화를 노골적으로 노리고 있다는 비난을 받을 수 있다.

이제 성인연극에 성의 상품화를 문제 삼는 논점 자체가 타당한지 살펴보자. 성인은 성적 자기 결정권이 있다. 이러한 권리의 연장선상에서 성인에게 상품화된 예술 장르를 구입, 소비하는 것을 문제 삼을 수는 없다. 하지만 노골적인 섹시 코드를 활용하고 있고 그것을 통해 잠재적 예술고객의 확장을 목표로 하고 있다면, 그것은 성의 상품화 전략이라고 봐야 할 것이다. 노래 가사의 내용과 상관없이 과도한 노출과 선정적인 춤으로 관심을 집중시키고 그것을 음반판매로 연결시키려는 섹시 마케팅은 엄연히 성의 상품화라고 봐야 한다. 성의 상품화를 비판하는 논지들은 낯뜨거운 성애 장면을 담은 영화, 뮤직비디오, 게임, 공연물 등을 강력하게 규제해야 하며 예술이라는 이름으로 성의 상품화를 조장하는 문제들을 골라내야 한다고 주장한다.

또한 이들은 예술이라는 이름으로 포장된 성의 상품화가 성적 도구나 노리갯감으로 여기는 여성에 대한 잘못된 고정관념을 심어줄 수 있기 때문에 규제되어야 한다는 논리를 전개한다. 소위 여성주의자들은 자극적이고 선정적인 묘사가 여성에 대한 남성적 시각을 고착시키고 여성을 무능하고 성적인 대상으로만 간주하는 시선을 강화시킨다고 본다. 그 결과 여성에 대한 성적 억압과 물리적 폭력의 원인을 제공한다는 것이다. 그런데 이러한 주장에 어느 정도 동의할 수 있다 하더라도 이 관점은 선정적인 성 묘사와 성적 대상화가 반드시 여성에게만 나타나지 않는다는 점을 간과하고 있다. 여성도 선정적 성적 묘사나 외설물을 즐기고 있으며 남자를 성적 대상화하려는 경향을 부인하기 힘들다. 위와 같은 여성주의자들의 주장들은 상당부분이 추측이거나 경험적으로 논증하는 데 한계가 있다. 따라서 충분히 동의할 만한 수준의 영향관계를 제시하지 않은 채 외설적 시비가 될 만한 예술작품을 검열하거나 배제시키려는 태도는 적절하다고 볼 수 없다.

드워킨(Andrea Dworkin)이나 맥키넌(Catharine Mackinnan) 같은 여성주의자들이 외설적 예술작품은 여성의 심리적 소외와 침묵을 강요하게 만든다고 주장한다. 이러한 주장 역시 어느 정도 공감할 수 있는 측면이 있다. 그러나 외설적 작품의 증가, 포르노그래피의 증가가 일어났음에도 불구하고 여성의 정치적 · 사회적 지위나 권리는 과거에 비해 계속 향상되고 있음을 간과해서는 안 될 것이다. 이 주장은 소외와 침묵의 강요라는 입장이 지나치게 과장된 분석임을 보여준다고 할 수 있다.

2) 청소년, 미성년자에게 부정적 영향

외설 반대론자들이 가장 빈번하게 들고 나오는 외설 반대 논거 중에 하나가 바로 청소년, 미성년자에게 미치는 부정적 영향이다. 부정적 영향은 정서발달 왜곡, 잘못된 성도덕, 잘못된 성적 판타지를 심어주고 심지어 행위로서 표출하게 만들 수 있다는 입장이다. 2011년 8월 지상파 3사 가요 프로그램들에 대해 각각 '권고' 조치를 내렸다. 방송통신심의위원회는 청소년시청 보호시간대에 특정 여성 가수의 지나친 노출의상과 선정적인 춤동작을 여과 없이 방송한 지상파 3사 가요 프로그램들에 대해 각각 '권고' 조치 한 것이다.

심의위원회의 권고조치의 논거는 "주 시청층인 청소년의 정서발달 과정"을 고려해야 한다는 것이었다. 공연물의 경우나 공중파 방송에서의 '과다노출'에 대한 국가별 인식은 분명한 차이가 있다. 미국이나 유럽의 음악 방송에서 동일한 수준의 노출과 선정적 춤이 동일한 논거를 제시하며 규제의 대상이 되지는 않기 때문이다. 국가별, 문화권에 따라 차이가 있음을 간과하지 말아야 할 것이다. 또한 이러한 논거는 매우 설득력이 있는 것처럼 여겨지지만, 시청한 청소년의 대부분이 정서적 발달에 장애나 왜곡이 오는지 좀 더 면밀한 장기 경험 연구가 뒷받침되어야 더 큰 설득력이 있다.

공연물이 아닌 에로티시즘 미학을 표방하는 정통 예술작품도 청소년들에게 성적 자극이 될 수 있지만, 왜곡된 성관념을 심어준다는 것은 지나친 주장이다. 가령 김미루의 돼지를 소재로 한 나체 퍼포먼스나 팝 아티스

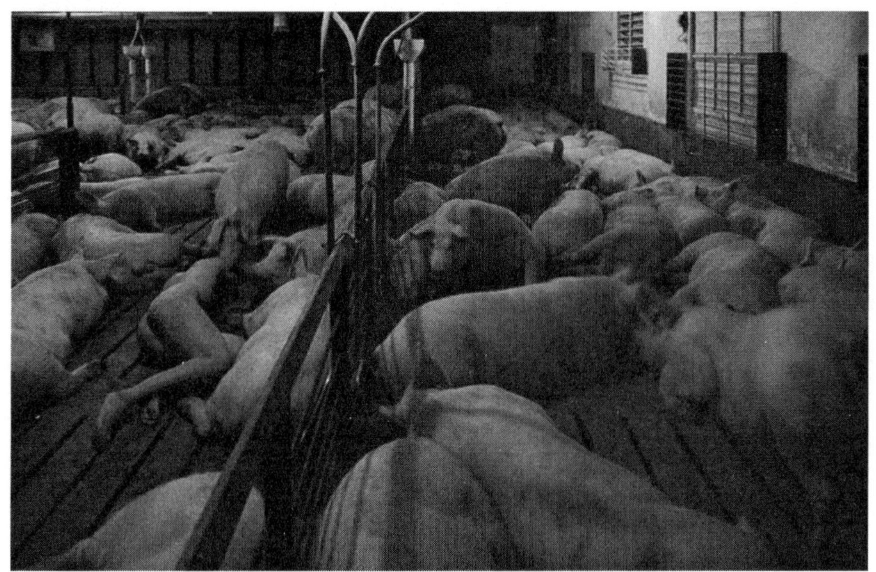

돼지 퍼포먼스 김미루 | MiruKim.com

트 낸시랭의 선거 독려 프로젝트인 〈앙〉 퍼포먼스는 청소년에게 부정적 영향을 미칠까?

여성 사진작가 김미루는 마이애미에서 개최된 아트페어에서 나체로 104시간 동안 돼지 두 마리와 피부 접촉을 시도한 파격적인 '돼지 퍼포먼스'를 펼쳐 보였다. 퍼포먼스 주제는 '나는 돼지를 좋아하고, 돼지는 나를 좋아한다'였다. 돼지 퍼포먼스를 통해 문명화로 돼지와 인간의 파괴된 관계를 회복하고자 하는 메시지를 던지고자 한 것이다. 그녀는 2012년 4월 국내 한 갤러리에서 '돼지, 고로 나는 존재한다(The Pig, That Therefore I Am)'라는 주제의 사진전을 열기도 하였다. 김미루가 나체로 돼지와의 퍼포먼스를 하는 것은 '피부'를 세계 접촉의 단초로 이해하기 때문이다.

저는 촉감을 중요하게 생각해요. 촉감이 없으면 느낌이 없어서 존재를 인식하지 못하잖아요. 어떻게 보면 촉감을 통해 몸과 영혼이 만나는 것이라고 할 수도 있고요. 제게 피부는 듀얼리즘, 이분법, 그런 사상을 깨는 역할을 해요.

김미루는 피부의 촉감적 교환에 의해 적나라한 피부존재로서 인간을 규정하고 타자의 숨소리를 피부를 통해 접촉함으로써 원초적 교감을 성취할 수 있다는 생각과 함께 피부로 대변되는 순수한 원초적 생명성의 회복을 보여주는 것이다.

낸시랭은 2012년 총선에 즈음해 투표 독려를 위한 〈앙〉 퍼포먼스를 진행했다. 그녀는 국회의사당, 거리행진, 세종로 세종대왕 동상 앞에서 〈앙〉이라는 글자를 들고 비키니 차림의 퍼포먼스를 했다. 그녀는 "이번 선거가 국민이 주인임을 알리고 대한민국이 진정한 민주주의 국가임을 전 세계에 알리는 멋진 축제가 되길 바라요"라고 말했다. 김미루와 낸시랭의 퍼포먼스가 과장이든 아니든, 진실성의 순도와 상관없이 자신의 예술관을 노출을 통해 보여주고 있다.

이들이 펼치는 노출의 정도가 청소년에게 부정적 영향을 미친다고 말하는 것은 예술적 행위를 일상적 행위와 구분하지 않은 태도에서 비롯된 것이 아닐까? 상업적 엔터테이너를 지향하든 안 하든 기존 예술계에서 예술행위로 승인되는 예술에 대하여 외설 시비, 그리고 청소년에 대한 부정적 영향을 문제 삼는 것은 '탈일상적 창조행위'로서의 예술에 대한 도덕적 기능만을 요구하는 태도가 아닌가?

3) 건강한 공동체적 규범과 가치를 파괴

외설 반대론자들은 외설적인 예술이 건강한 공동체적 규범과 건전한 가치를 파괴하므로 심의, 규제 및 처벌되어야 한다고 생각한다. 조선을 대표하는 화가인 김홍도와 신윤복은 여러 개의 춘화작품을 남겼다. 단원은 '운우도첩'에서, 혜원의 춘화는 '건곤일회첩'에서 전해내려 온다. 이들의 춘화작품이 과연 조선의 성리학적 가치체계와 규범을 파괴했다고 볼 수 있을까? 이들의 작품은 성적 쾌락과 자극 발산을 위한 포르노그래피와 같은 작품이 아니다. 그들의 작품은 풍속화의 연장선상에 있으며 풍속화에서 보여주는 예술적 깊이가 전혀 퇴색되지 않았다고 평가된다.

도화서 화원이라서 낙관이 없는 춘화를 그렸음에도 혜원과 단원의 그림임을 우리가 아는 것은 춘화 속에 스며 있는 그들의 높은 예술성 때문이다. 19세기 프랑스의 사실주의의 거장 구스타프 쿠르베(Gustave Courbet)의 작품 〈세상의 근원〉을 보자. 쿠르베는 생명을 탄생하는 성스러운 장소로서 여성의 성기를 미화하지 않고 살이 찌고 나이든 여성의 성기를 너무나 사실적으로 그리고 있다. 오직 눈에 보이는 것만을 그리고자 했던 그의 누드화들이 외설이며 건강한 도덕을 해치고 파괴했다고 말할 수 있을까? 쿠르베의 또 다른 작품인 〈샘〉은 커다랗고 풍성하며 역사가 있을 듯한 엉덩이를 가진 여성의 뒷모습을 그린 작품이다. 이 작품이 전시되었을 때 전시장을 방문한 나폴레옹 3세는 이 작품을 보고 화면을 승마용 채찍으로 내리쳤다. 나폴레옹 3세의 채찍질은 세상의 규범을 파괴한 작품에 대한 분노의 표현인가? 아카데미 화풍을 따르지 않은 사실주의 누드화에 대한 적의의 표현인가? 아니면 둘 다일까?

괴테(Goethe)의 경우를 보자. 괴테는 24세에 『젊은 베르테르의 슬픔』을

써 유럽 문단의 일약 스타로 떠올랐다. 내용은 주인공 베르트르가 알베르트라는 남자와 약혼한 여인, 그리고 그와 결혼한 로테를 짝사랑하다 이루지 못하는 사랑의 고통을 이기지 못해 끝내 권총 자살로 생을 마감한다는 이야기이다. 이 작품은 '유부녀를 사랑한 젊은 청년'을 다룬다는 점에서 내용상 파격적이었지만, 외설 시비에 휩싸이진 않았다. 훗날 이 책이 금서가 된 것은 엉뚱하게도 연쇄 자살을 부르는 '베르테르 효과(werther effect)' 때문이었다.

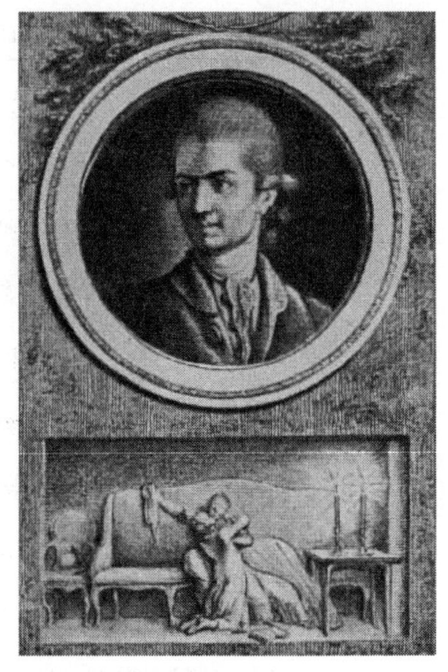

괴테, 「젊은 베르테르의 슬픔」 위키백과

건전한 가치의 파괴라는 측면에서는 외설로 의심받았던 그림들보다 더 외설적인 주제 설정임에도 불구하고 그것이 심각한 시빗거리가 되지 않았다는 점이 흥미롭다. 예술은 규범을 지키는 '지킴이'의 역할도 하지만, 기존의 규범과 도덕적 가치를 창조적으로 파괴해야 하는 과제를 스스로 안고 있다. 비록 외설과 예술의 모호한 경계선에서 움직이는 예술이라도 예술은 기존의 규범과 도덕에 대해 과감히 의심을 던져야 한다. 창조적 가치파괴의 진정성은 '선정성'을 넘어선 '깊이'에 있으며 그것으로 외설 논란은 잠재워질 것이다.

4) 인간 존엄성 훼손

외설적 예술작품이 인간의 존엄성을 훼손한다는 주장의 논거로 사드의 아류작들로 간주되는 인터넷 19금의 판타지 섹스 소설, 한때 장안의 성

철학이 말하는 예술의 모든 것

인 남성들 사이에 화제가 되었던 문화일보 연재소설 『강안 남자』들을 떠올릴 수 있다. 그러나 이러한 소설들은 소수의 특정 마니아 계층을 대상으로 한 일회성 '소비상품'의 성격이 강하다. 이미 자극과 흥행성을 목표로 창작된 작품이라는 점에서 예술의 차원에서 위와 같은 비판을 가하는 것은 비판의 대상을 지나치게 확장한다고 봐야 한다.

인간의 존엄성과 인간의 품위가 무엇인지, 그것을 위해 지금 어떠한 예술적 수단이 필요한지에 대한 판단은 예술가 고유의 몫이다. 외설반대론자들이 말하는 외설적 작품보다 더 많은 추악한 사건들이 더 많은 인간의 인간 존엄과 품위를 손상시켜온 것이 우리의 역사이다. 또한 외설과 인간 존엄성의 훼손관계는 '외설'의 기준문제를 명확히 해야 하는 선결문제가 남아 있다.

이제 예술에서 외설을 문제 삼는 것 자체를 예술에 대한 지나친 간섭과 억압으로 보는 관점들을 검토해보자.

4. 예술옹호론(자율결정론)

1) 표현의 자유에 대한 억압

표현의 자유와 관련해 존 스튜어트 밀(John Stuart Mill)의 생각을 경청할 필요가 있다. 그는 사상과 언론의 자유를 주장하는데 그러한 그의 주장은 예술에서 외설 시비 문제에서도 중요한 논거를 제공한다. 밀은 "비록 한 사람을 제외한 전 인류가 동일한 의견을 갖고 있고 오직 한 사람만이 반대 의견을 가진다고 하더라도 표현의 자유는 침해돼서는 안 된다"고 주장한다.

자유라는 이름에 합당한 유일한 자유는, 우리가 타인의 행복을 탈취하려고 시도하거나, 행복을 성취하려는 노력을 방해하지 않는 한에서, 우리 자신의 방법으로 우리 자신의 선을 추구하는 자유이다. 각자가 자신에게 좋다고 생각되는 방식대로 살도록 내버려 두는 것이 각 개인을 타인에게 좋다고 생각되는 방식대로 살도록 강제하는 것보다 인류에게 큰 혜택을 준다. 비록 한 사람을 제외한 전 인류가 동일한 의견을 갖고 있고 오직 한 사람만이 반대 의견을 가진다고 하더라도, 그 한 사람이 권력을 가지고 있어서 전 인류를 침묵시키는 것이 부당한 것과 마찬가지로, 인류가 그 한 사람을 침묵시키는 것도 부당하다.

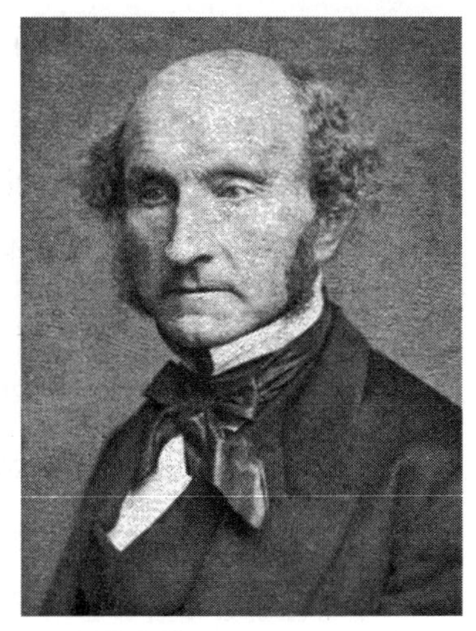

존 스튜어트 밀   1806~1873 | 위키백과

그의 표현에 대한 자유는 소위 '해악 원리(harm principle)'에 근거한다. 해악 원리란 타인에게 해악을 끼치지 않는 한, 어떠한 방식의 표현도 허용되어야 한다는 주장이다. 이 주장을 다르게 표현하면 표현의 자유를 최대한 주장하라는 말이다. 또한 표현의 자유에 대한 간섭이 무서워 표현의 자유를 포기하려는 것 역시 정당한 것이 아니라는 생각을 기저에 품고 있다. 우리가 주목해야 하는 것은 밀의 이러한 주장이 언론과 출판, 사상의 자유 문제와 관련해 주장되고 있다는 점이다. 그의 주장을 예술창작과 표현에 적용하면, 예술표현과 창작의 자유는 무한히 확장된다고 할 수 있다. '해악 원리' 자체가 적용될 이유가 없을 만큼 말이다.

밀의 생각은 대한민국 헌법에도 확인된다. 헌법 제22조에는 학문과 예술의 자유를 명시하고 있다. 제1항은 '모든 국민은 학문과 예술의 자유를 가진다', 제2항은 '저작자 · 발명가 · 과학기술자와 예술가의 권리는 법률로써 보호한다'라고 적고 있다. 그럼에도 불구하고 표현의 자유에 대한 심의, 공연예술에 대한 심의와 영상물 등급판정은 계속되고 있다. 예술의 자유를 법적으로 명시함에도 논란이 계속되는 이유는 표현의 자유와 소위 외설 심의론자들이 주장하는 공공성과의 충돌이다.

1995년 대법원의 판결문은 공공성이라는 이름으로 표현의 자유가 억압되고 있음을 잘 보여준다. 대법원은 "문학작품이라고 하여 무한정의 표현의 자유를 누리면서 어떤 성적 표현도 마음껏 할 수는 없다"면서 "건전한 성적 풍속이나 성도덕을 침해한 경우에는 형법에 의해 처벌할 수도 있다"고 말한다. 법의 이름으로 외설 판결을 내리는 것은 법이 일반 시민을 교육의 대상으로 보는 그릇된 입장을 견지하기 때문이며 예술 영역의 독자성과 자정능력을 인정하지 않기 때문이다. 공공성이라는 추상적인 개념으로 예술을 외설로 재단하는 일은 예술 창작에 대한 후진적인 인식의 결과이다. 예술은 스스로를 결정한다. 예술인지 상업적 포르노그래피인지를…….

2) 외설성 기준의 추상성과 모호성

이 글의 서두에서 역사적인 사례를 제시한 바와 같이 외설성의 기준은 모호하고 추상적이다. 모호함과 추상성을 제거하는 방향으로 가지 않는 이상 많은 예술이 미래에도 외설 논란에 빠질 수밖에 없을 것이다. 취향과 기호의 문제를 공공성, 사회적 통념이라는 개념으로 간섭하고 처벌하려는 법적 태도는 '관리되는 예술'의 잔재이며 여전히 예술이 사회적 권력으로부터 상대적 자율성만을 가지고 있다는 것을 보여주는 것이다. 외설에 대한 법적 명확성을 확보하라는 요구도 중요하지만, 예술이라는 독립된 사회의 하위체계에 법률이라는 다른 하위체계가 개입하는 것은 전체사회체제의 자율적 자기 생산적 활동을 저해하는 것이다.

3) 해악의 범위와 영향에 대한 모호성

예술 심의나 법적 처벌을 해왔던 사법당국이 주장하는 외설의 사회적 해악에 대한 명확한 경험적 인과관계를 규명하기가 어렵다. 외설이라고 간주되는 예술작품을 감상하고 성폭력을 가했다는 직접적 원인을 규명해 내지 못한다는 것이다. 당연히 성폭력의 원인이 복합적이라는 것을 상기한다면 이 주장은 옳다고 봐야 한다. 또한 설령 외설적 내용이 있는 예술작품이라 하더라도 수용자의 태도와 성향에 따라 그 영향이 천차만별이기 때문이다. 어떤 사람은 자신의 도덕적 민감성을 더 강화시키는 계기로 삼는다. 실제로 플라톤은 아리스토파네스가 쓴 외설적 작품으로 알려진 『여성들의 모임』이라는 작품을 탐독했지만, 부정적 영향을 받기보다 예술의 검열에 대한 자신의 생각을 촉진시키는 긍정적 효과를 가져왔다.

4) 예술 활동을 위축시킬 위험

싸이의 〈젠틀맨 뮤직비디오〉가 KBS의 심의에 걸려 방송에 출현하지 못하게 되는 사건이 발생했다. 공공기물 파손 장면이 뮤직비디오에 나온다는 이유에서였다. 이렇듯이 다양한 심의기준들이 존재한다. 영화의 경우 선정성, 폭력성, 모방위험 등 세부적인 심의기준에 의해 전체관람가,

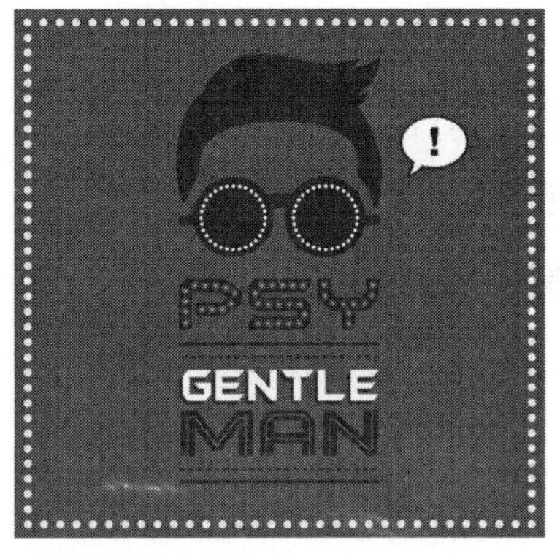

젠틀맨　(주)KMP홀딩스

12세 이상 관람가, 15세 이상 관람가, 청소년 관람불가, 제한 상영가의 총 5단계로 구분한다.

외설성 시비이건, 다른 이유에서건 예술 심의나 규제가 예술활동을 위축시키는 것은 틀림없다. 그와 같은 예술에 대한 사회적 규제는 예술가들로 하여금 창작 시 '자기검열'을 하게 만들기 때문이다. 자유로운 상상력과 표현욕구의 산물이 예술인데, 외설 시비는 예술 창작자의 상상력을 제약하게 만든다. 그것은 예술가에게 일종의 사망선고로까지 작용할 수 있다. 외설과 관련된 많은 논쟁 중에서 이러한 논점이 주변부적 지위를 차지하는데 실제로는 가장 중요하게 부각되어야 한다. 상상력의 위기는 곧 예술의 위기이기 때문이다.

5. 외설 시비를 넘어서는 예술

예술의 자유가 법적으로 보장된 사회에서도 현실적으로 예술이냐, 외설이냐의 논쟁은 사라지지 않을 것이다. 법적인 차원에서 발생할 수밖에 없는 이유는 법으로 대변되는 사회권력, 국가권력이 사라지지 않기 때문이다. 예술도 사회로부터 자유로워지는 데 한계가 있기 때문이다. 지금처럼 사회와 법률이 예술의 '자유로운 유희'를 강제한다 해서 그러한 사회와 법률이 희구하는 더 도덕적인 사회, 질서 있는 예술로 발전한다는 보장이 없다. 외설 시비에 관한 한, 도덕과 자유의 조화라는 이념, 공공성과 예술의 충돌이라는 관념으로부터 자유로울 때 외설 시비가 사라질 것이다.

　외설 시비가 존재하는 한 현재의 예술은 외설 시비에 대해 더욱 더 민감해져야 한다. 이것은 예술의 존재근거를 예술 스스로 확립하는 문제이다. 정치에 저항하는 예술, 사회에 저항하는 예술이 예술의 중요한 사회적 기능이라면, 예술은 자신의 존재기반을 위해, 예술을 위한 예술의 존재기반을 위해 싸워야 한다. 외설 시비에 대해 예술은 투쟁해야 한다. 예술의 입장에서 보면 외설 제도적 낙인보다 치명적인 것은 예술계 내부의 선택 시스템이다. 예술계는 외설과 예술을 그들만의 예술적 기준에 의해 걸러낸다. 이 선택 시스템의 존재야말로 예술계에서 외설을 자체적으로 문제삼을 이유가 없다. 소재 표현의 선정성이 문제가 아니라 그것이 예술적 진정성을 획득하는가가 중요하다. 예술적 진정성은 예술 밖의 논리가 아닌 오직 예술 내부의 원리에 의해 평가되어야 하는 문제이다.

예술 속의 동성애, 동성애 작가의 예술?

1. 동성애의 역사와 담론에 대한 소묘

영화 〈로드무비〉, 〈왕의 남자〉, 〈브로크백 마운틴〉, 〈메종 드 히미코〉 사이의 공통분모는 무엇인가? 이 영화들은 동성애를 다룬 영화이다. 앞의 두 영화는 우리나라의 남성 동성애를 다룬 영화이다. 불편했고 도발적인 소재였던 동성애가 영화화되는 데에는 동성애에 대한 우리의 사회적 편견이 느슨해졌다고 봐야 할 것이다. 미국의 경우 1973년 정신질환으로 간주되었던 동성애가 그 목록에서 빠졌으며, 1996년 동성애 차별에 대한 위헌판결이 내려졌다.

스웨덴의 경우는 1994년부터 동성애 부부의 법적 권리를 인정하고 있

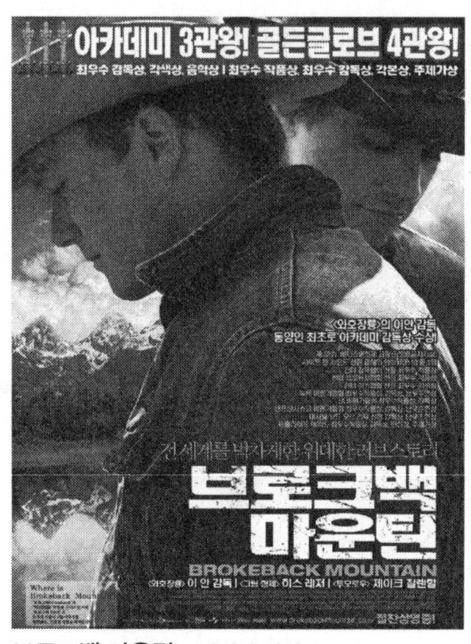

브로크백 마운틴 네이버 영화

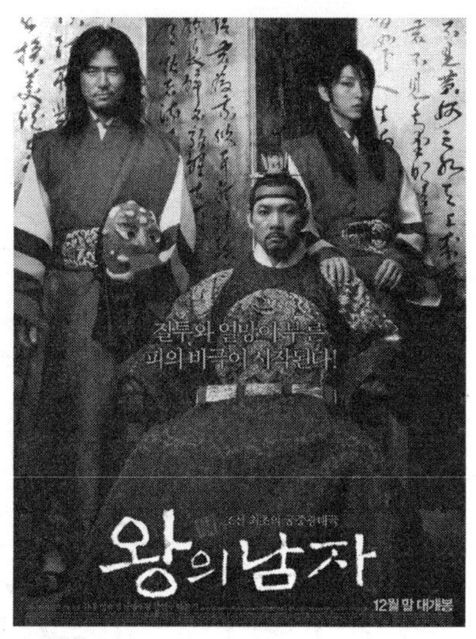

왕의 남자 네이버 영화

으며 덴마크, 노르웨이, 네덜란드, 독일 등 서구의 많은 나라들이 동일한 법률을 제정해 동성애 부부의 권리를 인정하고 있다. 하나의 성적 취향으로서 동성애는 인류의 역사에서 사라진 적이 없다. 다만 동성애에 대한 인식과 법적 권리가 시대와 나라, 문화권에 따라 달라져왔을 뿐이다. 혐오의 대상으로서 동성애라는 개념은 사실 근대적 가족 이데올로기가 낳은 산물이다.

고대 그리스 사회에서 동성애는 이성애, 양성애와 함께 성애의 한 축이었다. 플라톤의 초기 대화편인 『향연』에서 동성애 풍습과 그것에 대한 평가가 등장한다. 그리스에서 동성애는 성인 남자와 미소년의 관계에서 주로 발생한다. 성인 남성은 미소년을 교육시키며 동시에 후원자로서의 역할을 한다. 미소년은 반대급부로 동성애적 성적 만족을 제공한다. 성인 남성의 미소년에 대한 사랑을 그리스인들은 파이도필리아(Paidophilia)라고 불렀다. 고대 그리스인들의 '우정(philia)'과 '연대(koinonia)'는 바로 이 관계의 미덕을 표현한 말이다. 물론 모든 그리스 도시국가에서 동성애가 일반화되지 않았다는 것이 파우사니아스(Pausanias)의 연설에서 알 수 있다. 그의 연설에 따르면 동성애를 허용하지 않은 도시국가도 있었다.

희극 작가이자 철학자인 아리스토파네스(Aristophanes)가 소개하는 잃어버린 사랑 찾기로서 동성애에 대한 신화적 설명은 고대 그리스인들의 동성애에 대한 관념을 잘 대변한다. 그에 따르면 원래 인간은 두 개의 얼굴, 네 개의 팔과 다리를 갖고 있었으며 남/남, 남/여, 여/여의 세 종류였다. 그런데 오만해진 탓에 제우스의 분노를 사게 되어 갈라지게 되었으며 갈라진 상태에서 자기 짝을 찾아가는 것이 사랑이라는 것이다. 소위 게이나 레즈비언의 동성애는 잃어버린 짝을 찾는 갈망의 행위이자 자연스러운 현상이라는 것이다. 아리스토파네스는 게이(guy)를 다음과 같이 말한다.

순전히 남성적인 존재가 나누어져 반편이 된 남자들은 남자들만 따라다니기 마련인데, 그들은 소년 시절에 진정한 남성의 축소형 같아서, 성인 남자들을 사랑하고 그들과 동침하는 육체적 결합 속에서 즐거움을 찾기도 한다.

그리스 사회에서 동성애가 자연적 미덕으로 취급받는 이유는 여성을 인간으로 간주하지 않았으며 여성과의 사랑을 2세 생산의 차원에서 이해했다는 데에 있다. 이런 점에서 보면, 그리스의 남성들은 양성애자였다고 봐야 할 것이다. 이와 같은 그리스인들의 동성애적 삶은 신화나 영웅들의 이야기에도 그대로 투영되었다. 제우스(가니메데), 아폴론(아미클라스), 디오니소스, 아킬레우스, 헤라클레스 등 모두가 동성애를 즐겼다.

소크라테스나 플라톤 역시 동성애자라는 일반적 인식을 받고 있지만, 그들이 동성애적 성교를 즐긴 것으로 보기는 어렵다. 왜냐하면 플라톤은 동성애를 옹호하는 아리스토파네스의 논변을 부정하기 때문이다. 아무튼 고대 그리스와 로마 시대에 이르기까지 동성애가 널리 행해졌던 것은 역사적 사실이다. 로마 시대의 목욕탕이나 거실에 성교 장면을 그려놓거나 로마 황제들이 공공연하게 동성애를 즐긴 것은 잘 알려진 사실이다.

그 자신이 동성애자였던 푸코(Michel Foucault)는 『성의 역사』에서 기원후 1~2세기를 즈음해 동성애에 대한 태도의 변화가 서서히 나타났다고 주장한다. 이 시기에 동성애는 더 이상 자유로운 선택과 취향의 문제가 아니라 정신적인 결함을 의미하는 것으로 인식하기 시작했다. 동성애에 대한 엄격한 규범들이 서서히 자리 잡기 시작했다는 것이다. 그런데 동성애에 대한 규범은 "금지의 형태"가 아니라 "자기 자신과 자신의 종

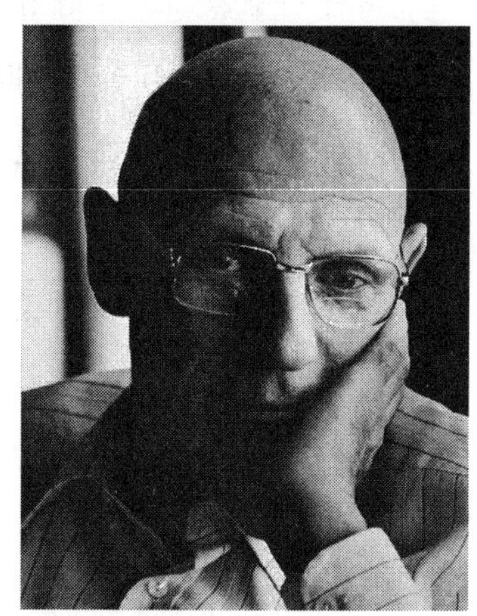

속성 및 독립성, 자신의 보편적 형태, 그리고 그가 타인들과 수립할 수 있고 수립해야만 하는 관계, 그가 자신의 통제력을 자기 자신에게 행사하는 절차들, 그가 자기 자신에게 완전한 지배를 수립할 수 있는 방식에 대한 문제 주위를 선회하는 하나의 삶의 기술의 발전"을 뜻한다.

푸코　1926~1984

중세에 들어 종교적 이유로 동성애가 금지된다. 기독교 경전인 구약과 신약에서 동성애는 죄악으로 명시되었다. 신약경전인 고린도전서 6장 9절에는 "여성 노릇을 하는 사람이나, 동성애를 하는 사람들이나…… 하나님 나라를 상속받지 못할 것입니다"라고 선언한다. 푸코에 따르면 근대적 도덕체계에서 동성애는 도덕적인 비판의 대상이며 동성애를 금기시하는 것은 성을 통제, 관리하는 권력의 작동이다. 17세기 들어 섹스 자체는

공적 담론의 장에서 완전히 배제되고, 은밀한 부부의 침실 내에서만 허용되었다. 청교도적 사고가 지배하던 이 시기에 동성애는 그 설 자리를 완전히 잃게 되었다.

18, 19세기의 성에 대한 담론은 여성에 대한 남성적 권력의 증폭과정에서 확장되었다. 17세기 이래 동성애는 담론의 밖에서 은밀하게 행해지는 '차마 말할 수 없는 것'이며 푸코의 표현을 빌리면 "금지된 유형 중 하나의 행위"였다. 그런데 담론적 차원과 현실은 다른 것이다. 18세기 영국의 경우에 이미 동성애 회합장소(molly house)와 여성 옷을 입거나 동성애자들만이 산책하는 산책로 등 동성애자들에 의해 만들어진 동성애 문화가 형성되어 있었다. 그러나 여전히 동성애는 '생활의 일부'거나 공론의 장에서 '자유롭게 말할 수 있는 주제'는 아니었다.

현대에 들어와서 유전적인 이유, 환경적인 이유, 인권의 차원, 그리고 취향의 문제라는 차원에서 동성애에 대한 보편적인 인식의 전환이 이루어졌으며 동성애에 대한 사회적 편견과 법률적 차별이 상당히 사라지게 되었다. 현대철학자들 중에서도 비트겐슈타인과 푸코가 동성애자라는 것은 잘 알려진 사실이며 그들의 철학이 그것으로 인해 폄하되지는 않는다.

현대예술가 중에서 잘 알려진 베이컨, 데이비드 호크니, 워홀이 동성애자이다. 로버트 라우센버그(Robert Rauschenberg), 재스퍼 존스(Jasper Johns) 그리고 래리 리버스(Larry Rivers) 역시 동성애자이다. 이 중 워홀은 자신의 모나리자 패러디 작품을 통해 레오르도 다 빈치는 동성애자임을 강하게 시사하기도 하였다. 사실 다 빈치는 1476년 남색 죄로 의심받아 고소당했지만 증거불충분으로 풀려난 경험이 있는 인물이다. 다 빈치와 더불어 르네상스를 꽃피운 미켈란젤로 역시 동성애자라는 의심을 받고 있다.

『지옥에서 보낸 한철』의 상징주의 시인 랭보(Arthur Rimbaud) 역시 동성애자였다. 랭보와 그의 동성애 파트너였던 연상의 시인 베를렌(Paul Verlaine)을 소재로 한 영화가 바로 〈토탈 이클립스(Total eclipse)〉이다. 아일랜드를 대표하는 극작가이자 소설가인 오스카 와일드(Oscar Wilde)는 동성애 행적으로 2년간의 구류생활을 한 인물이다. 『읽어버린 시간을 찾아서』의 저자 마르셀 프루스트(Marcel Proust) 역시 많은 동성애를 즐긴 인물로 유명하다. 『욕망이라는 이름의 전차』를 쓴 미국을 대표하는 소설가 테네시 윌리엄스(Tennessee Williams) 역시 동성애자였다. 지금은 페미니즘 문학의 고전이 된 소설 『자기만의 방』을 쓴 버지니아 울프 역시 동성애자였다. 음악가 중에는 차이코프스키(Tchaikovsky)가 유명한 동성애자였다.

2. 예술작품 속의 동성애

앞서 살펴보았듯이 동성애적 소재는 신화와 현실에서 쉽게 찾아볼 수 있었다. 동성애를 다룬 작품 중에서 특히 주목할 만한 작가는 사실주의 화가 구스타프 쿠르베(Gustav Courbet)이다. '오직 눈에 보이는 것만'을 사실적으로 그리고자 했던 쿠르베는 고전주의적 이상화된 육체나 낭만주의적 환상이 투영된 화풍을 배격하고 현실의 리얼리티를 그리고자 한 화가였다. 그의 사실주의의 배경에는 샤를 보들레르(Charles Baudelaire)와 피에르 조제프 프루동(Pierre-Joseph Proudhon)과 같은 인물들이 그 배후에 있었으며 그 자신 1871년 파리 코뮌 발생 시 혁명적 활동에 참여했던 인물이다. 초기 작품 〈오르낭의 매장〉이나 〈돌을 깨는 사람들〉, 〈화가의 작업실〉과 같이 그의 그림의 소재는 항상 역사나 신화화가 아니라 평범한 사람들의 일상적 사건들이다. 동성애에 대한 시각도 크게 다르지 않다. 쿠르베는 동성애

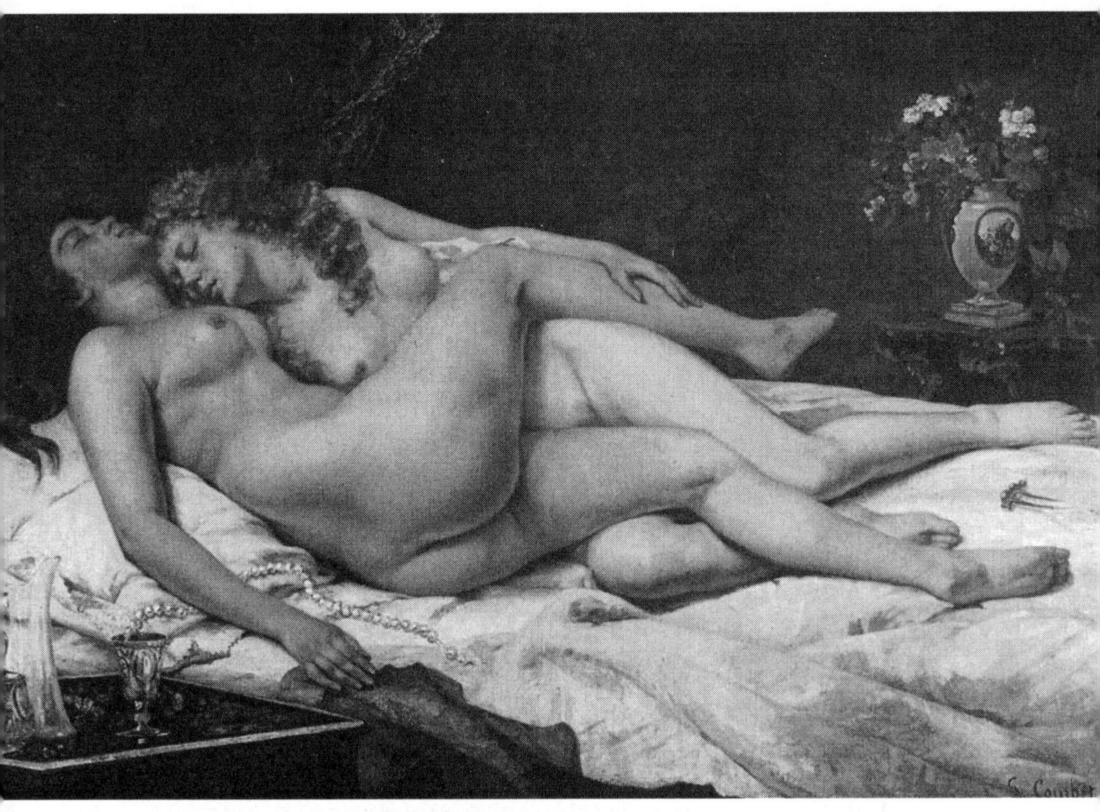

잠 쿠르베 | 1866년 | 유화 | 200×135cm | 아비뇽 프티팔레 미술관

를 다룬 작품을 신화적 소재에서 찾지 않은 최초의 작가이다. 1866년 제작한 〈잠〉은 여성 동성애자를 그리고 있다. 이 작품에서 침대 위에 떨어진 진주목걸이, 흐트러진 침대, 흐트러진 머리, 다리를 다른 여성에 언지고 자는 모습은 동성애를 나누고 만족스런 잠에 푹 빠진 모습이다.

동성애를 다룬 작품 중, 툴루즈 로트렉(Henri Marie Raymond de Toulouse Lautrec)은 주로 레즈비언을 대상으로 〈방종〉, 〈두 여자친구〉 등 총 11점의 그림을 그렸다. 그는 프랑스 남부의 백작의 아들로 태어났다. 로트렉은 154cm의 작은 키에 꼽추의 모습을 하고 있으며 알코올 중독으로 37세의 짧은 생애

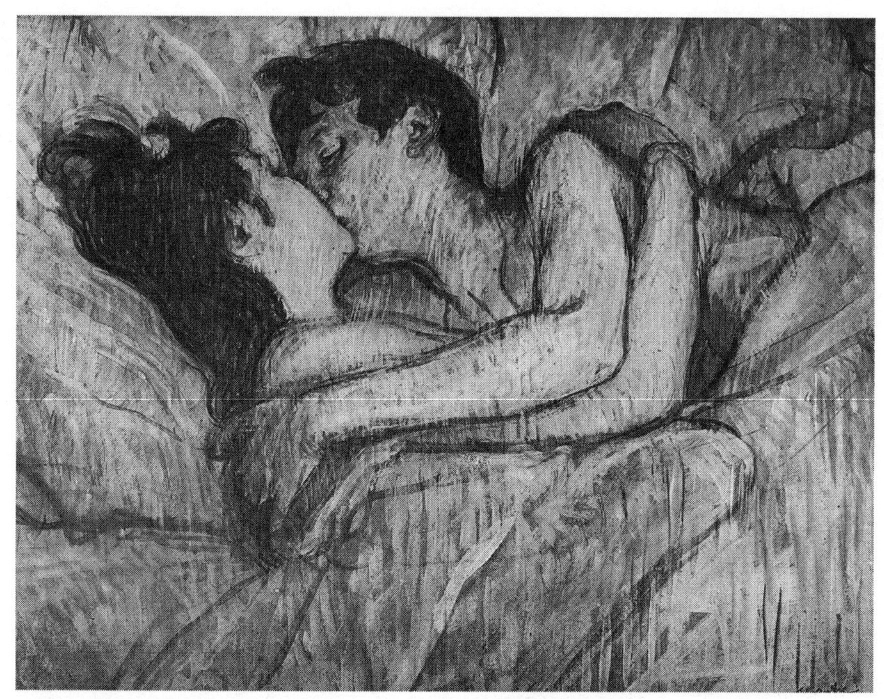

침대에서의 키스 툴루즈 로트렉 | 1892년 | 캔버스에 유채 | 57×47.5cm | 개인 소장

를 살다 간 화가이다. 그러나 로트렉의 그림은 화려하지도 아름답지도 않다. 그는 그가 보았고 경험했던 가장 익숙한 장면들을 그렸다. 그의 그림의 색채는 우울하고 도시의 소외된 사람들의 삶과 풍경의 단면을 그리고 있다. 그는 몽마르트르의 작업실에서 오랫동안 작업하면서 물랑루즈(빨간 풍차)라는 술집, 환락가, 뮤직홀, 매춘부, 댄서 등을 주로 그렸다.

그의 1892년 작품 〈침대에서의 키스(In Bed The Kiss)〉를 보자. 흐린 푸른색의 이불 속에서 남성들로부터의 시달림과 삶의 번뇌를 다 잊을 만큼 달콤한 키스를 나누고 있는 두 여인이 보인다. 이불은 두 연인에게 짐과 같은 존재이자, 버거우면서도 평안함을 잠시 경험할 수 있는 세계를 제공한다. 두 여인은 지긋이 눈을 감고 서로를 다 흡입하듯이 달콤한 안온함 속으로 빠져들고 있다. 따뜻하게 서로의 어깨를 감싸고 있는 두 연인의 손은 단순히 연인의 관능의 손이 아니라 서로의 삶을 감싸고 치유하는 따뜻한 손이다.

'예술의 자유'를 주창했던 빈 분리파의 대표 작가이자 화려한 황금색의 작가 구스타프 클림트(Gustav Klimt)는 자화상을 한 번도 그리지 않은 화가이다. 그 자신이 그것에 관심이 없었고 '여성에 대한 관심이 많다'고 주장한다. 그가 자화상을 그리지 않으면서 한 말은 무엇인가? 그는 "화가로서 나 자신에 대해 알고 싶으면 나의 그림을 봐라"라고 말했다. 클림트는 자신의 그림을 자세히 관찰하면 "내가 누구이고 내가 무엇을 원하는지" 알 수 있다고 말하였다. 알다시피 클림트는 평생 독신이었다. 단지 법적으로만.

그는 그의 말대로 여성에 관심이 많았으며 많은 여성을 사랑한 것이 사실이다. 클림트는 네 번의 양육비 청구소송에서 패해 양육비를 지불해야 했고, 총 청구소송이 무려 14번에 이르는 인물이다. 소송에서 졌지만 그가 인정한 자식은 미치 짐머만과의 사이에서 나은 두 아들뿐이다. 클림트 그림의 주제는 에로스와 여성이다. 그의 그림에 등장하는 여성들은 대부분이 황금색의 색채감에 휩싸여 매혹하는 팜므파탈적인 여성들이다. 〈벌거벗은 진실〉, 〈유디트 1〉, 〈다나에〉, 〈황금물고기〉, 〈여자친구들〉, 〈처녀〉, 〈무희〉, 〈키스〉 등은 환상적인 색채감과 매혹적인 자태와 유혹하는 눈빛으로 가득 찬 여성들의 모습이다. 그의 작품이 '황금빛 에로티시즘'이라 불릴 만하다. 클림트의 작품 중에서 동성애를 연상하게 작품은 〈물뱀 1〉이다.

〈물뱀 1〉은 물뱀을 그린 것이 아니라 레즈비언으로 보이는 두 여인이 한몸이 되어 몽환적인 동성애의 일치감을 체험하고 있는 듯한 그림이다.

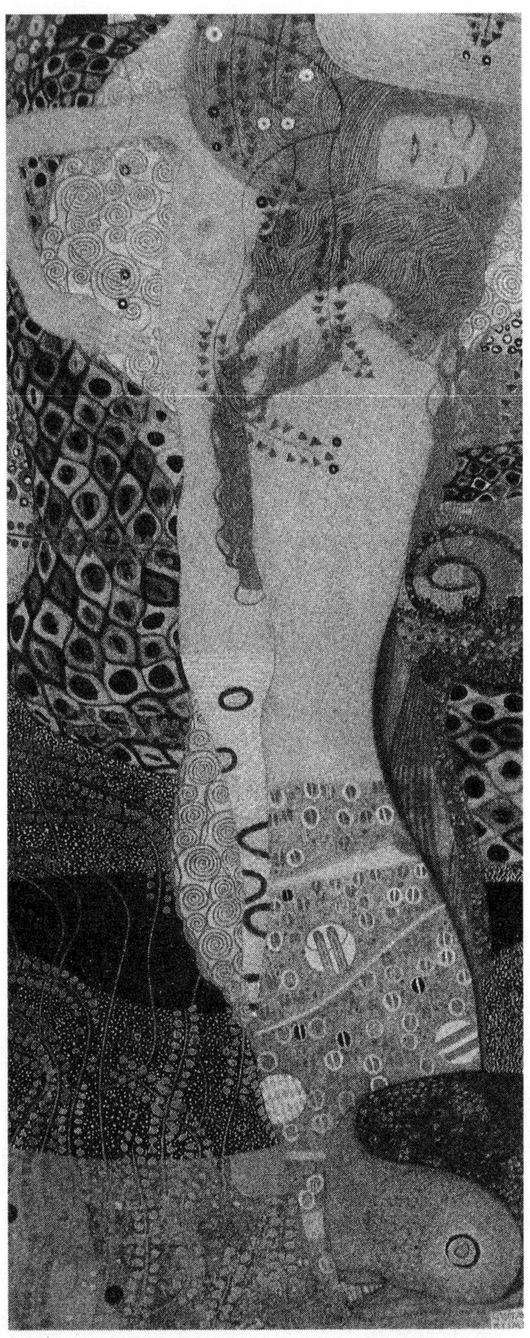

물뱀 1 구스타프 클림트 | 1904~1907년 | 캔버스에 유채 | 20×
50cm | 오스트리아 미술관

인어 지느러미를 하고 있는 여인이 다른 여인을 유혹해 동성애를 나누는 것처럼 보이기도 하다. 그림 한가운데 파란색의 해초와 왼쪽 아래 해초들의 모습은 사랑의 물결에 따라 흔들리듯이 표현되어 있다.

인어로 보이는 여성을 감싸 쥐고 있는 여성 머리카락의 긴 곡선과 풀어헤쳐 꿈틀되는 모습과 그 여성의 뒤 뱀의 문양들의 움직이는 모습이 깊은 동성애적 사랑 안에서 유영하는 것처럼 보인다. 이 그림을 동성애를 다룬 작품이라 추정 가능한 또 다른 단서는 화면 왼쪽의 중심부와 오른쪽 위 아래에 부분적으로 표현된 뱀 무늬이다. 뱀은 프로이트의 정신분석학에서 남성의 성기를 상징한다. 남성 성기로 상징되는 뱀을 두 레즈비언의 동성애의 배경으로 설정한 것은 '동성애적 사랑'임을 말해주는 것이다.

표현주의 작가 중에서 28세의 가장 짧은 생을 살다간 인물이 에곤 실레(Egon Schiele)이다. 하지만 짧은 생애에도 불구하고 그는 300여 점의 유화와 수천 점의 스케치 작품을 남긴 다작의 작가였다. 그의 작품은 여동생 게르티를 포함한 소녀 누드, 동성애, 나체, 비틀리고 왜곡된 결코 아름답지 않은 신체, 음산함, 우울, 에로티시즘, 강한 윤곽선, 거친 채색, 거칠고 날카로운 선, 예민하고 폐쇄적인 인물상, 200여 점의 자화상을 그리는 나르시즘적 자기연민, 슬픔, 소외와 고독의 정조가 짙게 배어 있다. 실레의 작품에 흐르는 위와 같은 정서는 아마도 실레의 주장처럼 아버지의 죽음, 임신한 부인의 죽음, 그리고 가난이라는 자신의 "슬픈 경험"에서 나오는 "창조의 산물"일 것이다. 그는 자신의 슬픈 삶의 경험을 거부하지 않았고 담담히 받아들이면서 작품으로 승화했다. 그러나 실레는 클림트의 영향을 받아 화려한 색감과 장식성을 보여주기도 한다.

그럼에도 불구하고 그의 에로티시즘에는 클림트의 황금 에로티시즘에서 느끼는 몽환적인 느낌과 전혀 다른 종류의 에로티시즘이 나타난다.

그의 에로티시즘의 기원은 아마도 그의 나이 15세에 매독으로 죽은 아버지의 죽음에 대한 슬픈 경험에서 비롯되었는지 모른다. 실레의 에로티시즘은 노골적이며 거칠다. 그가 그린 수많은 여성 나체와 동성애를 다룬 작품들에서 달콤하고 몽환적인 그림을 찾기란 매우 힘들다. 그의 누드화에 등장하는 가느다란 선과 마른 체형들은 불안과 때론 공포를 느끼면서도 성에 집착하는 듯한 인상이다. 그의 그림에 등장하는 여성들의 성은 청소년기의 성적 호기심에 접어든 실레가 그의 아버지의 슬픈 죽음을 경험하면서 느끼는 성에 대한 이중적인 정서의 표현, 실레 자신의 모습이다.

실레가 그린 동성애 작품 중에서 1911년 작품인 〈포옹하는 두 소녀〉를 보자. 이 작품에서 포옹하는 두 소녀는 아직 미성년자로 보인다. 미소녀들은 서로 포옹하며 이제 막 사랑을 시작하려는 듯 하체만이 벗겨져 있다. 여기서 두 미소녀의 표정은 아직 부끄러우면서도 풋풋한 사랑에 푹 빠져 있는 모습이다. 이 작품은 미소녀의 동성애를 과감하고 대담하게 표현한다. 미소녀의 누드화나 동성애를 대담하게 그린 실레에게 돌아온 것은 풍기문란이란 죄목이었으며 그 대가는 짧은 옥살이였다.

이 밖에도 실레는 동성애를 다룬 두 여인 시리즈를 제작하였다. 1911년 작품 〈두 소녀〉, 1915년 작품 〈두 여인〉을 보자. 〈두 소녀〉는 성에 탐닉하는 두 여성의 몰입도를 잘 보여주고 있다. 머리를 숙인 채 사랑의 행위에 몰입하는 여성은 상대방을 다 흡입할 정도로 몰입되어 있다. 빨간 두건을 쓴 여성의 눈은 황홀경을 맛본 듯 눈의 초점이 풀려 있다.

두 손을 힘주어 쥐고 있는 그녀는 두 사람의 동성애에 대한 강한 애착을 표현한 것으로 보인다. 따뜻한 배경색과 신체는 같은 계열의 색을 쓰고 있고 뚜렷한 윤곽선을 통해 신체를 표현하고 있다. 실레는 위에서 내려다보는 시점을 선택해 적나라함을 의도적으로 잘 보여주고 있고 화면 전체

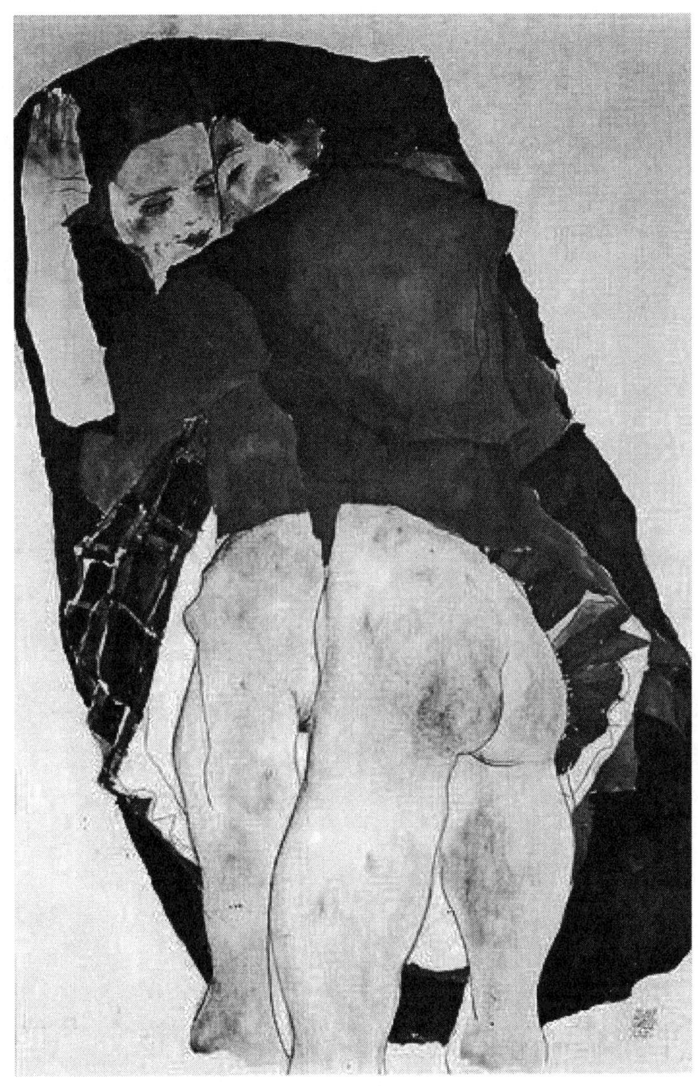

포옹하는 두 소녀　에곤 실레 | 1911년 | 고무 수채화법 | 30.5×48.3cm | 개인 소장

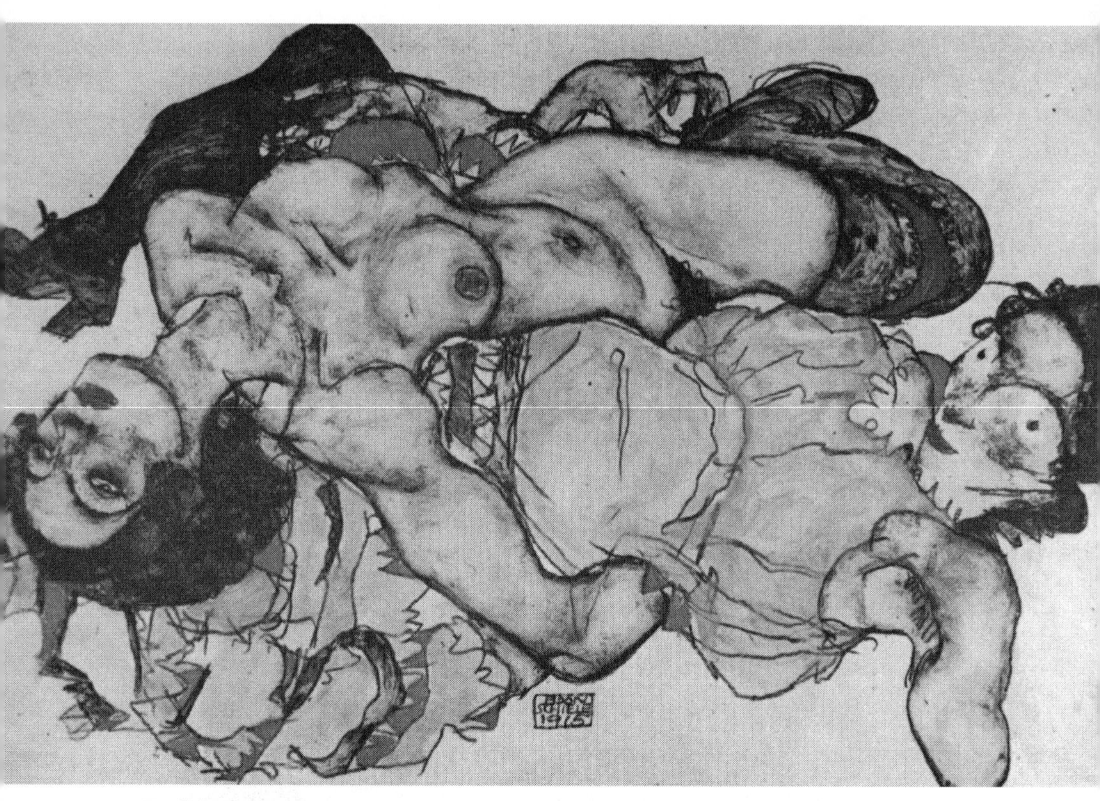

두 여인　에곤 실레 | 1915년 | 구아슈 연필 | 49.7×32.8cm | 비엔나 알베르티나 미술관

철학이 말하는 예술의 모든 것

를 두 신체로 채움으로써 사랑의 열정적 분위기를 뚜렷하게 보여주려고 한 것 같다.

〈두 여인〉은 대칭적인 구도와 밝은 얼굴 표정을 잘 보여줌으로써 동성애의 만족과 기쁨을 드러낸다. 두 사람의 머리는 반대로 향해 있고 위의 여성은 전라로, 아래 여성은 옷을 입은 채로 누워 있다. 굴곡진 전라 여성의 한 손이 허리를 감싸고 다른 한 손은 치마 속에 들어가 있다. 치마를 입은 여성은 놀라움과 기쁨의 표정을 짓고 있다. 이제 막 사랑을 시작하려는 모습 같기도 하고, 사랑을 나눈 이후에 만족스러운 여운을 느끼고 있는 중인 것 같기도 하다. 중요한 것은 두 여인은 사랑을 통해 환희를 경험하고 있다는 것을 실레가 표현하고자 한다는 점이다.

이와 같은 동성애를 담은 작품은 1910년의 〈여자 누드〉나 1911년 작품 〈치마를 걷어 올린 검은 머리 소녀〉가 있다. 같은 해에 그린 〈자위하는 자화상〉은 불안하거나 불안정한 자세를 취하고 있어서 여성 누드화와는 확연히 다른 모습이다.

프랑스 구상주의 현대화가인 발튀스(Balthus)의 그림을 보자. 그는 독학으로 그림을 공부하였으나 11세에 고양이를 주제로 한 그림책을 출간한 인물이다. 그는 훗날 브르통이나 피카소로부터 인정받는 화가의 반열에 올랐다. 10살 때 잃어버린 고양이에 대한 상실감은 훗날 고양이 시리즈를 그리는 동기가 되기도 하였다.

원래 그의 본명은 발타자르 클로소프스키 드 롤라(Balthasar Klossowski de Rola)였으나 어머니의 친구였던 릴케(Rilke)로부터 발튀스란 이름을 얻어 쓰게 되었다. 릴케는 발튀스가 독립작가가 되기 전까지 재정적인 도움을 주기도 하였다. 발튀스 그림의 애호가 중에는 프랑스 현대 정신분석학자이자 철학자인 라캉(Lacan)이 있다. 그의 그림 중에는 미소녀의 관능적인 모

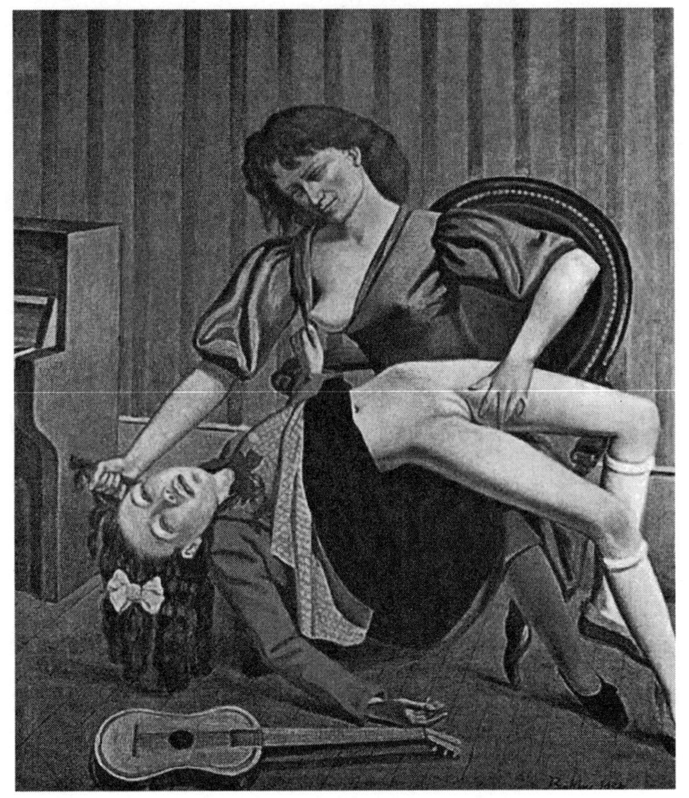

기타 레슨 발튀스 | 1934년 | 캔버스에 유채 | 138×161cm | 개인 소장

습을 표현한 것이 많이 있다. 다리를 꼬거나, 비스듬히 누워 있거나, 거울 앞에 있거나, 혹은 자신에 취하거나 무엇인가에 빠져 있는 미소녀, 고양이와 함께 있는 미소녀들이 자주 등장한다. 그의 1934년 작품 〈기타 레슨〉을 보자.

이 작품은 여선생으로부터 기타 레슨을 받고 있는 미소녀가 마치 레슨을 제대로 받지 않아 혼나고 있는 장면을 연상케 한다. 그러나 자세히 보면 기타는 바닥에 떨어져 있고, 미소녀의 속옷이 벗겨진 채 저항할 수 없는 자세로 붙잡혀 있다. 여선생의 왼쪽 가슴은 드러나 있고 그녀의 손은 미소녀의 음부 쪽으로 향하고 있다. 이 작품은 로트렉의 〈침대에서의 키스〉와 달리 여성과 미소녀 사이에는 친밀함과 달콤함의 동성애적 장면이 아니다.

이 그림 속의 레슨 하는 여성은 미소녀의 머리채를 잡고 있고 완전히 자신의 통제하에서 강압적인 동성애를 나누는 모습이다. 그녀의 눈빛은 저항하지 못하고 자신의 손놀림에 눈이 커져 반응하는 미소녀를 관찰하는 눈빛이다. 이 그림의 제목은 〈기타 레슨〉이지만 명백히 동성애적 장면을 연출하고 있다. 그런데 그의 미소녀적 취향이 반영된 그림이라고 볼 수 있고, 그런 관점에서 보면 레슨을 하는 여성은 발튀스 자신일 수 있다.

3. 동성애 작가

1) 베이컨

베이컨(Frances Bacon)은 동성애 작가이다. 그는 14세 때에 아버지의 농장에서 일하는 마부 손에 이끌러 첫 동성애를 경험한다. 그 다음해에는 어머니의 속옷을 입어본 것이 들통 나 아버지로부터 집에서 쫓겨난다. 베이컨에 의하면 그의 아버지는 불같은 성격에 폭력적이고 독단적인 성격의 소유자였다. 그가 어머니의 속옷을 입어봤다는 것은, 그가 무의식적으로 여성의 몸이 되고자 했다고 볼 수 있다. 베이컨이 자신을 동성애자로 인식하게 된 것은 몇 달 동안의 베를린 체류기간이다. 베를린의 밤 문화를 체험하면서 베이컨은 자신이 동성애자임을 자각한다. 베이컨의 연인들로 알려진 인물은 로이드 매스터, 피터 레이시, 조지 다이어 그리고 존 에드워즈(John Edwards)이다. 에드워즈는 무려 20여 년간 베이컨의 충실한 연인이었다. 1998년 상영된 영화 〈사랑은 악마〉는 베이컨과 연인이었으며 자살한 조지 다이어(George Dyer)의 격정적인 사랑을 다루고 있다.

들뢰즈(Deleuze)는 베이컨 작품의 특징을 '신체 없는 기관', 혹은 '분화되지 않은 몸'으로 보았다. 들뢰즈가 말하는 분화되지 않은 몸은 형체를 알아보기 어려운 형태의 사물, 괴물 같은 베이컨의 사물을 말한다. 그의 나이 35세에 그린 〈십자가 발치에 있는 인물에 관한 세 습작〉을 보자. 이 그림에서 얼굴은 인간 같지만, 몸은 동물의 형상을 하고 있다. 아직 어떤 기관을 가진 존재인지 명확하지가 않다. 게다가 입의 모양은 입처럼 보이기도 하고 항문이라고 보아도 무방한 모양새이다. 입과 항문의 차이를 구별할 수 없다는 것은 심리학적 관점에서 보면 작가인 베이컨이 항문기적 고착증상이 있다고 볼 수 있다. 실제로 베이컨은 유년기에 천식으로 심한 고생을 한 인물이다. 기침과 지저분한 불순물을 뱉어야 하는 그의 유년의 입은 맛깔 나는 입이면서도 배설하는 항문처럼 지저분한 입이라는 이중적 이미지가 축적될 수 있다. 베이컨의 그림 중에서 엉덩이를 내보이거나 배설을 하는 형태의 그림들이 많이 있다는 것은 항문기 고착과 관련이 있다. 이러한 베이컨의 성향은 항문기적 동성애 경향으로 나타났다고 추정할 수 있다. 동성애자로서 베이컨 작품의 흥미로운 점은 그의 연인을 작품에 종종 등장시킨다는 점이다. 가령 〈두 인물〉과 〈풀밭 위의 두 인물〉은 마치 두 남자가 레슬링을 하는 듯하지만 동성애에 몰두하는 장면이다.

여기에 등장하는 인물은 베이컨의 연인 피터 레이시(Peter Lacy)로 알려져 있다. 이 두 작품에서 베이컨은 얼굴의 형상을 알아볼 수 없게 처리하였다. 왜 그랬을까? 그것은 성애에 열중하는 두 인물이 서로에 대한 완전한 몰입감과 성적 엑스터시를 경험한다는 표현일 것이다. 베이컨 그림에

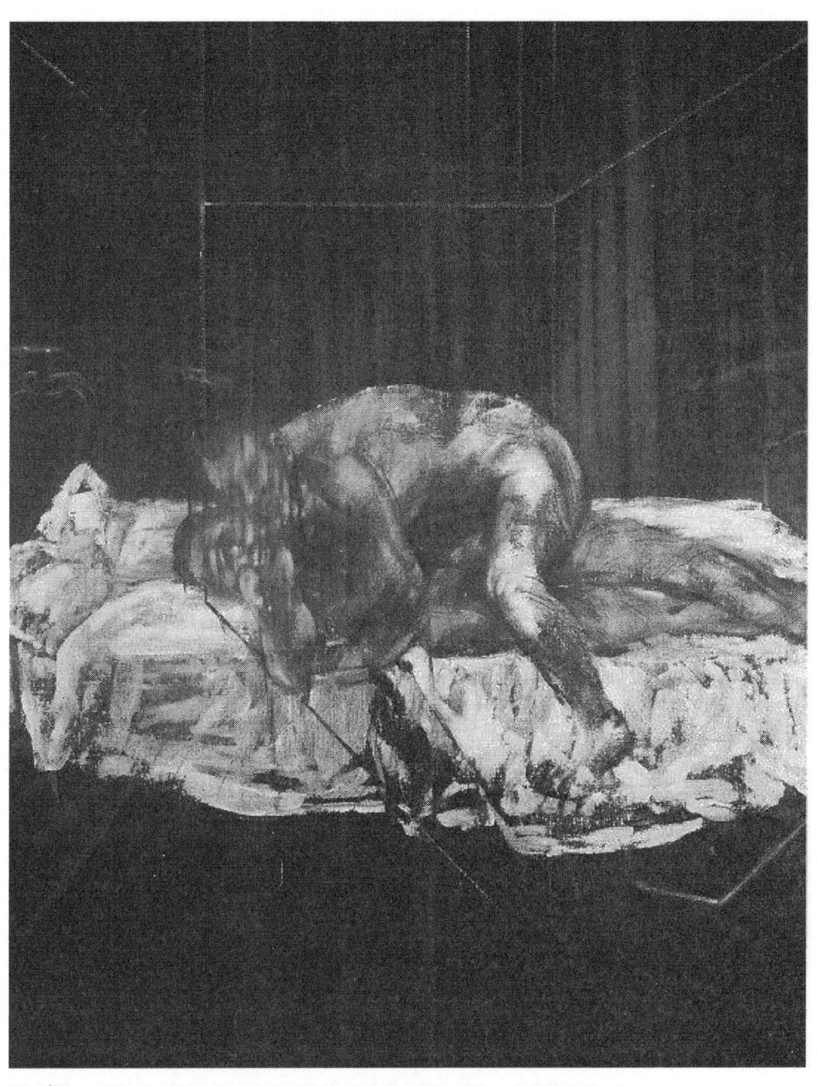

두 인물　프란시스 베이컨 | 1953년 | 캔버스에 유채 | 116×152cm | 개인 소장

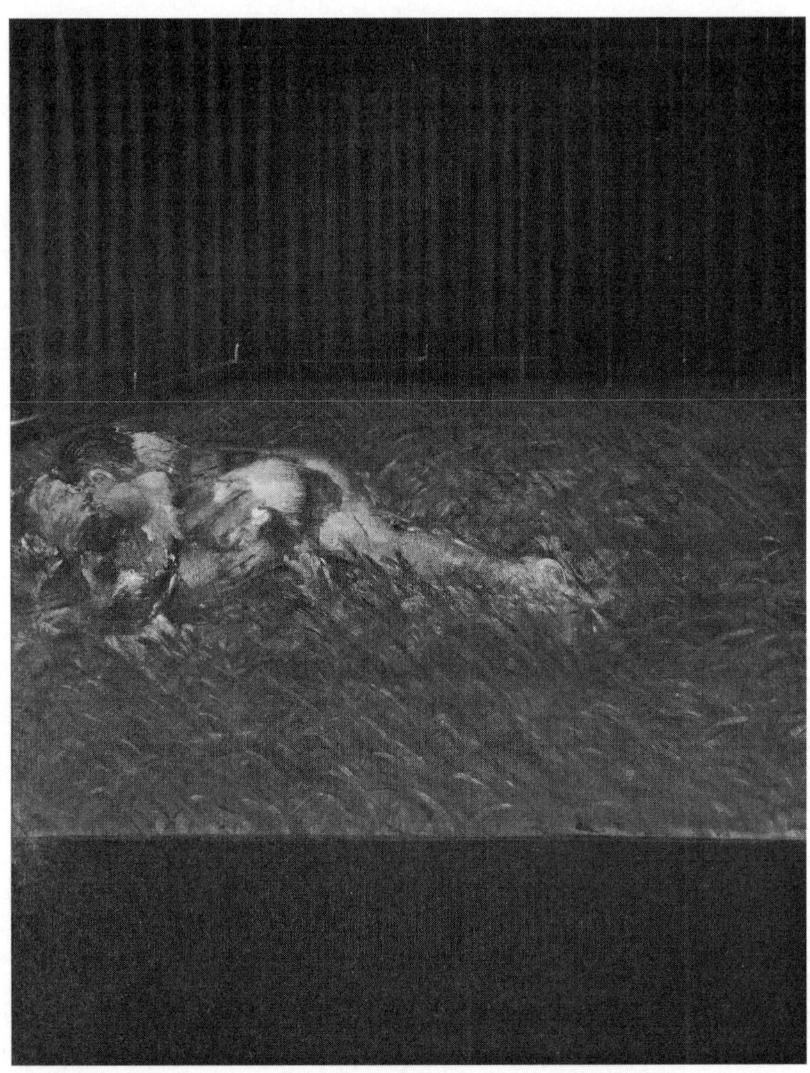

풀밭 위의 두 인물 프란시스 베이컨 | 1954년 | 캔버스에 유채 | 117×157cm | 개인 소장

서 다시 등장하는 연인은 조지 다이어이다. 베이컨과 조지 다이어는 7년 간의 격렬한 사랑을 나누었다.

우울증에 시달렸던 조지 다이어는 1971년 베이컨의 파리 전시회가 열리기 이틀 전 파리에서 자살하였다. 베이컨은 연인 다이어를 모델로 한 그림을 많이 그렸다. 가령 〈웅크린 조지 다이어의 초상〉, 〈거울 안의 조지 다이어의 초상〉, 〈말하는 조지 다이어의 초상〉, 〈자전거를 타는 조지 다이어의 초상〉은 조지 다이어가 죽기 이전의 작품들이다. 1971년의 〈조지 다이어를 기념하는 3부작〉은 연인 조지 다이어의 죽음을 애도하며 그린 작품이다. 조지 다이어의 그림은 다른 신체를 다룬 작품과 마찬가지로 형태를 알아볼 수 없게 뒤틀려 있다. 이것은 인간 내면의 숨겨진 강한 욕망과 본능, 그리고 내면의 고통을 형상화한 것이다. 조지 다이어를 기념하는 3부작에서 가운데 작품에 나오는 검은 그림자는 다이어의 죽음을 강하게 연상시킨다.

2) 워홀

미국 팝 아트의 대표주자로서 워홀리즘을 낳은 장본인인 앤디 워홀(Andy Warhol)은 유명한 동성애자였고 자신의 동성애적 정체성을 작품과 영화에서 표현한 인물이다. 그가 동성애 중 여자 역할이었다는 것을 그의 여장 스타일, 작업실에 드나드는 남성 중 근육질 남성을 좋아했다는 점 등을 통해 알 수 있다. 워홀의 작품에서 명시적으로 동성애를 표현한 작품은 1950년대 제작한 〈남성 커플〉이라는 드로잉이다. 이 작품은 한 동성애 커플이 깊은 키스를 나누고 있는 장면을 가는 선으로 처리하고 있다.

이 시기에 워홀은 키스하는 소년들을 주제로 한 일련의 시리즈를 제작

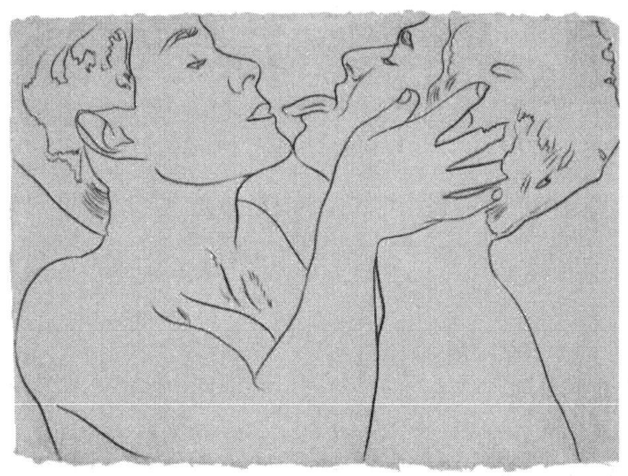

남성 커플 앤디 워홀 | Warhol Foundation

했으며 이를 뉴욕의 대표 전시관 중의 하나인 타나제 갤러리(Tanager Gallery)에서 전시하고자 했다. 그러나 그의 계획은 너무 공격적이고 혐오스런 주제라는 이유로 좌절되었다. 그리고 1956~7년 작품인 〈무제〉는 옷을 벗고 있는 동성애 커플이 이제 막 사랑의 행위를 끝내고 나서 서로 다른 방향을 쳐다보며 앉아 있는 모습이다.

슈퍼맨이나 뽀빠이가 등장하는 만화를 소재한 한 워홀의 작품에도 동성애를 암시하는 작품을 찾아볼 수 있다. 1961년 작품인 〈슈퍼맨〉은 슈퍼맨이 불을 끄고 있는 장면이다. 연기 기둥은 마치 3개의 남근을 표현한 듯하고 부풀어 오르게 표현되어 있다. 슈퍼맨의 입에서 크게 나오는 빨간색의 글자 'PUFF'가 남성 동성애를 가리키는 속어라는 점을 감안하면 워홀이 〈슈퍼맨〉과 동성애적 성 정체성을 왜 연결시키고 있는지 짐작할 수 있다. 슈퍼스타로서 슈퍼맨과 소주자로서의 동성애자를 동일시하는 태도는 동성애에 대한 부정적 시각에 대한 저항이자 수퍼맨처럼 모든 삶의 문제로부터 자유롭고자 하는 동성애자의 성 정체성이 드러난다.

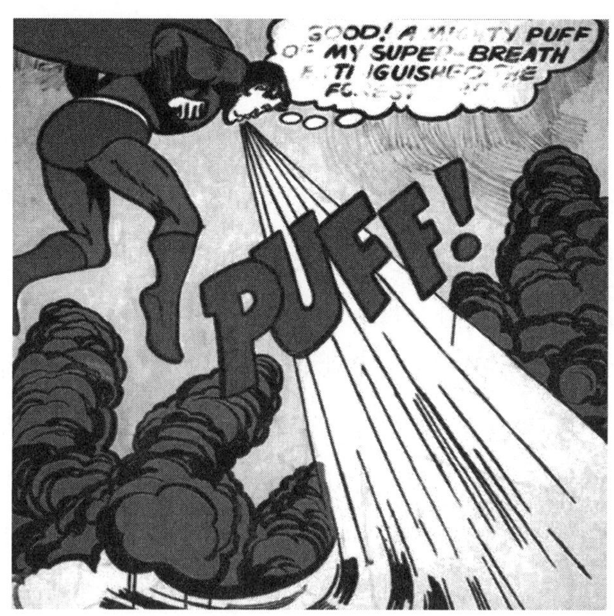

슈퍼맨　앤디 워홀 | 1961년 | 캔버스에 아크릴과 크레용 | 132×170cm | collection of Gunter Sachs

한편 워홀은 1960년대에 영화 제작에 몰두하게 되며 무려 280여 편의 영화를 제작했다. 60년대 중반 이후에 그는 그림 제작을 잠지 중단할 정도로 영화에만 매달렸다. 워홀이 영화를 한창 제작하던 시기는 미국에서 소위 언더그라운드 영화가 본격화되던 시점이다. '언더그라운드'가 말해주듯이 당시의 언더그라운드 영화는 부르주아적 가치와 질서를 거부하고 섹스, 동성애, 신화, 반전, 초월, 즉흥성, 자유 등의 주제에 몰입하였다. 워홀이 제작한 영화도 장르상으로 구분하면 언더그라운드 영화에 속한다. 그의 대표작으로는 〈슬립(Sleep)〉(1963), 〈블로잡(Blowjob)〉(1963), 〈엠파이어(Empire)〉(1964), 〈첼시아 걸스(Chelsea Girls)〉(1966), 〈외로운 카우보이(Lonesome Cowboy)〉(1968) 등이 있다.

워홀 영화의 특징은 내러티브를 거의 찾을 수 없고 하나의 고정된 시점에서 장시간 촬영한다는 점이다. 워홀의 영화 중에서 자신의 동성애적 정체성을 유감없이 발휘된 작품이 첫 영화 〈잠(Sleep)〉이다. 그는 이 영화에 등장하는 유일한 인물은 그의 동성애인 존 지오르노다. 작품의 내용은 지오르노가 자고 있는 모습을 6시간 동안 촬영한 것이 전부이다. 자신의 만족을 위해서 만든 이 영화는 흥행에 관심도 없었고 대중으로부터 아무런 반향도 얻지 못했다. 영화 〈키스〉 역시 동성애자가 등장한다.

이 영화는 다른 인종 간, 동성애자들, 일반인들의 키스하는 장면을 촬영한 영화이다. 앞서 언급한 영화 〈외로운 카우보이〉에 출연한 남성배우들은 모두 동성애자란 의심을 받았고 음란하다는 이유로 경찰의 조사를 받아야 했던 영화이다. 영화에 몰두하던 워홀은 70년대 들어 다시 그림 작업을 왕성히 시작하였다. 그 이후에도 워홀은 자신의 성 정체성을 그림으로 표현하였다. 1980년에 그린 〈소녀들의 키스〉에는 다시금 초기의 소년 모티브가 등장한다. 말년에 접어든 워홀의 동성애적 관계를 가졌다고 강하게 추측되는 인물은 '검은 피카소'로 불리는 낙서화가 장 미셸 바스키아(Jean Michel Basquiat)이다.

두 사람의 관계는 연인, 친구, 스승과 제자, 창작열이 소진된 대가와 이제 막 떠오르는 신진작가의 공생적 협력관계, 작업동료의 성격을 갖는 등 복잡하다. 두 인물의 만남은 뉴욕 소호의 한 레스토랑에서 워홀이 바스키아의 엽서 그림 한 장을 사면서부터이다. 특별한 재능을 알아보는 감식안이 있던 워홀은 바스키아의 천재성과 상품성을 알아보고 그를 미술 스타로 키웠다. 워홀은 바스키아와 공동작업실을 마련하고 공동작업을 했으며, 서로의 초상화를 그려주고, 함께 여행하였다. 그들의 공동작업의 결과는 총 16점으로 뉴욕의 토니 샤프라지 화랑에서 1985년 전시되었다.

이 전시회를 위해 워홀과 바스키아는 샤프라지의 제안을 받아들여 권

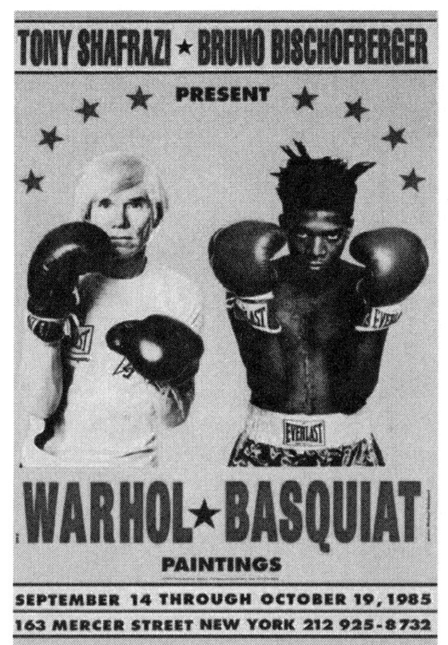

앤디 워홀, 바스키아 포스터　2004년 | 48×68cm |
로니 샤프라지 갤러리

투 글러브를 끼고 마주 서 있는 포스
터를 제작했다. 그런데 공동 제작한
작품들의 전시회는 실패로 끝나고 말
았으며 두 사람의 관계는 소원해져
갔다. 1987년 워홀이 58세의 나이로
심장발작으로 사망한 후 1년만에 27
세의 바스키아도 약물 과다복용으로
사망한다. 두 사람의 관계는 고대 그
리스 시대의 동성애적 관계의 특징
인 후원자-미소년의 관계와 유사한
측면이 있다. 바스키아를 뉴욕의 낙
서광에서 천재스타 화가로 변신시킨
것도 워홀이고, 바스키아의 창작 열

정을 활용하려 했던 것도 워홀이며, 바스키아에게 어린 동료나 친구 이상
의 감정을 가진 것도 워홀이었다. 그런데 두 사람이 공동 제작한 작품에서
나 각자의 작품에서 두 사람이 동성애적 관계를 강하게 암시하는 그림은
없다.

　동성애자임을 공공연하게 밝힌 워홀에게도 연인 비슷한 감정을 가진
유일한 여성이 있었다. 에디 세즈윅(Edie Sedgwick)은 독특한 미모와 매력을
가진 여성으로 모델로 활동했다. 그녀는 워홀을 만난 후 워홀과 함께 〈팩
토리〉에서 지내게 된다. 부유한 아버지로부터 성폭행을 당하고, 동성애자
인 동생의 자살을 눈으로 경험해야만 했던 그녀는 뉴욕으로 나와 워홀이
라는 새로운 세계를 만나며 자유와 행복의 시간을 잠시 보낸다.

　그녀는 패션 아이콘으로 떠올랐고 자신 삶의 전성기를 구가했다. 사랑

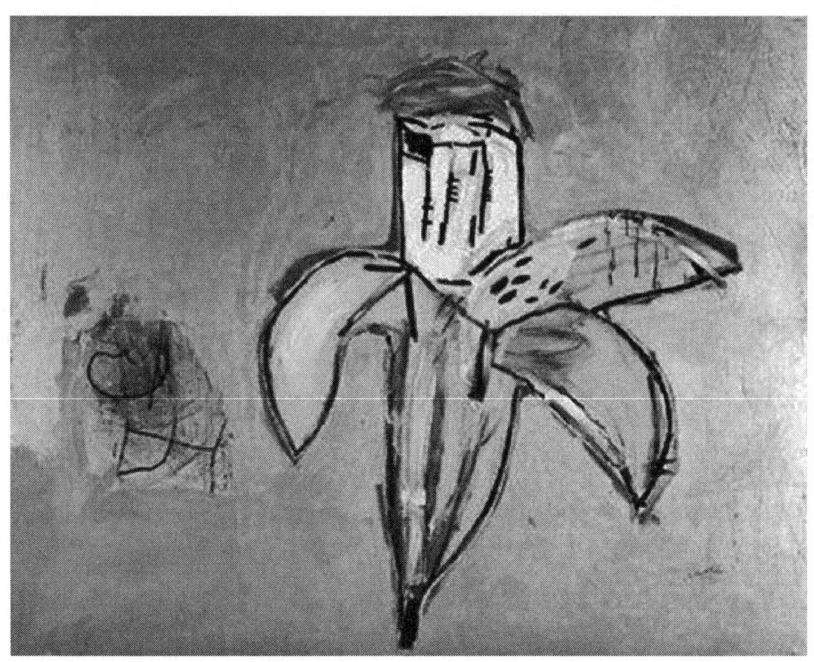

Bananas 바스키아, 앤디 워홀 Browspots | 1984년 | 캔버스에 아크릴과 유채 | 213×193cm | 스위스 Bischofbergersamlingen

했던 남자를 떠나 워홀만을 쳐다봤던 그녀지만 워홀이 그녀에게 소홀하자 그녀는 당대의 팝스타 밥 딜런(Bob Dylan)과 잠시 사랑에 빠진다. 그녀는 다시 사랑에 실패한 후 마약과 알코올에 의존하다 28세의 젊은 나이에 스스로 생을 마감한다. 많은 사람들이 그녀를 워홀의 뮤즈라고 말했고 워홀 스스로 '그녀와의 함께 보낸 시간이 가장 소중했다'고 말했지만 두 사람이 '연인'이었다고 보기 어렵다. 비록 워홀이 '자신을 가장 매료시킨 한 사람'으로 그녀를 말하고 있지만, 그는 '(이성애적) 섹스를 하지 않을 때가 오히려 가장 흥분된다'고 말해왔던 인물이기도 하다. 영화 〈팩토리 걸(factory girl)〉은 워홀과 에디 세즈윅의 관계를 다루고 있다.

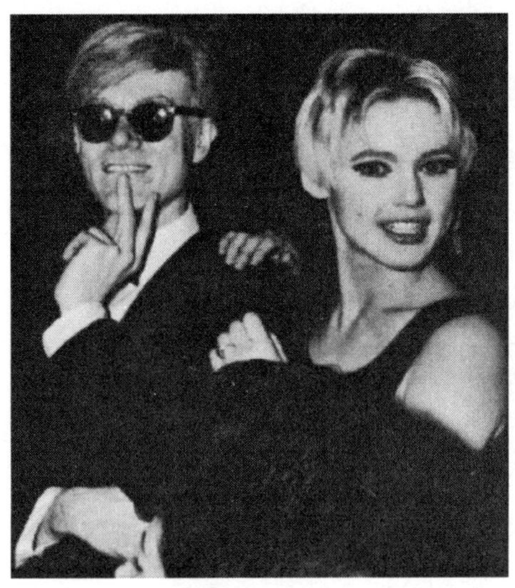
앤디 워홀과 에디 세즈윅

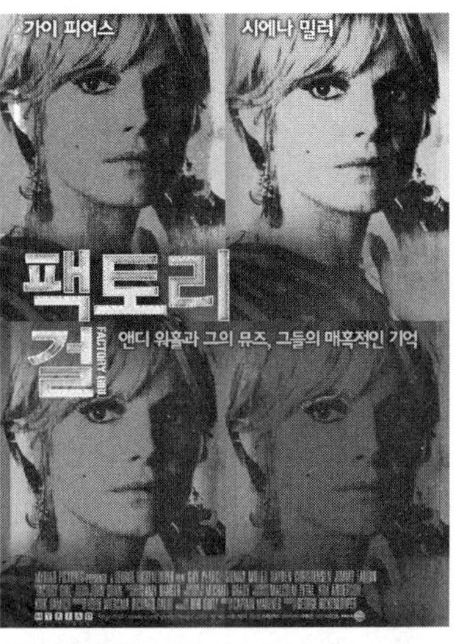

영화 팩토리걸   2006년 | 네이버 영화

3) 데이비드 호크니

데이비드 호크니(David Hockney)는 1960년대 앨렌 존스(Allen Jones), 키타이(R. B. Kitaj) 등과 함께 영국을 대표하는 팝 아트 작가이다. 그에게 작가적 명성을 갖게 해준 작품은 수영장 시리즈 그림들이다. 실험정신에 가득 찬 호크니는 여러 단계의 작업들을 수행하는 데 판화, 사진, 회화만이 아니라 오페라나 발레작품의 무대 디자이너, 그리고 『명화의 비밀』과 같은 책을 쓰기도 했다. 그의 작품을 특징짓는 것은, 평면성의 극단적 강조, 평면을 해체한 다중원근법, 사진 콜라주, 추상회화 기법, 자전적 내용, 강렬한 색채, 사진 속에 시간개념 도입, 평면과 공간개념의 상호 연결, 일상적 공간, 페르소나적 기법, 포토 콜라주, 텍스트와 기호의 삽입 등이다.

호크니의 초기 작품들은 문학작품에서 차용한 문자나 숫자의 파편을 적용하였으며, 미국의 추상표현주의(Abstract Expressionism)의 영향을 받아 화면의 평면성을 고수하면서도 구상과 추상을 접목하는 시도를 보여주었다. 동성애자로서 호크니는 자신의 성 정체성과 그로 인한 혼란을 적나라하게 노출하는 방식이 아니라 파편화된 기호나 문자 등을 활용해 익명적으로 표현하였다.

1960/1년 제작한 작품 〈인형 같은 남자(Doll boy)〉를 보자. 이 그림은 실제로는 전혀 인형같이 예쁘지 않은 남자가 엄청난 무게를 지닌 무엇을 머리로 겨우 받치고 있는 모습이다. 이 그림에서 'Doll boy'와 동성애를 뜻하는 'Queer'라는 글자가 보인다. 동성애적 성 정체성을 상징적으로 보여주는 그림이다. 또한 이 그림에서 3.18이라는 숫자와 입에서 흘러 나오는 음악적 기호가 등장한다. 1961년 제작된 〈밀착된 우리 두 소년(We Two Boys Together Clinging)〉이라는 작품 역시 동성애를 강하게 암시하시만 평면성, 추

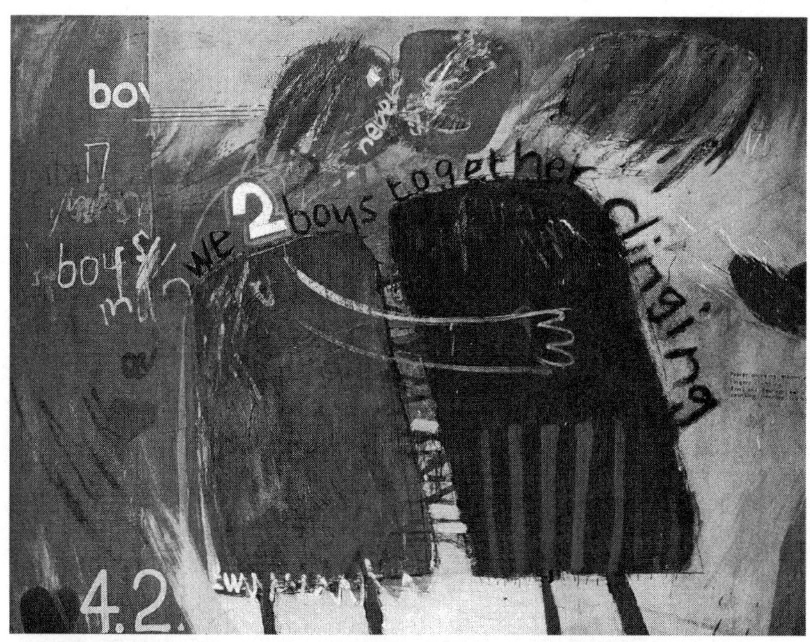

밀착된 우리 두 소년   호크니 | 1961년 | 보드에 유채 | 21.9×152.4cm | 영국예술협의회

상성, 숫자와 문자의 삽입이라는 그의 제작방식을 따르고 있다.

　1962년 영국 왕립미술학교를 졸업한 호크니는 뉴욕을 잠시 거쳐 1963년 로스앤젤레스에 정착한다. 그는 눈부시도록 파란 로스앤젤레스에 매료되었고 19세이던 피터 슐레진저(Peter Schlesinger)를 연인으로 두게 된다. 1966년에 제작한 〈닉의 수영장에서 나오는 피터(Peter Getting Out of Nick's Pool)〉를 보자. 푸른 수영장에 젊고 탄탄한 피터의 몸매가 드러난다. 호크니에게 캘리포니아의 화창한 날씨, 푸른 수영장은 연인 피터의 눈부신 몸매를 드러내는 보조장치가 아니었을까? 호크니는 연인 피터와 같이 살며 헤어짐에 대한 예감, 이별 이후의 피터를 생각하며 여러 작품을 제작하였다. 피터와 이별한 후 호크니가 제작한 작품이 〈예술가의 초상: 두 인물이 있는 수영장〉이다. 1971년 9월 피터와 이별한 후 호크니는 한 번의 수정

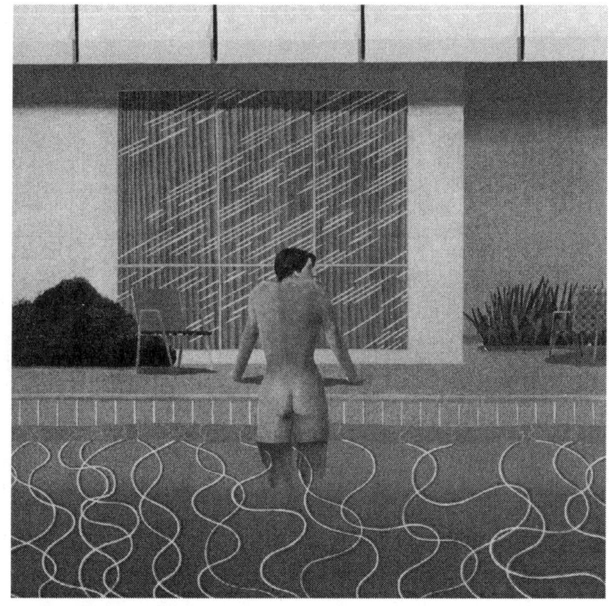

닉의 수영장에서 나오는 피터　호크니 | 1966년 | 캔버스에 아크릴 | 152×152cm | 리버풀 국립미술관

을 거쳐 이 그림을 완성한다. 수영장 밖에서 빨간 재킷을 입고 수영장 아래를 내려다보는 인물이 피터이다.

왜 호크니는 헤어진 옛 애인 피터에게 빨간 재킷을 입혔을까? 그에 대한 연정과 그리움이 아직 남아 있다는 것을 말해주는 것으로 보인다. 애연가였던 호크니는 사랑하는 피터를 위해 금연도 하고 그에게 자신과 함께할 것을 눈물로 호소했었으니 쉽게 잊을 수 없는 사랑이었음이 틀림없다. 그런데 피터를 향해 수영해 나가는 한 인물이 있다. 수영하는 인물은 호크니의 옛 애인 피터가 있는지 없는지 알 수 없는 상태에서 수영을 한다. 피터가 아래를 내려다보지만 수영하는 사람은 피터의 시선을 전혀 의식하지 못한다. 흥미로운 점은 이 그림에서 호크니는 등장하지 않는다는 점이다. 호크니는 자신의 부재를 드러내면서 피터와 제3의 인물의 새로운 사랑을 소망하는 것이 아닐까? 옛 사랑이었던 피터를 그리워하며 피터가 찾을 새로운 삶의 생명력을 표현하고 싶었던 것으로 같다.

호크니는 작업방식으로 페르소나(Persona)를 적극 활용하는데, 피터와의 결별과 관련해서도 페르소나를 활용했다. 페르소나란 원래 그리스 연극에서 특정 캐릭터를 연기하기 위해 사용되던 가면을 의미하는 것으로 심리학자 칼 융(Carl Gustav Jung)이 제안한 개념이다. 그것은 타자들에 의해 보이기를 바라는 자아상, 다른 사람들에게 투사된 나의 상 혹은 외면적 인격을 말한다. 페르소나는 일종의 사회적 가면으로서 개인의 고유한 자아와 사회 규범 사이에 자리 잡고 있으며 조정 역할을 통해 아버지, 부장, 아들, 삼촌, 교사, 운전사로서의 사회적 역할을 수행하게 만든다. 자기 이미지 만들기, '~으로서의 역할 수행하기'가 다 페르소나에 해당되며 인간의 심리적 생활의 근간이라고 할 수 있다.

1971년 9월에 호크니가 연인 피터와 결별한 후 제작한 〈유리 테이블에 있는 정물〉은 그야말로 정물화의 형식이지만 배치된 사물들은 피터가 사용하던 것들이었다. 왜 그랬을까? 각각의 사물들은 피터 대신 그려진 것이며 그 사물은 피터의 부재를 드러내는 장치로 사용되었다. 이 작품에서 튤립은 호크니를 은유적으로 상징한다고 볼 수 있는데 튤립과 피터의 부재의 상징물들은 서로 떨어져 있다.

이 배치는 결별의 사실을 받아들이면서도 부재를 의식하는 호크니의 심정을 보여주는 것이다. 아직 기억되고 추억의 흔적이 재현되는 그의 〈유리 테이블에 있는 정물〉은 부재를 느끼는 슬픈 페르소나의 연출인 셈이다. 위에서 살펴보았듯이 베이컨이나 워홀의 방식과 다른 호크니의 작품에서 동성애의 표현은 은유적이며 간접적이다. 동성애를 다룬 작품이 늘 전투적일 이유도, 늘 은밀한 방식일 필요는 없다. 호크니의 그림에서 보여주듯이 은은하며 그러나 내적으로 강렬한 방식이 더 내밀하며 음미하는 사랑의 풍경이 아닐까?

19 예술의 종말, 그리고 그 이후?

1. 예술의 종말이란 표제어

일반적인 차원에서 '예술의 종말'이란 표제어는 무척 당황스러울 수밖에 없다. 사실로서의 예술은 종말을 고한 적이 없기 때문이다. 그렇다면 예술의 종말은 예술의 의미와 가치의 상실과 관련된 표제어인가? 이러한 의미라면 예술을 한갓 가상이나 환상으로 치부하고 인간의 삶에서 예술의 위상을 폄하해온 예술 사상들에게서 그 단서를 찾을 수 있을 것이다. 소위 이데아의 그림자에 불과한 2차 모방으로서 예술에 대한 폄하와 시인 추방론과 검열제도를 제안한 플라톤(Platon)의 예술사상은 예술의 종말을 소망했다고 보아도 무방하다. 그의 소망은 니체(Nietzsche)의 예술철학에서 완전히 전복되었으며 포스트모던 미술에 의해 플라톤의 소망은 허망한 꿈이라는 것이 증명되었다. 플라톤 식으로 말하면 이데아의 그림자와 이데아의 그림자의 차이 자체를 문제 삼지 않는, 예술과 예술 아닌 것의 경계 자체가 해체되었기 때문이다.

예술의 종말에 대한 또 다른 생각은 특정한 예술이 더 이상 예술사나 특정 예술 영역에서 그 역사적 생명력을 다한 예술사적 내적 술어로 이해할 수 있을 것이다. 예술의 종말에 대한 위와 같은 이해는 이 주제에서 다루게 되는 헤겔(Hegel)의 경우나 단토(Danto)의 경우에 어느 정도 타당한 시각이다. 그러나 이들의 논의에서 예술의 종말은 예술 패러다임의 전환과 같은 좀 더 거시적인 차원에서 다루어진다. 게다가 위와 같은 문맥에서 아도르노의 예술의 종말 테제를 이해하는 데에는 한계가 있다.

예술의 종말에 대한 예술철학의 논의는 헤겔 미학에서 본격적으로 다루고 있다. 1828년 제시된 헤겔의 예술 종말 개념을 자신의 예술철학에 수용하고 변용한 미학자이자 미술평론가가 아서 단토이다. 그는 1960년대 팝 아트와 미니멀 아트를 해석하기 위한 이론적 토대를 제공하는 과정에서 예술의 종말을 주장한다. 단토는 예술이 "순수사고 자체의 눈부신 빛으로 증발"하는 순간 예술은 '철학하는 예술'이 되며 과거의 예술은 종말을 고한다고 말한다. 헤겔과 그의 영향을 받고 있는 단토와 달리 아도르노는 예술의 탈예술화라는 관점에서 예술의 종말을 주장하며 그러한 부정적인 예술의 상황 속에서 탈예술화에 저항하는 예술의 가능성을 탐구한다. 여기서는 헤겔, 아도르노, 단토의 예술종말론의 내용과 의미를 파악해보고 예술종말론 그 이후 예술의 의미를 살펴보도록 할 것이다.

2. 헤겔의 예술의 종말 테제

헤겔(G.W.F. Hegel)에게 예술은 '이념이 감각적으로 현상된 것'이다. 절대정신의 감각적 표현이 예술이다. 그는 절대정신의 감각적 표현이 얼마만큼 완전히 실현 됐는가에 따라 예술 형식을 상징예술, 고전예술, 낭만예술로 구분한다. 이러한 구분은 신에 대한 표상이 어떻게 반영되는가와 관련이 있다. 상징예술은 고대 동양

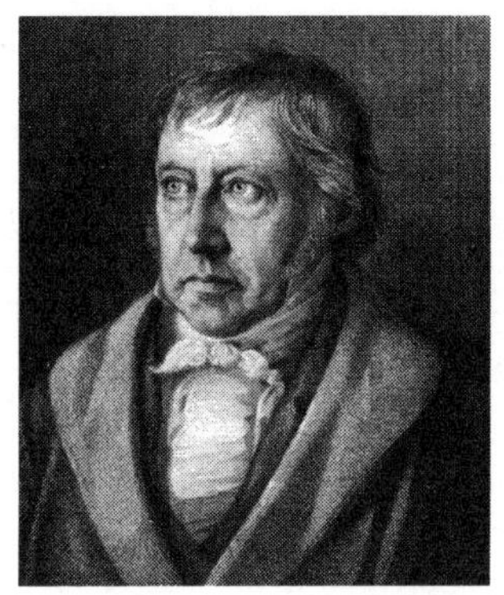

G.W.F. 헤겔　1770~1831 | 위키백과

의 예술형식으로 직관과 관련이 있으며 추상적 신의 표상이 반영된다. 상징예술을 대표하는 장르는 건축이다.

헤겔의 상징예술에서는 이념이 제대로 구현되지 않으며 내용과 형식의 조화가 이루어지지 않는다. 이집트의 피라미드나 인도의 신전 등과 같이 형식을 대변하는 물질적 요소가 강하며 크기에 압도당해 숭고의 미적경험만을 갖게 된다. 고전예술은 고대 그리스의 예술을 말하는 것으로 이념과 형식이 조화를 이룬 예술 형식을 말한다. 그중에서도 조각이 대표적인 장르이다. 고전예술은 "형식과 내용이 절대적으로 동일"하며 "순수한 보편성의 상태로 통일"을 이룬다. 고전예술은 신에 대한 표상의 관점에서는 인간화된 그리스 신의 반영이다. 낭만예술의 단계에서는 더 이상 형식과 내용의 통일이 문제가 되지 않는다.

이 단계는 정신이 자기 자신으로 복귀하는 단계, 즉 "정신이 자신의 고유한 내면성"에 들어가는 것이다. 낭만예술은 소재, 즉 물질성을 탈피하고 정신으로 이행하는 단계로 탈물질성의 정도에 따라 회화, 음악, 시의

예술 형식으로 이행한다. 신에 대한 표상의 관점에서 낭만예술은 신교와 함께 신의 인간화와 세속화가 반영된 예술 형식이다. 헤겔에게 "시문학은 보편적이며 모든 것을 포괄하는 예술로서 최고의 정신적 단계까지 상승한 예술"이다.

그런데 감각재료를 완전히 제거한 단계로서 시문학의 단계에서 예술의 해체가 이루어진다. 예술을 이념의 감각적인 표현으로 정의한 이상 감각재료가 제거된 예술은 곧 예술의 해체를 의미한다고 볼 수 있다. 시문학의 예술 형식에서 예술은 이미 "지나간 것, 과거적인 것"이 되고 만다. 크로체(Benedetto Croce)는 헤겔의 예술의 과거성 테제를 예술의 죽음 혹은 예술의 종말로 해석한다. 헤겔의 논의를 보면, 예술미 차원에서 '가장 아름다운' 차원의 종말이 고전예술 이후에 나타나며, 정신의 차원에서는 '가장 고차적인' 정신의 차원인 시문학에서 예술의 종말이 발생한다.

그렇다면 헤겔이 말하는 예술의 종말이 의미하는 것은 무엇인가? 헤겔이 말하는 예술의 종말은 첫째, 예술의 세속화에 의해 더 이상 신의 표상을 담아내는 역할을 예술이 하지 않는다는 것을 의미한다. 이것은 다르게 말하면 종교로부터 예술이 자율성을 갖게 되었다는 역설적 의미를 내포한다. 둘째, 예술의 종말은 반성적인 철학적 사고 능력으로 인해 더 이상 진리에 대한 미적 접근의 필요성이 제기되지 않게 되었다는 것을 의미한다. 헤겔에서 예술은 절대정신이 깃들어 있는 한 형태이며 진리를 매개할 수 있는 가상으로 규정되지만 종교나 철학보다는 낮은 단계이다. 예술보다 상위의 절대정신인 철학적 반성능력이 실현된 상태에서 예술은 그 역할을 다하게 된다. 바로 이 단계에서 예술은 종말을 고한다.

헤겔이 말하는 예술의 종말은 '당대의 예술이 참된 예술이 아니며 따라서 당대의 예술은 예술로서 전혀 가치가 없다는 것'을 의미하지 않는다. 헤겔이 예술의 종말을 주장하던 시기는 낭만주의가 만개하고 서서히 저물기 시작하던 시기이다. 그러나 이 시기는 괴테, 실러만이 아니라 베버, 슈베르트, 멘델스존과 같이 문학과 음악사의 거장들이 활동하던 때이다. 바로 이 시점에 '예술의 종말'을 주장한 헤겔의 주장에 멘델스존(Felix Mendelssohn)이 발끈했던 것이다. 괴테가 엄연히 살아 있고 베토벤이 죽은 지 채 1년도 되지 않은 시점에 헤겔의 주장을 접한 멘델스존은 헤겔의 주장이 '헛되고 무의미한 주장'이라고 분노와 냉소적인 반응을 동시에 보여주었다.

그런데 헤겔의 주장은 예술의 무가치성이나 당대 예술을 폄하하기 위한 것이 아니다. 헤겔이 예술의 종말에서 말하는 바는 종교적 표상과 이미지를 표현하는 예술이 종말을 고하고 자유예술(freie Kunst)의 탄생, 예술의 자율성이 확보되었다는 것을 의미한다. 종교의 자리에 '인간'이나 '세속'이 대체된 것이다.

헤겔이 말하는 예술의 자율성은 단순히 종교로부터의 예술의 자율성만이 아니라 사회나 역사적 요구와 목적으로부터의 자율성을 포함한다. 헤겔은 당대의 예술가들이 더 이상 "어떤 특정한 소재나 내용"에 집착하지 않고 "특정한 표현방식"을 고집하지 않으며 "예술가의 주관적인 능숙한 기술"에 따라 자유로운 예술창작을 하고 있다고 평가했다. 헤겔이 말하는 예술의 자율성이란 결국 예술의 '자유선언'과 같은 의미인 셈이다. 이렇게 보면 헤겔이 말하는 예술의 종말이란 과거예술의 종말과 새로운 예술의 탄생을 중첩적으로 내포하는 표제어이다. 헤겔적 시각에서 본다면 오늘날의 현대예술은 근대예술의 종말이며 예술사 자체는 예술의 종말과 탄생의 연속적인 역사라고 볼 수 있다.

3. 아도르노의 예술의 종말 테제

헤겔의 예술 종말 테제가 예술의 자율성이라는 보다 긍정적인 의미를 함축하고 있다면, 아도르노의 예술의 종말 테제는 헤겔의 테제보다 심각하다. 헤겔과 같이 아도르노 역시 예술의 자율성이 예술의 종교적 기능으로부터의 해방되면서 시작되었다고 본다. 그러나 아도르노는 예술의 자율성이 종말을 고하게 된 원인을 예술의 상업화, 다시 말해 예술의 물화로 인한 탈예술화

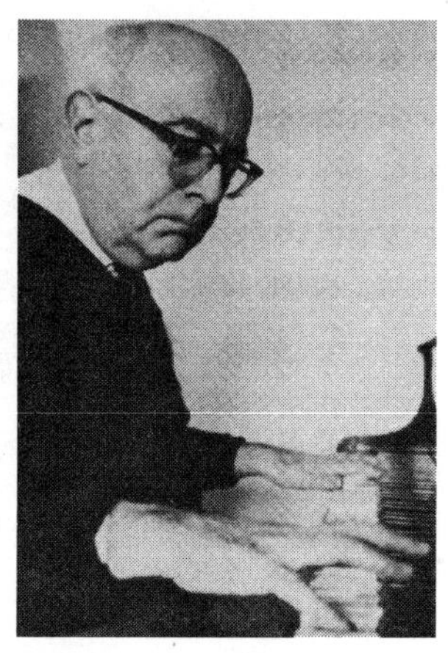

아도르노 1903~1969

(Entkunstung)에서 찾는다. 탈예술화는 곧 예술의 진리성을 파괴하고 예술이 단순히 "일종의 소비재" 이상의 의미를 갖지 않는 것을 의미한다.

또한 예술의 탈예술화는 일상과 예술의 거리와 차이를 거부함으로써 예술만이 갖는 독특한 지위를 해체시키는 방식으로 이루어진다. 아도르노에 따르면 예술은 역사의 해시계로서 역사의 흔적과 사회의 흔적을 담아내고 예술 자체의 부정의 정신을 통해 사회의 모순과 억압과 완전히 다른 사회를 보여주어야 한다.

부정 속에서 유토피아(utopia)를 담지해야 하는 예술은 '현실과의 긴장'을 유지해야 한다. 그런데 소비재 이상의 의미를 갖지 않는 탈예술화의 상황하에서 예술과 일상의 경계는 완전히 해체된다. 이러한 경계의 해체는 곧 예술의 이념과 정신, 그리고 예술의 사회적 역할을 해체하는 결과를 가져온다.

또한 진리를 품고 있는 수수께끼로서의 예술, 진리의 암호문으로서의

예술의 성격이 "작품과 감상자 사이의 거리를 좁히려는 열망"으로 포장된 탈예술화의 메커니즘으로 인해 예술고유의 영역은 사리지고 만다. 탈예술화는 결국 예술이 하나의 상품으로 전락한 것을 의미한다. 탈예술화와 함께 예술은 교환가치로 변질되며 예술작품은 물화된다. 예술작품이 작품으로서의 성격을 상실하고 여러 가지 물건들 중에 하나가 되어버린다는 것이다. 예술 소비자들은 예술이 자신들이 생각하는 그 무엇 이상을 허용하지 않으며 그럼으로써 예술작품의 자율성의 자리가 예술 소비자의 상품에 대한 기호와 취향으로 대체된다. 탈예술화가 일어나면 거기에 더 이상 예술은 존재하지 않으며 단지 예술사업의 논리만이 작동하게 된다. 이것이 아도르노가 말하는 예술의 종말이다.

> 예술이 사회적 욕구를 충실하게 상응하는 한, 대단히 광범위한 영역에서 이익에 의해 조종되는 사업이 된다. 이러한 사업은 이익이 발생하는 한, 또 그것이 무의미한 일이라는 점을 제작에 의해 은폐할 수 있는 한에서 지속적으로 이루어진다.

음악의 영역에서 탈예술화는 어떻게 나타나는가? 아도르노는 음악의 물화에서 그 단서를 찾는다. 그가 들고 있는 사례는 바흐, 모차르트, 베토벤, 쇼팽, 라흐마니노프, 차이코프스키 음악이 예외 없이 영화음악이나 소비를 위한 음악상품으로 포장되는 경우이다. 아도르노는 원곡이 갖는 진리성이 사라지고 효과음악으로 전락하는 현상을 탈예술화 혹은 예술의 종말로 보고 있다. 오늘날 음악에서 탈예술화는 음악의 창작, 유통, 소비의 전 영역에서 나타난다.

그런데 문제는 탈예술화에 의한 예술의 종말이 단지 예술의 종말로 끝나는 것이 아니라 부정적인 사회적 기능을 수행하는 데 있다. 아도르노는 유흥과 효과를 유발시키는 음악을 가벼운 음악이라고 규정하고 가벼운 음악이 개인에게 미치는 부정적 영향을 비판한다. 그에 따르면 가벼운 음악은 개인들에게 권태의 치료, 공허한 시간의 채색과 장식으로 기능할 뿐만 아니라 사회적 환상을 만들어준다. 가벼운 음악은 "모든 것이 간접화된 이 사회에 직접성이 존재하며 낯선 사람 사이에도 긴밀함이 존재하는 듯한 환상을 주며, 모든 사람을 상대로 싸우는 생존경쟁의 냉엄함을 느끼기 시작한 사람에게 차가움 대신 따뜻함이 존재하는 듯한 환상"을 제공한다. 가벼운 음악이 제공하는 혼잡함, 시끄러움, 소음은 대중에게 현실의 중요 행위자로 참여하고 있다는 사이비 존재감과 함께 심리적 도피처를 제공할 뿐만 아니라 사회부정성의 인식을 저해하며 사회와의 사이비 동일성을 촉진시킨다.

그럼에도 불구하고 아도르노는 탈예술화를 거부하는 진지한 음악의 가능성을 인정하지만, 그것이 갖는 내적 한계도 분명히 지적한다. 음악의 물화에 비타협적인 진지한 음악은 "맹목적인 문화산업에 한눈을 팔지 않고 자체 내에서 총체적 계몽을 실현함으로써 문화산업이 지향하는 총체적 통제에 대해 작품 자체의 진리를 대립시키지만, 그와 동시에 문화산업의 본질적 구조에 동화되어 작품 자체의 소망과도 대립"한다. 아도르노의 고백처럼 아방가르드 음악이나 소위 대중음악 분야의 인디음악이 문화산업의 논리인 시장법칙을 부정하면서도 동시에 시장의 법칙에 예속되어 있다는 것은 주지의 사실이다.

미술의 탈예술화에 따른 예술의 종말과 관련해 아도르노의 입장은 이중적이다. 여기서 이중적이라는 의미는 첫째, 워홀 식의 팝 아트는 상업성의 논리를 자신의 창작 작업 속에서 확대재생산 한다는 의미에서 탈예술하에 기여했다. 객관화된 세계의 고통을 예술적 표현을 통해 드러내고 고통의 역사를 예술적 문법으로 승화시켜야 함에도 불구하고 워홀 류의 팝 아트는 일상과 예술의 간극을 해체하며 자본주의의 일용상품을 실크스크린을 통해 재현하는 데 그치고 있다. 상업화의 논리를 대변하는 워홀 류의 팝 아트는 아도르노의 예술의 종말 논제의 근간이라는 점에서 예술의 종말을 정점까지 끌어올린 주범이라고 할 수 있다.

게다가 워홀의 작품으로 흔히 등장하는 대중스타들의 이미지는 스타의 마력에 빠져 사회비판적 의식을 약화시키는 대중문화의 이데올로기적 기능을 여과 없이 수행하고 있다. 이러한 사실은 대중문화의 이데올로기적 기능을 신랄하게 비판하는 아도르노의 시각에서 보자면, 자본주의의 지배문화를 확산하고 사회체제 유지를 위해 봉사하는 예술이라고 봐야 한다. 이러한 점에서 워홀과 팝 아트는 부정과 유토피아로서의 예술의 정신을 부정하는 예술이자 예술의 종말을 극단으로 몰고 간 사이비 미술인 것이다.

그러나 다른 한편에서 아도르노는 물화에 대항하는 방식으로서 물화의 방식을 차용하는 예술을 언급한다. 이러한 논점을 팝 아트에 적용하면 팝 아트야말로 상업화된 예술시대에 가장 상업적인 방식을 통해 예술의 상업성의 본질을 밝혀내고 그러한 방식을 통해 물화된 세계의 현실을 숨김없이 보여주는 '물화에 저항하는 예술'이라 말할 수 있다. 그러나 이러한 해석의 타당성은 그 한계가 분명하다. 그 이유는 첫째, 앞서 진지한 음악의 가능성을 언급했던 아도르노의 관점이 이 문제에서도 동일하게 적용될 수 있기 때문이다.

즉 물화에 대응하는 팝 아트적 전략과 개별 작품에 농축된 그러한 정신이 탈예술화에 대립하며 저항하지만, 본질적으로 탈예술화된 예술시장의 질서와 구조에 동화될 수밖에 없는 측면을 부인할 수 없다. 둘째, 워홀과 바스키아 그 밖의 팝 아트 예술가들이 얼마만큼 물화에 저항하는 예술로서 예술의 이념에 충실했는지는 실제로 의심스러운 측면이 있다. 상업화와 대중문화에 적극적으로 손을 내밀었음은 주지의 사실이다. 그들이 내민 손이 물화 비판의 목적을 의도적으로 감춘 손이었다고 말하기 쉽지 않다.

아도르노에서 예술의 종말은 탈예술화에서 출발하였으며 그 중심에 문화산업의 논리에 결합된 예술의 상업화가 있었다. 그런데 미술사조에서 예술의 상업화와 가장 근접해 있다고 평가할 수 있는 팝 아트에 대하여 단토는 전혀 다른 관점에서 예술의 종말을 선언한다. 게다가 그가 말하는 예술의 종말은 아도르노 식의 부정적 의미로 가득한 예술의 종말이 아니라 헤겔의 예술의 종말 테제와 같이 궁극적인 의미를 갖는다. 이제 현대 다원주의 예술의 이론적 토대를 제공했다고 평가할 수 있는 단토의 예술의 종말 테제를 살펴보자.

4. 단토의 예술의 종말

단토(Arthur Danto)는 예술의 역사를 자유예술이 등장학기 이전의 역사 이전 시대, 역사시대, 역사 이후 시대로 구분한다. 역사 이전 시대는 원시시대에서 13세기까지로 예술의 본질과 개념에 대한 인식이 아직 분명하게 성립되기 이전의 시기이다. 예술의 역사시기는 13세기에서 1964년 4월 워홀의 〈브릴로 상자〉가 맨해튼의 스테블 갤러리(The Stable Gallery)에서 전시되기까지의 6세기 동안을 말한다.

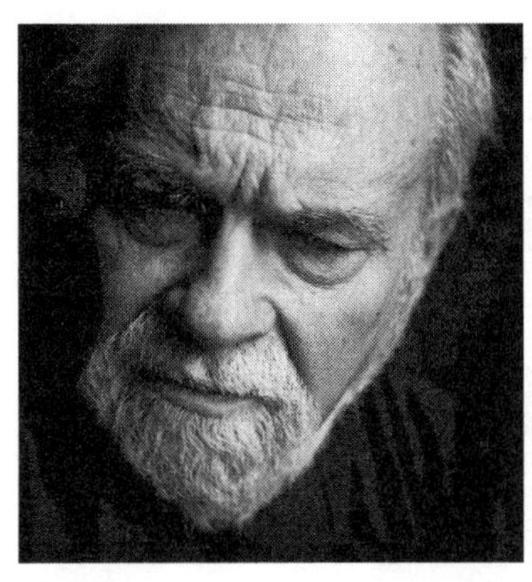

아서 단토 1924~

단토는 이 시기를 예술이 예술로서 독립성과 자율성을 확보해가는 시기로 본다. 역사 이후 시대는 워홀로 대변되는 팝 아트와 포스트모던적 예술이 본격화된 시점 이후를 말한다. 역사 이후의 시기는 예술이 스스로 규정한 예술의 이념과 가치 그리고 예술 창작에 대하여 스스로를 해체하는 다원주의적 예술시대를 의미한다. 단토가 역사 이후를 〈브릴로 상자〉에서 찾는 근거는 워홀의 〈브릴로 상자〉를 기존 "서양예술의 내러티브에 종지부"를 찍은 사건으로 파악하기 때문이다.

이것은 곧 예술의 종말을 의미한다. 예술의 종말이란 "특정한 내러티브의 종말"을 의미한다. 단토에 따르면 재현으로서의 서양예술의 내러티브가 19세기 후반에 모더니즘으로 변화한다. 이것이 종말을 고하게 된 것은 워홀의 본격 등장 때문이다. 예술시대 6세기 동안 예술비평을 대변해왔던 이는 지오르지오 바자리(Giorgio Vasari)와 클레맨트 그린버그(Clement Greenberg)이다. 바자리는 재현이 예술의 본질이자 목적으로 이해했다. 모더니즘 예술이론을 전개한 그린버그는 재현이 예술의 목적이 아니며 색과 형태를 통한 창작이 예술의 본질로 간주했다.

단토는 워홀의 〈브릴로 상자〉를 전시회서 본 후에 바자리나 그린버그식의 예술에 대한 내러티브가 생명을 다했다고 보았다. 단토가 〈브릴로 상자〉에서 본 것은 예술작품과 예술작품이 아닌 것에 대한 지각 차이의 소멸이다. 양자 사이에는 지각적으로 식별이 불가능하게 되었다. 그는 워홀의 작품이야말로 무엇이 예술인가에 대한 진지한 철학적 질문을 던지게 만드는 것이며, 워홀의 작품이야말로 '미술관 속의 철학', 혹은 '철학

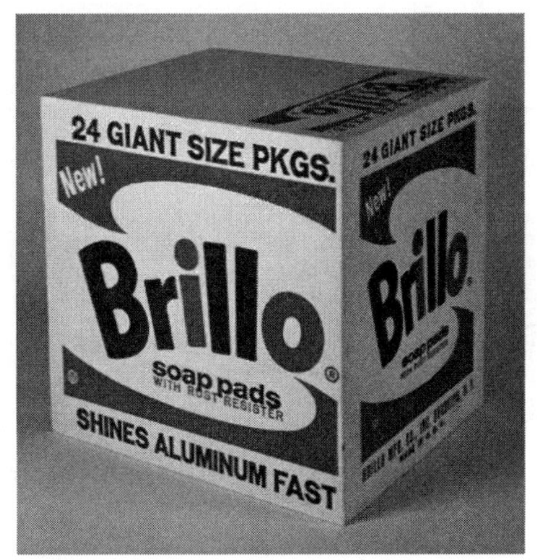

브릴로 상자 앤디 워홀 | 1968년 | 실크스크린 | 33×
40.6×29.2cm | 뉴욕 휘트니미술관

하는 예술'로 이해했다.

그런데 우리는 '왜 워홀의 〈브릴로 상자〉인가'라고 의문을 던질 수 있다. 워홀이 박스라는 기성품에 예술이라는 의미를 부여하기 이전보다 앞서서 뒤샹(Marcel Duchamp)의 1917년 작품 〈샘〉이 있기 때문이다. 이러한 의문에 대하여 단토는 다음과 같이 대답한다.

뒤샹은 워홀적인 선명한 형식으로 문제를 제기하지 않았다. 아마도 그는 '어떤 것도 작품이 될 수 있다'는 워홀에 해당되는 언명을 예견하듯이 소변 기도 예술이 될 수 있다는 것을 지적하였다. 그러나 그는 다른 면에서 질문을 하지 않았다. 즉 왜 다른 모든 소변기는 예술이 될 수 없을까? 그러나 이러한 것은 워홀이 한 최고의 질문이다.

여기서 단토는 워홀을 철학하는 예술가로 바라보고 있다. 그는 워홀을 자신의 예술관을 의식적으로 모든 면에서 작품에 관철시키고 그것의 이유를 분명하게 설명할 수 있는 철학자로서의 예술가로 파악한 것이다. 단토의 입장과 달리 보드리야르(Jean Baudrillard)는 뒤샹을 일상과 예술의 경계를 파괴하고 일상의 미학을 창조한 현대미술의 창안자로 간주하며 워홀의 경우는 뒤샹보다 한 발 더 나아가 '예술에서 주체를 소멸'시키고 예술과 미학에서 우리를 해방시킨 예술가로 간주한다. 단토와 보드리야르의 입장차는 시작점을 더 중요시하느냐 아니면 소위 완성자 혹은 종결자를 더 중요하게 평가하느냐의 차이라고 봐야 할 것이다. 실제로 뒤샹의 주장이건 보드리야르의 주장이건 현대예술은 곧 기존 예술 개념의 해체와 함께 예술의 해방을 의미하는 것이다.

아서 단토는 헤겔의 예술의 종말 개념을 수용해 워홀로 대변되는 현대예술의 성격과 성과를 예술가의 창작 관점에서 예술의 종말을 재차 선언한다.

> 예술의 종말은 예술가의 해방이다. 그들은 이제 어떤 것이 가능하지 않은가를 확증하기 위해 실험에 매달릴 필요가 없다. 우리는 그들에게 모든 것이 가능하다고 미리 말해줄 수 있다. …… 이것이 오늘날 예술가들의 상황이다.

헤겔의 예술의 종말 테제가 예술의 자유선언이었듯이 단토의 예술의 종말선언은 예술의 자유선언이자 해방선언이다. 예술사적 측면에서 헤겔의 자유선언이 예술 개념의 탄생을 알린 것이라면 단토의 예술해방 선언은 현대예술의 탄생과 그것에 함축된 '모든 것이 예술이다'는 예술 개념의 다원주의 선언이라고 평가할 수 있다. 모든 것이 예술이 될 수 있는 시대에 예술 창작을 위한 강령이나 규칙은 더 이상 의미가 없다. "이제 예술가들은 자신이 원하는 그 어떤 방법"으로 그리고 "자신이 원하는 회화예술을 추구할 수 있는 가능성"을 가지게 된 것이다.

단토의 예술종말론적 관점에서 예술이 예술일 수 있는 것은 물리적 형식이나 조건에 있는 것이 아니라 어떤 작품이 어떤 '의미'작용을 하고 의미를 내포하는가에 달려 있다. 단토에게 예술은 "항상 어떤 것에 관한 것"이며 "예술작품이 되기 위해서는 의미를 구현"해야 한다. 단토의 위와 같은 예술 개념은 모든 현대예술을 포섭시키는 넓은 의미의 예술 개념이지만, 예술작품을 생각을 전달하는 기호의 체계로 본 미니멀 아트(Minimal art)나 개념미술 예술가들과 가장 가까운 예술 개념이라 하겠다.

식별 불가능성으로서의 〈브릴로 상자〉에 대한 단토의 해석은 예술의 해방이라는 의미의 예술의 종말을 의미하지만, 다시금 예술이란 정말 어떤 것인가에 대한 질문을 던지게 만드는 해석이다. 예술의 해방과 함께 찾아온 모든 것의 예술 가능성과, 예술과 비예술의 식별 불가능성이란 관념을 받아들인 다해도 예술이란 무엇인가에 대한 질문은 여전히 남는다.

예술 다원주의적 상황이 지속되는 경우에, 예술 무정부주의 상황하에서 위와 같은 질문은 필연적인지도 모른다. 의미를 해체하려는 이성적 활동과 함께 다양성 속에서 통합을 추구하는 성향 역시 인간 이성의 습성과 같은 것이기 때문이다. 토비아스 레너(Tobias Lehner), 팀 아이텔(Tim Eitel), 마틴 갈레(Martin Galle), 틸로 바움가르텔(Tilo Baumgärtel), 로자 로이(Rosa Loy) 등과 같은 신 라이프치히 학파에 속하는 작가들에서 볼수 있는 '회화로의 회귀' 등이 이를 말해준다.

1990년대 이후 라이프치히를 중심으로 활동했던 이들은 하나의 유파를 형성하게 되는데 그것은 '구상성'으로의 회귀라는 점에서이다. 지각적 식별 불가능성에 대한 단토의 입장은 예술이 표상의 체계이고 해석을 전

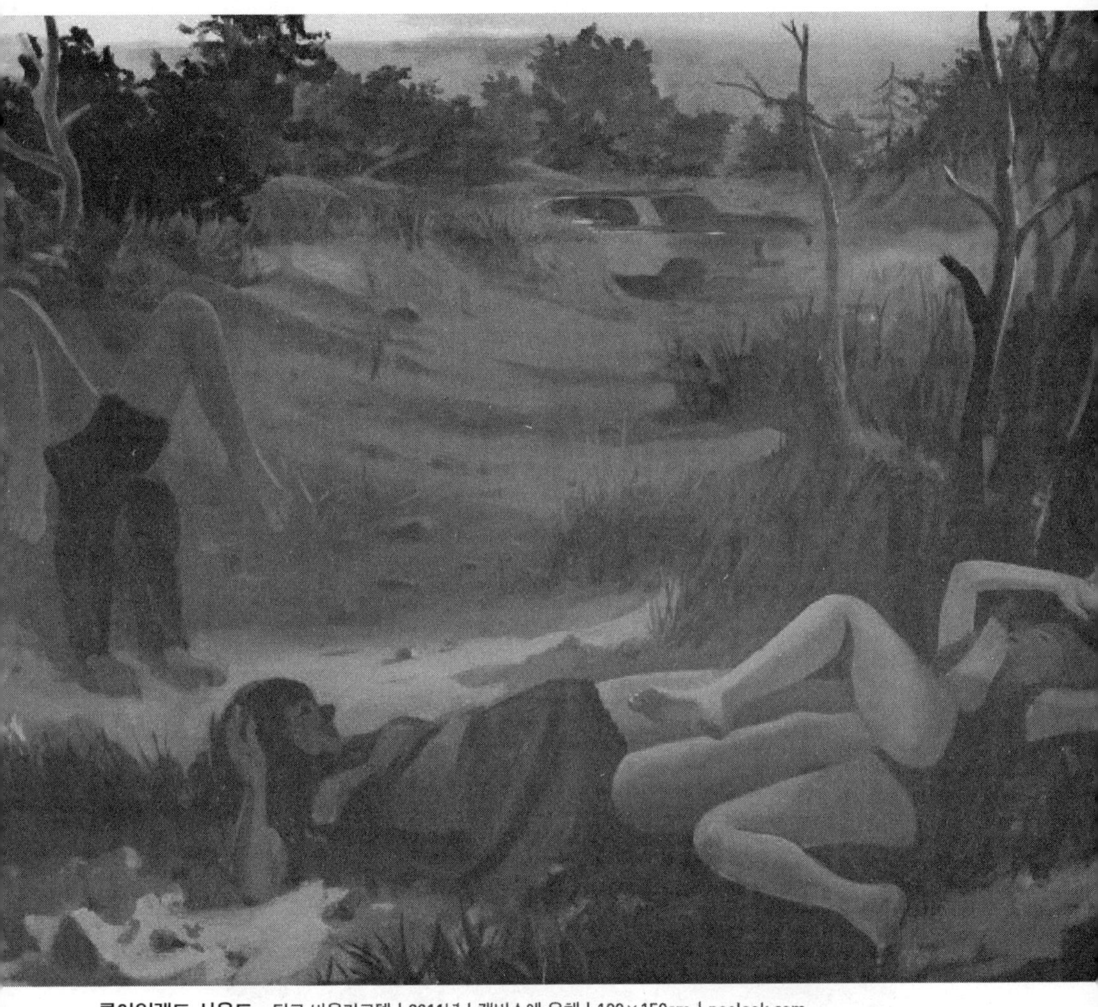

롱아일랜드 사운드　틸로 바움가르텔 | 2011년 | 캔버스에 유채 | 180×150cm | neolook.com

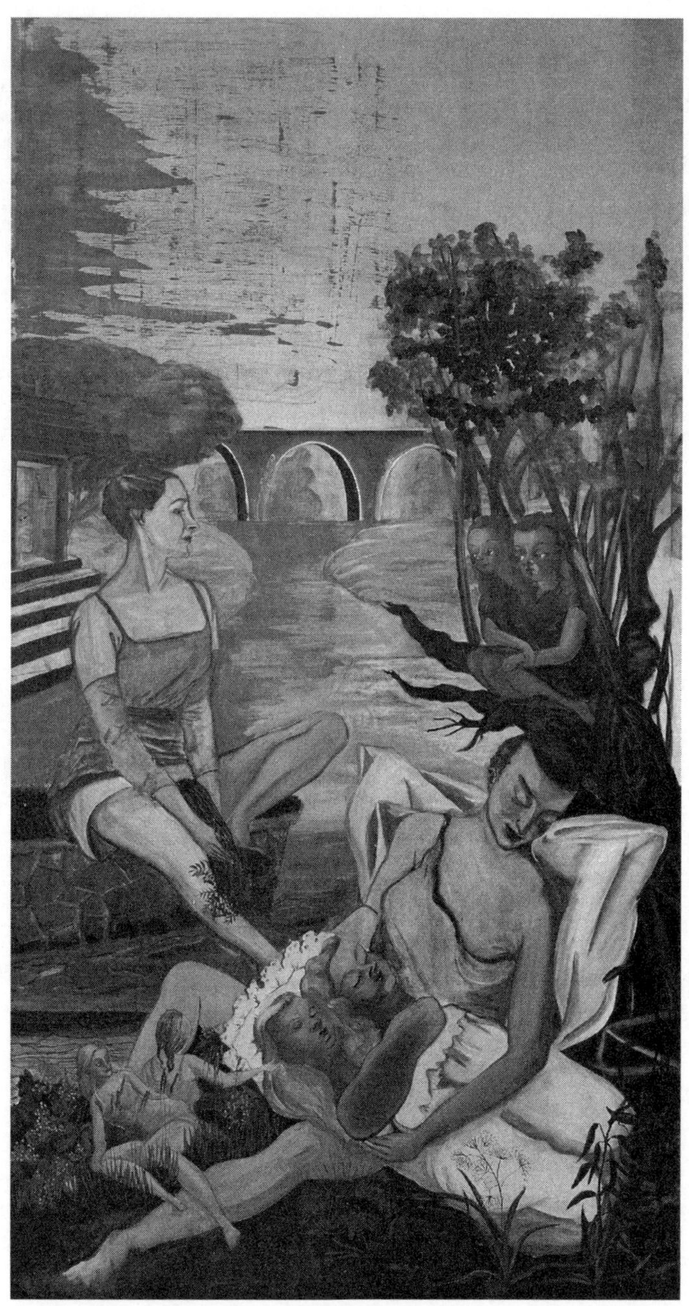

아침 로자 로이 | 2007년 | 캔버스에 카제인 | 139×226cm | neolook.com

제한다는 점을 강하게 내포하고 있다. 그런데 과연 식별 불가능성이 예술을 가르는 중요한 기준이 될 수 있을까? 지각적 식별 불가능성에 대하여 반론을 제시할 수 있다. 어떤 것이 예술이라면 그 예술에는 창작자의 의도나 지향성이 들어 있고 감상자들이 보편적 지각능력이 있다는 것을 일반적으로 기대할 수 있다면 예술과 비예술의 지각적 식별 불가능성은 사라지지 않을까?

수많은 명작들의 작품이 위작되거나 모방품이 범람해도 오리지널 작품, 작품의 원본성은 화인될 수 있다. 또한 사물과 예술의 식별 불가능성은 효력범위가 한정된다고 말할 수도 있다. 디키의 주장처럼 예술계에서 예술작품으로 인정된 예술작품은 그것이 일반 사물과 동일하다 하더라도 감상자는 '예술'로서 지각하고 그러한 작품을 제작한 작가의 표상세계와 작품 의도를 '해석'하려 한다. 이러한 시각에서 지각의 불가능성은 전통 예술과 비교에서 논할 수 있는 팝 아트나 미니멀 아트의 특성이라고 말할 수 있지만, 예술사 전체에서 예술과 비예술을 가르는 잣대로는 적절하지 않다고 볼 수 있다.

5. 예술의 종말 그 이후

지금까지 살펴 본 예술의 종말 테제가 예술 역사의 종말을 의미하지 않는 것임은 분명하다. 또한 예술적 활동의 종말을 의미하지도 않는다. 헤겔에게 예술의 종말이 예술의 자율성을 확보하는 것이며 자연미가 아닌 예술가의 창작활동의 독창성과 우월한 의미를 부여한 것이었다. 종교적 표상의 체계로부터 자유로워진 예술을 예술의 종말이라고 지칭했듯이 헤겔의 종말선언은 본격적인 자유예술 시대의 선언인 셈이다. 아도르노의 예술의 종말 테제는 예술이 추구해야만 하고 예술이 예술이게끔 만드는 예술의 본연의 가치가 물화의 논리에 빠진 것을 고발하고자 하는 바이며 물화에 저항하는 예술의 가능성을 여전히 희망하고 그 가능성을 열어 놓고 있다. 그것은 종말이 사실에 대한 진술이 아니라 현대사회의 예술의 현실에 대한 비판과 부정의 의미를 강하게 표현하려는 의도에서 기인한 '비판적 언술'이라 봐야 한다.

단토의 예술의 종말 테제 역시 예술의 종말을 의미하지 않는다. 그의 주장은 예술 다원주의의 시작을 알리는 것이며 동시에 특정 사조와 양식으로부터 자유롭고자 하는 예술 자신의 해방선언이었다. 그것은 하나의 내러티브에서 이질적인 내러티브의 상호공존과 표상의 체계로서 '철학하는 예술'의 장과 예술 해석의 장을 새롭게 열은 셈이다.

예술의 종말이라는 다소 자극적인 표제어로 인해 오해와 몰이해가 예술사에서 있어왔음에도 불구하고 예술은 계속되고 있고 예술사 역시 계속되고 있다. 예술에 대한 철학적 읽기 역시 여전히 진행되고 있다. 이 지구상에 인간이 존재하고 자신의 존재를 표현하려는 '표현본능'이 사라지지 않는 한 예술은 사라지지 않을 것이다. 예술의 역사적 전개에서 예술사조의 사멸이 부단히 진행되었다고, 예술의 내러티브가 역사성을 갖는다고 해서 또한 예술 해석의 진리성이 시대와 사회 및 문화에 따라 다르게 파악된다고 해서 예술은 사라지지 않는다.

마찬가지로 인간의 표상체계가 변화한다고 해서 예술이 사라지지 않는다. 표상체계의 변화에 따라 다른 종류의 예술이 등장할 뿐이다. 인간의 표현 본능, 표상능력과 상징능력이 시작하는 그 지점에서 예술은 이미 자신의 싹을 키운다. 진정한 예술의 종말은 현실 역사의 종말이라는 점에서 예술의 종말 테제는 예술내재적 변화에 대한 비판적 인식과 예술의 내적 성격에 대한 하나의 비판적 해석인 것이다.

더 깊이 읽기를 위한 책들

W. 타타르키비츠, 『미학의 기본 개념사』, 손효주 역, 미술문화, 1999.

곰브리치, 『예술과 환영』, 차미례 역, 열화당, 2008.

괴테, 『색채론』, 장희창 역, 민음사, 2003.

괴테, 『젊은 베르테르의 슬픔』, 반찬기 역, 민음사, 1999.

노르마 부르너, 『미술과 페미니즘』, 호승희 역, 동문선, 1994.

노베르트 엘리아스, 『모차르트』, 박미애 역, 문학동네, 1999.

니나 클림젤, 『구스타프 클림트』, 엄양선 역, 예경, 2007.

니체, 『비극의 탄생, 반시대적 고찰』, 이진우 역, 책세상, 2005.

니체, 『차라투스트라는 이렇게 말했다』, 정동호 역, 책세상, 2000.

듀이, 『경험으로서의 예술』, 이재언 역, 책세상, 2003.

라인하르트 슈타이너, 『에곤 실레』, 양영란 역, 마로니에북스, 2005.

롱기누스, 『롱기누스의 숭고미 이론』, 김명복 역, 연세대학교 출판부, 2002.

루시 R. 리파드, 『팝아트』, 정상희 역, 시공아트, 2011.

리처드 슈스터만, 『프라그마티즘 미학』, 김진엽 역, 북코리아, 2009.

마르크 파르튜슈, 『뒤샹 나를 말하다』, 김영호 역, 한길아트, 2007.

마틴 게이퍼드, 『다시 그림이다: 데이비드 호크니와의 대화』, 주은정 역, 디자인하우스, 2012.

미셸 푸코, 『광기의 역사』, 이규현 역, 나남, 2010.

반 고흐, 『반 고흐, 영혼의 편지 1, 2』, 신성림 역, 예담출판사, 2005.

발터 벤야민, 『기술복제시대의 예술작품』, 최성만 역, 길, 2007.

베네데토 크로체, 『크로체의 미학』, 이해완 역, 예전사, 1994.

베레나 크리거, 『예술가란 무엇인가?』, 조이한 역, 휴머니스트, 2010.

빅토리아 D. 알렉산더, 『예술사회학』, 최샛별 외 역, 살림, 2010.

빈켈만, 『그리스 미술 모방론』, 민주식 역, 이론과 실천, 2012.

서양근세철학회, 『서양근대미학』, 창비, 2012.

쇼펜하우어, 『의지와 표상의로의 세계』, 홍성광 역, 을유문화사, 2009.

시릴 모라나 외, 『예술철학: 플라톤에서 들뢰즈까지』, 한의정 역, 미술문화, 2013.

실러, 『미학편지: 인간의 미적 교육에 관한 실러의 미학이론』, 안인회 역, 휴먼아트, 2012.

심상용, 『시장미술의 탄생』, 아트북스, 2010.

아놀드 하우저, 『문학과 예술의 사회사 1~4』, 백낙청 외 역, 창작과 비평사, 1999.

아도르노, 『미학이론』, 홍승영 역, 문학과 지성사, 1994.

아도르노, 『음악사회학입문』, 김방현 역, 삼호출판사, 1994.

아리스토텔레스, 『시학』, 천병희 역, 문예출판사, 2002.

아서 단토, 『예술의 종말 이후』, 이성훈 역, 미술문화, 2004.

아서 단토, 『일상적인 것의 변용』, 김혜련 역, 한길사, 2008.

엠마누엘 아나티, 『예술의 기원』, 이승재 역, 바다출판사, 2008.

오프스야니코프, 『마르크스-레닌주의 미학원론』, 이승숙 역, 이론과 실천, 1990.

요한 하우징아, 『중세의 가을』, 이종인 역, 연암서가, 2012.

움베르토 에코, 『미의 역사』, 이현경 역, 열린책들, 2009.

움베르토 에코, 『중세의 미와 예술』, 손효주 역, 열린책들, 1998.

워홀, 『앤디 워홀의 철학』, 김정신 역, 미메시스, 2007.

잉글리트 길혀-홀타이, 『68운동』, 정대성 역, 들녘, 2006.

자클린 드 로미이, 『왜 그리스인가: 호메로스에서 플라톤까지 그리스고전 읽기』, 이명훈 역, 후마니타스,
        2010.

조르주 뒤비, 『중세의 예술과 사회』, 김웅권 역, 동문선, 2005.

존 A. 워커, 『대중매체시대의 문화』, 정진국 역, 열화당, 1987.

주디 시카고, 『여성과 미술』, 박상미 역, 아트북스, 2006.

질 들뢰즈, 『감각의 논리』, 하태환 역, 민음사, 2008.

칸트, 『판단력 비판』, 백종현 역, 아카넷, 2009.

클레멘트 그린버그, 『예술과 문화』, 조주연 역, 경성대학교 출판부, 2004.

키스 막시 외, 『미술사의 현대적 시각들』, 조선령 역, 경성대학교 출판부, 2007.

토마스 다비트, 『렘브란트』, 노성두 역, 랜덤하우스, 2006.

토마스 만, 『쇼펜하우어, 니체, 프로이트』, 원당희 역, 세창미디어, 2009.

토비 클락, 『20세기 정치선전예술』, 이순령 역, 예경, 2000.

톨스토이, 『예술이란 무엇인가』, 동완 역, 신원문화사, 2007.

티모 에릭락시넨, 『사드의 철학과 성윤리』, 박병기 역, 인간사랑, 1997.

페르디난트 차입트, 『중세천년의 빛과 그림자』, 차용구 역, 현실문화, 2013.

프랑크 슐츠, 『현대미술, 보이지 않는 것을 보여주다』, 홍종민 역, 미술문화, 2010.

프로이드, 『예술, 문학, 정신분석』, 정장진 역, 열린책들, 2004.

플라톤, 『국가론』, 조우현 역, 올재클래식스, 2013.

   철학이 말하는 예술의 모든 것

플로랑스 타마뉴, 『동성애의 역사』, 이상빈 역, 이마고, 2007.

피에르 카반느, 『고전주의와 바로크』, 정숙현 역, 생각의 나무, 2011.

필리프 고트프리아, 『바그너』, 최경란 역, 시공사, 1998.

하이데거, 『예술작품의 근원』, 오병남 역, 예전사, 1996.

하이데거, 『존재와 시간』, 이기상 역, 살림, 2008.

한스 베르텐스, 『포스트모던 사상사』, 장성희 역, 현대미학사, 2000.

헤겔, 『미학강의 1, 2, 3』, 두행숙 역, 은행나무, 2010.

예술, 예술가의 삶과 작품을 다룬 영화

화가를 다룬 영화

- 카미유 클로델(Camille Claudel, 1988) – 로뎅 & 클로델

- 클림트(Klimt, 2006)

- 모딜리아니(Modigliani, 2004)

- 프리다(Frida, 2002)

- 진주 귀걸이를 한 소녀(Girl With A Pearl Earring, 2003) – 요하네스 베르메르

- 리틀 애쉬(Little Ashes, 2008) – 실바도르 달리

  달리와 나 – 초현실적인 이야기(Dali & I: The Surreal Story, 2011)

- 물랑 루즈(Moulin Rouge, 1952) – 툴루즈 로트렉

  로트렉(Lautrec, 1998)

- 선물 가게를 지나야 출구(Exit Through the Gift Shop 2010) – 뱅크시

- 폴락(Pollock, 2000)

- 반 고흐/열정의 랩소디(Lust For Life, 1956)

  반 고흐(Van Gogh, 1991)

  빈센트(Vincent & Theo, 1990)

- 세라핀(여류화가) (Séraphine, 2008)

- 팩토리걸(Factory Girl, 2006) – 앤디 워홀

  나는 앤디 워홀을 쏘았다(I Shot Andy Warhol, 1996)

- 이중섭(李仲燮, Lee Jung-Seob, a painter, 1974)

- 취화선(장승업) (醉畵仙, Chihwaseon, 2002)

- 피카소(Surviving Picasso, 1996)

  피카소의 비밀(Le Mystere Picasso, 1956)

- 아거니 앤 엑스터시(The Agony And The Ecstasy, 1965) – 미켈란젤로

- 파리의 고갱(The Wolf At The Door, 1986)

- 고야의 유령(Goya's Ghosts, 2006)

- 빛을 그린 사람들(The Impressionists, 2006) – 인상파 화가 다큐멘터리 영화
- 렘브란트(Rembrandt, Stealing Rembrandt, 2003)

  렘브란트(Rembrandt, 1999)

  렘브란트(Rembrandt, 1936)

  야경(Nightwatching, 2007)
- 캐링턴(Carrington, 1995) – 리어노러 캐링턴
- 아르테미시아(Artemisia, 1997) – 아르테미시아 젠틸레스키
- 세잔(cezanne, 1983)

음악가를 다룬 영화

- 바흐 이전의 침묵(Die Stille Vor Bach, The Silence Before Bach, 2007)
- 차이코프스키(Tchaikovsky, 1969)

  차이코프스키 언 엘레지(Tchaikovsky An Elegy, 2011)
- 토스카니니(Young Toscanini, 1988)
- 파가니니(Kinski Paganini, 1989)
- 도어즈(The Doors, 1991)
- 시드와 낸시(Sid And Nancy, 1986) – 시드 비셔스
- 라스트 데이즈(Last Days, 2005) – 커트 코베인
- 라 비 앙 로즈(La Mome, The Passionate Life Of Edith Piaf, 2007) – 에디트 피아프
- 돈 조반니(Io, Don Giovanni, I, Don Giovanni, 2009)
- 버드(Bird, 1988) – 포레스트 휘테커
- 레이(Ray, 2004) – 레이 찰스
- 앙코르(Walk The Line, 2005) – 쟈니 캐쉬
- 부에나 비스타 소셜 클럽(Buena Vista Social Club, 1999)
- 아마데우스(Peter Shaffer's Amadeus, 1984) – 모차르트 & 살리에르
- 클라라(Geliebte Clara, 2008)
- 불멸의 연인(Immortal Beloved, 1994)

  카핑 베토벤(Copying Beethoven, 2006)

  에로이카(Beethoven's Eroica, 2003)
- 라스트 데이즈(Last Days, 2005) – 커트 코베인
- 조지 해리슨: 물질세계에서의 삶(George Harrison: Living in the Material World, 2011)

- 샤인(Shine, 1996) − 데이비드 헬프갓

- 쇼팽의 연인(Impromptu, 1991)

  쇼팽의 푸른 노트(Blue Note, La Note Bleue, 1991)

- 파리넬리(Farinelli the Castrato, 1994)

- 사운드 오브 노이즈(Sound of Noise, 2010)

- 커미트먼트(The commitments, 1991)

- 존레논 비긴즈 − 노웨어 보이(Nowhere Boy, 2009)

- 원스(Once, 2006)

문학가를 다룬 영화

- 일 포스티노(Il Postino [The Postman], 1994) − 파블로 네루다

- 데스 인 그라나다(Death in Granada, 1997) − 페데리코 가르시아 로르카

- 비포 나잇 폴스(Before Night Falls, 2000) − 레이날도 아레나스

- 로윙 윈드(Rowing With The Wind, Remando Al Viento, 1987) − 바이런

- 톨스토이의 마지막 인생(The Last Station, 2009)

- 카프카(Kafka, 1991)

- 11 · 25 자결의 날(11 · 25自決の日 三島由紀夫と若者たち) − 미시마 유키오

- 셰익스피어 인 러브(Shakespeare In Love, 1998)

- 에밀 졸라의 생애(The Life of Emile Zola, 1937)

- 토탈 이클립스(Total Eclipse, 1995) − 랭보 & 보들레르

- 사드(Marquis De Sade, 1996)

  퀼스(Quills, 2000) − 사드 후작

- 러브 앤 워(In Love And War, 1996) − 헤밍웨이

  헤밍웨이 & 겔혼(Hemingway & Gellhorn, 2012)

- 발자크(Balzac 1999)

- 푸쉬킨: 마지막 결투(Pushkin: The Last Duel, 2006)

- 모파상(Guy De Maupassant, 1982)

- 비커밍 제인(Becoming Jane, 2007) − 제인 오스틴

- 헌신(Devotion, 1946) − 샬롯 브론테 & 에밀리 브론테

- 토마스 만(Die Manns − Ein Jahrhundertroman, 2001)

그 외 예술을 소재로 한 영화

- 백야(White Nights, 1985)
- 채플린(Chaplin, 1992)
- 패왕별희(覇王別姬, Farewell My Concubine, 1993)
- 디 아워스(The Hours, 2002)
- 서편제(西便制, Seopyonje, 1993)
- 블랙 스완(Black Swan, 2010)
- 미인도(美人圖, 2008)
- 미드나잇 인 파리(Midnight In Paris, 2011)
- 피아니스트의 전설(The Legend Of 1900, 1998)
- 피아니스트(The Pianist, 2002)
- 8 마일(8 Mile, 2002)
- 사랑과 슬픔의 볼레로(Les Uns Et Les Autres, Bolero, 1981)
- 코러스(Les Choristes, Chorists, 2004)
- 파파로티(2012)
- 아임 낫 데어(I'm Not There, 2007)
- 사운드 오브 뮤직(The Sound Of Music, 1965)
- 라 밤바(La Bamba, 1987)
- 태양의 노래(タイヨウのうた, 2006)
- 웨스트 사이드 스토리(West Side Story, 1961)
- 호로비츠를 위하여(For Horowitz, 2006)
- 글루미 썬데이(Gloomy Sunday: Ein Lied Von Liebe Und Tod, 1999)
- 코요테 어글리(Coyote Ugly, 2000)
- 그 여자 작사 그 남자 작곡(Music And Lyrics, 2007)
- 어거스트 러쉬(August Rush, 2007)
- 마지막 4중주(A Late Quartet, 2012)
- 마오의 라스트 댄서(Mao's Last Dancer, 2005)

철학이 말하는 예술의 모든 것

랭보 265
레비브륄 21
레지던스 프로그램 156
렘브란트 146
로댕 116
로버트 라우센버그 265
로버트 스미스슨 150
로버트 아네슨 66
로자 로이 306
로저 카디널 123
로저 프라이 87
로젠크란츠 70
로코코 53
롤랑 바르트 133
롱기누스 54
루벤스 146
루시앙 프로이트 220
루이스 웨인 126
르누아르 159
리스트 195
리오타르 58
리지푸스 27
리히텐슈타인 108
릴케 275

ㅁ

마광수 241
마네 243
마라 191
마르셀 프루스트 266
마르크스 95
마이클 하이저 150
마틴 갈레 306
말러 197
매퀴너스 199
맥키넌 249
메디치 가 144
메커니즘 180
멘델스존 197
면 138

명료성 33
모네 82
모리스 와이츠 91
모방론 79
모차르트 111
몬드리안 88
몰형식적 55
무관심성 36
문학작품 240
문화비판 232
물화 299
뭉크 159
미니멀리즘 108, 200
미니멀 아트 306
미술사조 302
미술시장 154
미술 아카데미 205
미의 범주 72
미적 경험 66
미적 교육 224
미적 인식 43
미적 정서 88
미적 판단 38
미적 표현 100
미켈란젤로 68
미학 43

ㅂ

바그너 114, 194
바넷 뉴먼 56
바렌보임 197
바바라 크루거 209
바스키아 284
바움가르텐 41
바쿠스 122
바퇴 112
바흐 97
박수근 160
반유대주의 184
발자크 237

발튀스 275
백남준 86
뱅크시 149
버지니아 울프 266
베르메르 143
베르테르 효과 254
베를렌 266
베셸만 108
베이컨 277
베케트 177
베토벤 86
벤야민 182
보들레르 168, 237
보이스 199
보카치오 236
보티첼리 243
보편타당성 40
부정성 72
부조화 70
불균형 70
브람스 116
브르통 237
브릴로 상자 90
비례 26
비례미 50
비엔날레 148
비장미 59, 60
비트겐슈타인 92
비트루비우스 27
빅토르 위고 168
빌란트 113
빙켈만 5, 48

ㅅ

사드 237
사회적 생산관계 174, 175
사회적 폭력 187
상상력 84, 198
상징능력 310
상징예술 295